明治の新聞にみる

北摂の歴史

小田 康徳

明治20年ごろの北摂概念図

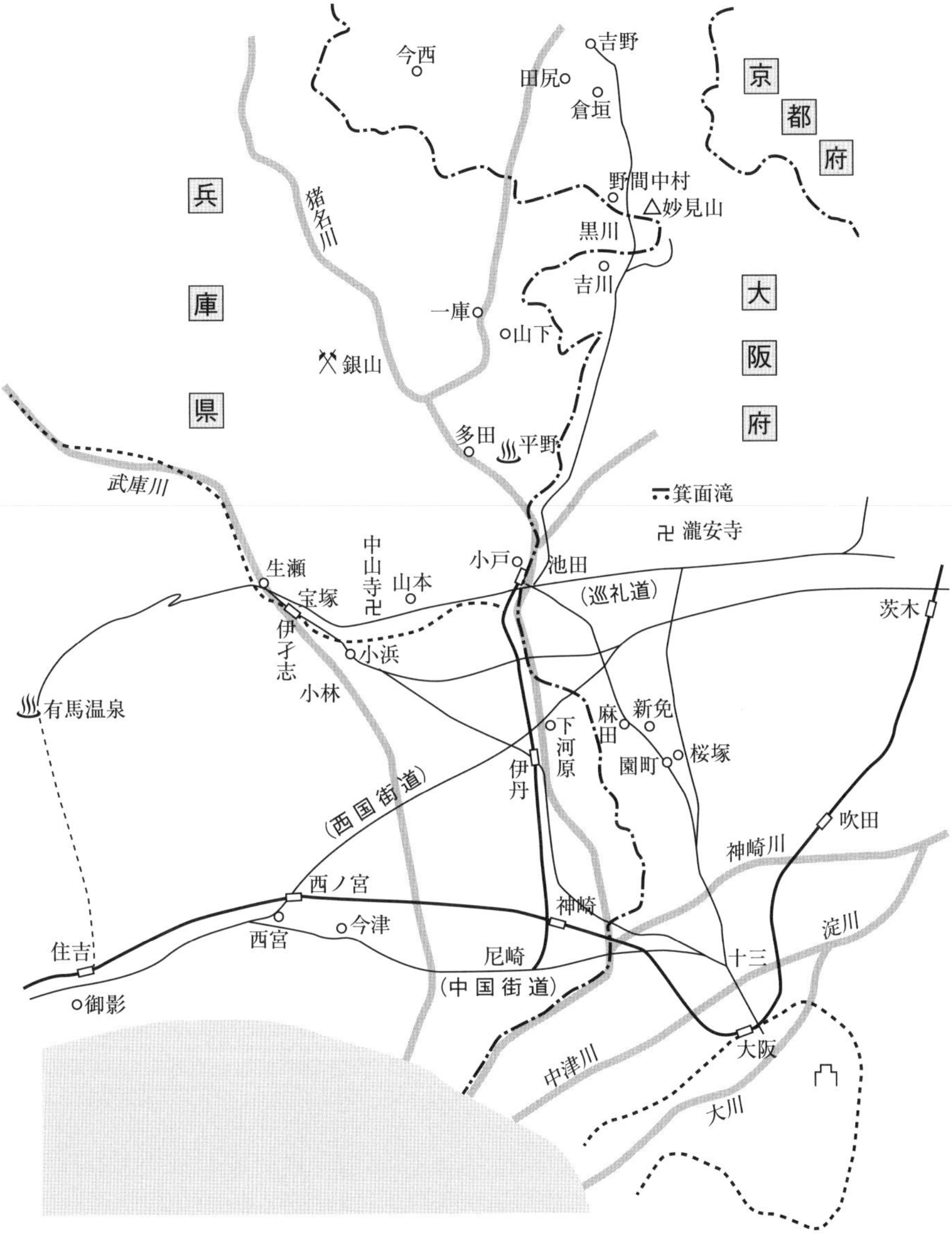

はじめに　—新聞と地域、変化の探究—

明治10年前後から20年代初頭にかけて、東京はいうまでもなく、日本全国の都市を中心に商業的な日刊紙が相次いで刊行されていった。大阪について言えば、明治8年12月14日創刊の『浪花新聞』、9年2月20日創刊の『大阪日報』を初めとして、明治10年前後のころから出ては消え、消えては現れ、また互いに競合しながら発行が続けられていった。その途中、経営母体を変え、あるいは紙名を変えた新聞も少なくなかった（註）。こうした中、業態としての新聞事業もやがて確立し、その中からは『朝日新聞』や『毎日新聞』のように全国紙として今日に大をなす企業体も出てくる。もちろん、いずれも周知のことであろう。

（註）本文中に記す2紙以外で主な新聞の創刊状況をあげておく。創刊年月日、新聞紙名の順。
明治10年12月18日～大阪新報（実生新聞より）　同11年12月23日～大阪丁稚新聞
同12年1月25日～朝日新聞　同16年2月1日～日本立憲政党新聞　同17年1月29日～大阪毎朝新聞
同18年5月10日～内外新報　同21年1月15日～東雲新聞　同21年10月～大阪毎日新聞

ところで、大阪だけではないと思うが、創刊当初の日刊の商業新聞は、それを発行する地点である大都市以外の地域の出来事や地域事情を取り上げて記事にすることもないわけではなかった。私はかつて旧摂津国の北部地域という意味で、大阪府も兵庫県も含むところの、いわゆる「北摂地域」という、概念的にはゆれながらも、相当な広がりを持った地域を対象に、明治10年から22年まで、そこに所在する各地域を取り上げた記事を集め保存していた。今回はそれに取り組んでみたのである。

実際、明治10年前後から20年代初頭にかけて北摂地域は日本の他の地域と比べてどうだったのか、改めて検討が必要とは思うが、想像以上に大きな変化を遂げていることはまちがいない。そこでは、一方で明治国家と対決した自由民権運動的な政治活動の低調さは否定できないが、地域の産業構造に顕著な変化を生み出し、またそれに対応する形での人びとの考え方や行動様式の変貌も示していた。その変化は、維新後の一時的衰退を乗り越え、摂津国のみならず、その周辺地域あるいはもっとひろく日本全体に影響を及ぼしていたところの大阪と、それに次いで急速に力を伸ばしつつあった神戸という、いわば別格的な大都市の変化とも関わって生じた相互の交流の中からもたらされたように見える。本書では、この大都市および北摂地域の変化を、当時の新聞記事そのものの翻刻作業を通して改めて確認しようと思う。

ところで、明治前期に大阪で発行されるようになった日刊の商業新聞は、そうした地域間の交流を確かに担ったのである。新聞は、近代化の先兵として都会を中心に各地の情報を伝えるメディアとなり、人びとを結びつけ、ときには行動に誘った。そのなかで、新聞自体も多様な側面で変容していった。新聞は、当初のステレオタイプな地域認識や人間認識から、地域やそこに住む人びとの具体的な姿に気付き、彼らが抱える可能性と様々な困難にも目を向けるようになっていった。もちろん、近代の日本においては国家自体が社会の変革に方向性を与えようとしていたので、新聞は、それにも気を遣いながら、報道の方向性を考え、事業の舵を取っていった。いま、ＩＴ革命の進展する中、紙の媒体である新聞が軒並み大きな苦境の淵に立っていることを思えば、これらの生き生きとした動きを振り返ってみることも、意義深いことと思う。

本書においては当面の目標として、明治22年末までの北摂に関わる新聞記事を、時期を区切って分類・整理し、必ずしも一様に変化するわけでない北摂各地域の姿についての生きた認識を確立しようと考えた。第二に、記事本文の検討を通してそうした出来事をその時々に記事にしていった当時の新聞記者たちの思いを検討することとした。なお、本来ならば調査を明治22年末で打ち切るのではなく、それ以降についても実施したかったのであるが、「あとがき」で書くような事情もあって、それはついに果たせなかった。お許し願いたい。

以下、凡例的なことを記しておく。まず新聞の翻刻にあたっては、原文通りを原則とし、全文を翻刻した。ただし、漢字等に付けられたふりがなは、かえって煩雑になるので、現代人には読めない、あるいは読みにくいと思われる特別な箇所に限って原本通りに付した。また、変体仮名は現代表記に改め、常用漢字のある旧漢字あるいは異体字はすべて常用漢字に改めた。広告については、文字を組み合せた一つの表現形式と考え、一、二の例外を除き写真で再現し、一切の手を加えないこととした。解説文は翻刻した記事・広告に続けることを原則とし、さらに、適宜小見出し等を付した。

なお、本書ではすべて明治の年号を使用した。西暦でもよかったのであるが、当時の新聞がすべて年号方式であり、参照上、諸事便利であると考えたからである。左に各年の換算を表記しておく。周知のように、当時の太政官は、旧暦は明治5年12月2日をもって終わりとし、翌日の12月3日は明治6年1月1日として、太陽暦に切り替えた。ちなみに、この日を境に西欧諸国との暦のずれはなくなっている。

明治10年（1877年）　明治11年（1878年）　明治12年（1879年）
明治13年（1880年）　明治14年（1881年）　明治15年（1882年）

明治16年（1883年）

明治17年（1884年）

明治18年（1885年）

明治19年（1886年）

明治20年（1887年）

明治21年（1888年）

明治22年（1889年）

明治23年（1890年）

目次

第2章　明治10年代後半、社会の全般的萎縮化と苦闘する人びと

第3章　明治20年前後、国家の権威と新しい活動世界の広がり

第4章　新聞広告が広げた北摂の世界

第5章　地域に基盤を持つ公的職業政治家の出現

北摂の郡配置図

で囲った範囲が本書で主にとりあげた区域
府県境
現在の市町域

第１章

明治10年代前半、大都市から離れた地域と人間の描写

《本章の課題と論点》

近畿地方で日刊紙が安定的に発刊され始めるのは明治10年を前後するころからのことである。そのころ、大阪で創刊したばかりのいくつかの新聞は、徒歩で1日か2日あまりの距離にある北方の農山村にも人びとの暮らしがあることを報じ、やがてその暮らしは都市大阪とも結びついており、同時に様々な問題を抱えていることにも気が付いていく。

本章では、日刊紙として大阪で発刊されたばかりの新聞が、何をきっかけに当時の大都市である大阪周辺地域の存在とそこに暮らす人々の抱える課題に気が付き、どのような観点からそれを報道しようとしたのかを見ていく。

その際、なによりも大事にしたいことは、この時期に記された新聞記事は、今日の人間にとって知られざる多くの地域情報を含んでいたという事実である。しかし、当時の新聞は、地方を語る点において、様々な問題を抱えていた。取材力の不足はもちろん、さらに、新聞の役割を国民意識の開明化や、あるいは、逆に古い秩序意識でまとめようとすることも多かった。

本章では、彼らの残した記事を生かし、後年「北摂」とか「西摂」とか呼ばれることとなる明治10年代前半期のこの地域の姿を再現するとともに、地方の実情をどう語るかという基本的な課題に直面して苦闘を続ける新聞の姿も検討していきたい。

1　水と山をめぐる争いの報道

地域紛争への気付き　本節では二つの地方的な紛争事件に対する新聞の記事を取り上げる。初めのひとつは、現在は両村とも豊中市となっている豊島《てしま》郡麻田村と新免村の水争い、そしてもうひとつは、当時多くの庶民信仰に支えられていた能勢妙見山に関わる山地所有権をめぐる旧領主と妙見堂の所在する野間中村との間で展開した係争事件である。前者は明治10年、旱魃時における川の水利権をめぐる二村の対立・抗争であり、後者は、地租改正事業の一環として同12年に始まる山野の改租事業の中で、その利用権確保をもとめる村と、おそらくは妙見山の支配を求めた旧領主との対立・抗争であった。

新聞が都会以外の北摂地域で起きた事件に注目した最初の出会いは、前者の水争いであった。明治10年の半ば、政府が全力で西南戦争を戦っていたときのことである。思いもよらない摂津国の農村でこのような事件が発生したことに新聞記者らは驚いた。それは、都市を基盤に出発した新聞が、まさに北摂津の地方においても人と人との間に問題が発生していることに気付いていった最初の出会いだったのである。つぎに、妙見山を取り囲む山地の所有権をめぐる争いは、江戸時代であれば考えられないような争いであった。領主の力は領民に対して圧倒的なものであった時代から、まだそう長い時間がたっていなかった。

新聞はこれらの事件をどう報じたのか。また、どのように社会構造の分析に筆を近づけようとしたのか。以下、記事を読みながら考えていくことにする。

（a）豊島郡新免村・麻田村の水争い

新免村・麻田村ともに現在は豊中市となっている。このうち麻田村は、江戸時代摂津国豊島・川辺両郡および備中国・伊予国において、時期によって変動があるが、1万～1万2千石の領地を有した外様大名青木家の陣屋がおかれた村であった。両村の間には猪名川の支流千里川が流れている。争いはこの千里川の用水をめぐって発生した。

①事件を報じる『浪花新聞』

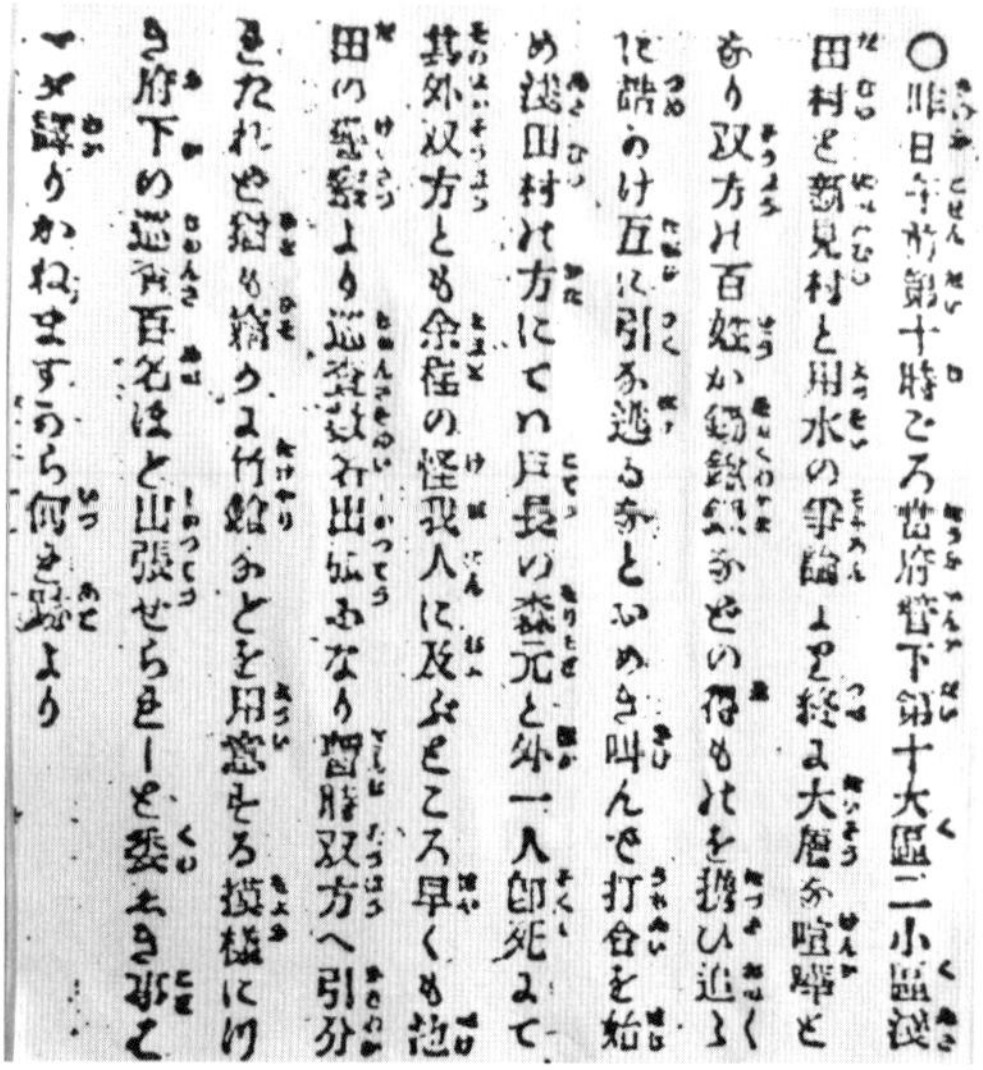

◎『浪花新聞』明治10年7月25日

○昨日午前第十時ごろ当府管下第十大区二小区浅田村と新《にい》見《み》村と用水の争論より終《つひ》に大層な喧嘩となり、双方の百姓か鋤《すき》鍬《くわ》鎌《かま》などの得《え》ものを携《たづさ》ひ追々に詰かけ、互に引《ひく》な逃《にげ》るなとおめき叫んで打合を始め、浅田村の方にて八戸長の森元と外《ほか》一人即死にて、其外《そのほか》双方とも余程《よほど》の怪我人に及ぶところ、早くも池田の警察より巡査数名出張になり、暫時《ざんじ》双方へ引分れたれど、猶《なお》も窃《ひそ》かに竹鎗《たけやり》などを用意する模様につき、府下の巡査百名ほど出張せられしと、委《くわ》しき事はマダ訳《わか》りかねますから何《いず》れ跡《あと》より

情報のキャッチと第一報　事件の第一報はこのように『浪花新聞』が7月25日付で報じた。このとき同紙は、大阪の警察本署からの情報を受けて、すぐにそれを記事として流し、続けて記者を現地に派遣して情報を集め、改めて詳しく報じるという手法をとっている。事件報道として、この時期には確立していた手法であった。

当時の活字と紙面　ところで、これは最初の記事でもあるので、ここですこし当時の紙面についての一般的な解説及び感想を述べておく。右ページの記事（写真）を見てほしい。まず、変体仮名にも活字が作られていた。送り仮名も、あったり、なかったり、また、その付け方も現在とは大きく異なっていた。さらに、活字がきれいでない。つぶれた活字が至る所に出てくる。明治初期の新聞はこれを読み通さなければ意味がつかめないのである。したがって、活字といえども読み通すのはなかなか骨が折れる。しかし、それでも版木に一字一字文字や絵を彫り込んだ木版刷りに比べると読みやすく、かつ多くの情報を伝えることができた。何よりも情報の広まるスピードが早かった。当時の新聞は、こうしたなか、紙面をどうすれば見やすくできるか、どうすれば早く記事を紙面に反映させるか苦心を重ねていたのである。

大事件と警察　さて、大阪からは相当離れたこの両村の水争いが注目を受けたのは、両村からの参加人数が数百人規模になって、血の雨を降らせたこと、しかも維新期には麻田藩大参事の重職についていた麻田村戸長が争いの中で殺害されたというショッキングな出来事があったこと、池田署をはじめ大阪府の警察本署からも鎮圧のため多数の警察官が動員されたことという、いくつかの事実が重なったことが大きかったと思う。

ちなみに、この文章では、地名や人名に相当の誤りがある。麻田村は「浅田村」、新免村は「新見村」、森本は「森元」となっている。この後の記事と見比べてみると、死者数も1人か2人か（第一報では百人、第二報では戸長ともう一人、この後に掲げる第二報では戸長のみ）。出動した警察官の数もまちまちである（第一報では「巡査十弐名派出に相成り、続て当地よりハ大日向二等警部・中野六等警部・巡査五拾名出張」とあり、『大阪日報』

では「取敢《とりあへ》す同所より巡査十余名出張、即刻其由《そのよし》当地へ報道、因《よっ》て警部三名が巡査五十余名を引率」となっている。取材記者に土地勘がなかったこと、また情報が錯綜していたことが露呈しているというべきであろう。ただ、池田の警察を始め府下に張り巡らされた警察網の存在が事件の推移において大きな意味を占めていたことはよく表現されている。警察が事件の一方の当事者として、また情報源として大きな存在になっていたことが読み取れる。なお、記事中「当地」は大阪、「同地」は現地を指す。読者は大阪人が想定されている。

②『浪花新聞』の第2報（1）

◎『浪花新聞』明治10年7月26日

○昨日概略《あらまし》を記《しるし》ました浅田村と新免《しんみ》村との水論ハ、両村堺の川筋にある樋堰を塞《ふさ》ぎ、川上なる新免村の農民は十二分に我が田へ水を引き入れしより、川下の浅田村は田地《でんぢ》へ注ぐ水枯れて大に困難を生じ、それにつき浅田村より屢《しば》々新免村へ掛合ひしが、兎角《とかく》理不尽の返答のみなれば、廿四日午前九時浅田村三等戸長（旧浅田藩大参事）森本賀篤は村役人五人を連れ新免村へ赴きしが、同村にては早くも待構へたる事にて、村境に陣を張り、酒を酌むで居たるところなれバ、何かは以て堪《たえ》るべき、無二無三《むにむさん》に打てかゝり、終に森本氏を大橋の本に暴殺したれば、其余の五人ハ辛くも逃帰ッてこの由を報ずるや否、浅田村の人々ハ蹶起《やっき》となり、最早《もはや》これまでなり、命を捨て進めと百余名例の蓑笠竹槍をつ取りて、銅盥や寺院の太鼓を担ぎ出し、ドンチャン〳〵と叩き立て、新免村へと進撃したるに、先方にてハ防御の用意十分整ひ、該村二百余人、同村付属の轟村（旧穢多）より一百余人、総勢三百人余、獲《え》たリヤ合《あ》ふと竹槍様〳〵の得物《えもの》を携へて、浅田村の竹槍勢を南刀根山の麓に迎へ、同日午前十時より争闘を初めたるところ、浅田村戸長新藤忠正を初め双方の怪我人、数を知らず、浅田村前の戸長祝茂作ハ此体《このてい》を見て、刀根山より直ちに人力車に打乗り池田警察署へ急訴したりければ、山本七等警部初巡査十弐名派出に相成り、続て当地よりハ大日向二等警部・中野六等警部・巡査五拾名出張になりしが、同十一時三十分双方互に引揚げたり

③ 出遅れた『大阪日報』

◎『大阪日報』明治10年7月26日

○府下第十大区（豊嶋郡）二小区新免村と麻田村との間に流る、所の河水を新免村より堰留《せきとめ》たとか云《いふ》事より大水論を醸成し、一昨廿四日午前十時頃新免村より三百余名（内百名は同村附属轟村と云新平民より出ると云）、銘々得物《えもの》〳〵の農具を携へ、或は竹槍引シゴキ、押出し〳〵、終に近傍刀根山の麓におゐて麻田村の農民百余名に出会ひ、突然争闘、負傷相共に尠《すくな》からざる由、尤《もっとも》争端に先立《さきだち》、麻田村三等戸長森本賀篤（旧麻田大参事）は和解の為め農民五人を引具し新免村へ赴きしを、該村にて暴殺せられし、又麻田の旧戸長祝茂作ハ刀根山口より始末急訴として池田警察署へ人車にて駆付けたるにより、取敢《とりあへ》す同所より巡査十余名出張、即刻其由当地へ報道、因《よっ》て警部三名が巡査五十余名を引率し直ちに派出せられ、一旦は速《すみやか》に鎮撫せしが、又昨日再挙の曲直理非は今に判然、其後の動静ハ又跡より

《②③の記事について》

一面的な取材　26日付の記事で示された『浪花新聞』記者の取材は、その内容から判断して麻田村側を中心に行われたことがうかがわれる。すなわち、新免村側の行為を正当化するための新免村関係者の主張は伝聞的なそれにとどまり必ずしもその正当化となっていない。それに対し、麻田村側については文章のあちこちでその行為の正当なることを示す言辞が散りばめられている。

一方、取材が遅れた『大阪日報』はどうも警察に情報の提供を求めたようである。両村いずれにしても、生の声が紙面に見当たらない。なお、『浪花新聞』『大阪日報』ともに、麻田村前戸長が刀根山から人力車で池田警察署に急を告げたことは記している。麻田村の前戸長は何を狙っていたのか、同人から取材はしていない。いずれにしても、そこから大阪の本署での対応となったことは間違いないのだから、ここに注目していれば、もっと違う記事になった可能性はあったと思う。

両紙ともに、どちらの味方をするかの問題を避けようとはしたが、紛争の根源に迫ることは結局やっていない。記者の関心は、事件を掘り下げるところにはなかったのであって、都会から離れた地域で起きた大きな紛争の中に秘められた本質的な問題を掘り起こす姿勢からは遠いものであった。

しかし、この事件に関係した双方の住民側は、それで済んだわけではなかったのであって、最後に引用する『大阪日報』明治12年1月11日付の記事で裁判を提起している事実がそれを物語っている④。事件の本当の問題はどこにあったのだろうか。

差別された地域の人びと　なお、この水争いにおいて被差別地域の人びとに関する記事がわずかだが出てくる。すなわち、『浪花新聞』では「該村二百余人、同村付属の轟村（旧穢多）より一百余人、総勢三百人余、獲たリヤ合《あ》ふと竹槍様〳〵の得物を携へて」とあり、『大阪日報』では「新免村より三百余名（内百名は同村附属轟村と云新平民より出ると云）」と記されている。しかし、両紙とも、紛争において彼らが本村の一方的な利用に甘んじたことについては、すこしも問題にはしていない。ここでも、事件全体に対する認識において、当時の新聞が表面的な事件の推移の報道に終始したのと同じく事件の構造に迫らないという本質的な問題点が示されているのではなかろうか。

最近刊行された『新修豊中市史』第2巻（通史2）では、第1章第4節において事件の紹介と本書では見ることのできなかった事件に関する記念碑の碑文と資料を紹介しながら詳しく記している。森本賀篤と行動を共にし傷害を受けた麻田村副戸長の名前が進藤志（忠カ）泰（この人物も麻田藩士だったような名前である）であること、被差別地域の名称が新聞では誤って記されていること（すなわち、両新聞で報じられた「轟村」はおそらく警察から得られた知識で、誤り）、事件後の警察の捜査が被差別地域に集中されたことも指摘されている。

④麻田村人民総代、水論で裁判を提訴

◎『大阪日報』明治12年1月11日

○去る明治十年中、本府下豊島郡浅〔麻〕田村に於て隣村と水論を為せしする、浅田村の戸長森本賀篤を暴殺せし事の縺《もつれ》が今に彼是《かれこれ》と苦情ありし由なるが、先頃柘植有縄氏が浅田村人民総代として府知事渡辺君を相手取り大坂上等裁判所へ訴へ出しかバ、被告渡辺大坂府知事代理ハ土木課の木村三等属にて、昨日原被呼出の上一応尋問ありし由

長引く解決　新聞が報道しなくなっても、当地では様々な動きがあり、1年半が経過しても解決できなかったことが示されている。記事は短く、確固としたことは言えないが、裁判では、どうも森本賀篤戸長の死に大阪府は責任を持っていることが追及されているようである。事件の本当の問題はどこにあったのだろうか。なお、大阪日報はおそらく府庁で裁判提訴の情報を聞いたのであろう。とりあえず報道はしたが、さらに追いかけることはしていない。

《付論＝旧麻田藩士族と村政》

この紛争で死去した麻田村戸長森本賀篤は旧麻田藩大参事。歴とした士族であった。このころ周辺の戸長とか区長とかいった役職に就いた人物の中には旧藩士族は少なくなかった。麻田村についてみても、ほかにも士族らしい名前の人物が何人か出てくる。池田や麻田を擁する豊島郡（大阪府第10大区）でも、旧麻田藩士族らしい人名の者が区長などに就任している。明治6年11月ごろには第1区区長が森本賀篤、第2区区長が戸田幸篤と並んで就任していた。森本は、明治6年12月頃から、戸田は明治5年5月から、両者とも短くても8年4月まではその地位にあったことが記録されている（『新修池田市史』第3巻42〜43ページ）。旧士族は、村民指導の役割を府から期待されたものであろうが、その後も村の戸長に選ばれ、村民総代として体を張ったことをどう考えるべきか。ないがしろにしてはいけないテーマだと思う。

⑤他の地域でも水騒動

◎『浪花新聞』明治10年7月27日

○去《さる》廿四日浅田村と新免村と水論のゴタ〳〵が有ツた同日、島村と格木《いはらぎ》村の間にも同じく水論が始り竹槍連の騒動がありました、『何時も農民が田水《みず》の争論には親子兄弟の睦《むつま》じき中でも忽地《たちまち》敵味方となるといふ、サテモ〳〵昔より水かけ論ほどむづかしいものハ無イと見へます、又横浜も此節ハ水が払底で、飲水《のみみず》の値ハ平生の倍になり、風呂屋ハ休み、土地の人ハ大困りだといふ、ドウゾ十分に一ト雨降せたいものだが、待つ時にハ却《かえ》ッて降《ふら》ないもので

水騒動と新聞　新免村と麻田村の水騒動と時を同じくして発生した問題として遠く離れた島村・格木両村の抗

争および横浜の事件を紹介している。見ていただきたいのは、その対岸の火事を見るような第三者的・非当事者的な姿勢である。新聞は、一方で新免・麻田両村の争闘をセンセーショナルに報じながら、同じ紙面でこのような視点しか確立できなかったのである。新聞は、水不足を巡る村人たちの対応をその根底にわたって解明できず、一方、そのような伝統的共同体の紛争に対する明治政府の対応を、実際に事に当たった警察の行動批判という形で追求することができなかった。当時の新聞の思想性や力量を確認できる記事ではなかろうか。

（b）妙見山山地地券の所有権をめぐる能勢氏・野間中村の係争事件

信仰と土地の所有権　現在はほとんど知られていないようであるが、明治初期のころには、広く庶民の参拝対象となっていた能勢妙見堂のあった山地の所有権をめぐって、元の領主家と山上の妙見堂を村域に抱える野間中村（現在能勢町）との間で深刻な紛争があった。紛争は裁判の形と、当事者同士の直接対決の両方が混在し、池田警察署はこの対立が治安事件にならないようしばしば出動している。また同じ地元の地黄《じおう》村ほか6か村もここに介在している。

実際、紛争は、明治6年地租改正の開始期を発端とし、それから明治18年まで10年以上に渉ったようである。ここで紹介する記事は、一方のみに加担はせず、しかし事件の大きさをともかく伝えなければならないとの立場に立ち、苦心して作成されたものである。

①事件の第一報─野間中村の村民、能勢妙見山に押し掛ける

◎『大阪日報』明治12年8月24日

○南無妙法蓮華経の争ひと云ふは、府下能勢郡能勢妙見の事件にて、能勢頼万と野間中村人民と同山地券の事を争□〔ひカ〕、遂に裁判所へ持出し、能勢頼万の勝となり、去る二十一日□〔午カ〕後野間中村の内藤左司馬・野間定利・平田丈助・広畑源之亟□〔をカ〕始とし、百余名妙見山の西南より一里余の絶頂を攀《よじ》登り、妙見堂へ押入り、大士に尋問と出かけたれば、郡長山村保介氏・書記寺倉集〔隼カ〕之助氏等数十名、巡査数名出張なしたれば、地黄村の人民は能勢の味方ゆゑ、妙見に変ありと聞き、援兵せんと駆付け、已に騒動とならんとするを百方説諭せしを以て、一時静まりたが、昨今厳重にお調中なり

②野間中村側の言い分

◎『大阪日報』明治12年8月27日

○先号記載せし能勢郡妙見宮紛紜の様子を聞くに、同山は往昔より民有地にして、寛政年間旧幕府より秣場《まぐさば》無税地□なし、公証もありて明治六年十一月太政官布告第百□□□〔十四号カ〕民有地第二種に照らして府庁より地券を下付なり□□□、同八年旧地頭能勢頼富と当時の戸長野間高正と謀りて、村民へは地頭より封土を返上すると称し、府庁へは官山なりと云ふて払下を請ひたるより、村民は合点せず、古来より判然たる民有の証あるに如何なる根拠あつて官山とハなりたるや、と疑惑しつゝ今日まで経過せし中、本月上旬同村戸長役場より明治六年十一月下附なりし地券を探出し、始て頼富・高正との計略なる事を知り、大阪府庁へ能勢家の払下となりしを取消ある様上願し、続て村民の総代として同村野間定利外二名（先号内藤左司馬・野間定利・平田丈助等が百余人と共に登山せしは誤）妙見宮保護人能多直七郎へ地所取戻の義を談判するに、暴論を吐くより、総代人は村民を指揮して能勢家より来り居る者を門外へ連出し、已に大騒とならんとする時、池田警察署より警部一名・巡査五名出張なりて、双方を尋問の上、手続を取り、鎮静となりたり、此の騒は去る廿一日午後三

時より同廿三日夕までの事なりと

記事の取材源　②の記事は、事件の背後に存在する妙見山山地の所有権について歴史にさかのぼる解説を始めている。記者もそのことの重要性に気付いた結果と思われる。

ところで、一見すると、右の解説は事件を自らの取材で掘り下げようとしていたかのようであるが、実は、野間中村側からの手紙をもとに書かれたものであることが次の9月2日付の記事で判明する。これが一方的な記事だとして旧領主側からの厳しい批判を受けるのはこのすぐ後のことであった。事件の当事者たちは、当然のことだが、新聞の記事には注目していたのである。

③両当事者からの手紙と新聞社の対応

◎『大阪日報』明治12年9月2日

○能勢妙見宮紛紜の一条に付き、住所姓名を詳記し実印を押たる報知到来せしに付、確実なるものと認めて其趣旨を登載せしところ、又前同様実印を捺したる投書到来、大に前の趣旨を駁《ばく》せり、果して孰《いず》れを信用すべきやを知らず、去《さ》れども新聞条例第十一条の旨を遵奉《じゅんぼう》して、且《か》つ前に掲載せし者も亦依遽〔據〕する所あつてせしことを明かにするため、前報・後報二編の全文を左に掲げて、本日の余白を割愛す

本月廿一日大坂府下摂州能勢郡野間中村字宮ヶ谷天神ヶ尾地所内ニ安置有之妙見宮境内ニテ紛紜有之候実
況左ニ

抑該山ノ地所ハ、往昔ヨリ民有地ニシテ、寛政年間旧幕政府ヘモ秣場無税地云々公証モ有之、明治六年十一月

太政官布告第百十四号民有地第二種ニ照シ、府庁ヨリ知検証（ママ）下附相成居候処、同八年旧地頭タル能勢頼富ト当時の戸長野間高正ト曖昧タル事ヲ謀リ、村民共ヘハ地頭封土返上後ハ官有地ニ属シタルト申偽リ、府庁ヘハ官山ナル旨ヲ詐為シ、払下ヲ請ヒ請タリ、然ルニ村民共ハ、古来ヨリ公然タル民有地、如何ナル根拠アツテ官山ト性質ヲ変ジタルヤ、不審ナル事ト疑惑区々トシテ、年月ヲ経過候処、豈計ンヤ、本月上旬該村戸長役場ヨリ明治六年十一月下附ニ相成候地券証捜索シ、始テ頼富・高正ノ詐偽為シタル事ヲ了解シタリ、然ル上ハ頼万ヘモ前件ノ事実懇合、大坂府庁ヘモ頼万ヘ払下ケ成タル取消ヲ上申ナシ、続テ村民惣代トシテ同村野間定利・寺井喜八・平田源五郎外二名ヘ委任ヲシテ、頼万ヨリ妙見宮保護ニ代理為致候該山詰能多真七郎ヘ地所可引渡旨対談ニ及タル処、同人幷ニ以下ノ者共難引渡、強情ニ暴論ヲ吐露セシヨリ、惣代人タル三名ヨリ村民共ヘ指揮シテ、頼万ヨリ詰合居候者ヲ門外ヘ連出シタリ、其夜池田警察署警部壱名外ニ地黄交番所詰巡査四五名、俄ニ登山ナシ、双方ヘ尋問ノ上手続書ヲ差出サセ、鎮静之上引取タリ

但シ、右ハ廿一日午後三時頃ヨリ廿三日夕刻迄ノ実況ナリ、此間ニハ彼是道行モ有之ト雖ドモ、大概眼目タル事ヲ記載スルモノナリ

能勢郡野間中村　平田森之助

平田利右衛門

奥　彌兵衛

明治十二年八月廿五日

大阪日報社御中

弁　駁

貴社新聞第一千五十八号雑報欄内ニ南無妙法蓮華経ノ争ヒ云々ト掲載アリ、而して第一千六十号雑報欄内ニ

（先号記載セシ能勢郡妙見宮紛紜ノ様子ヲ聞クニ云々）ト掲載セラレタルモノハ、暗ニ先号ヲ正誤セラレタルモノ、如シ（現ニ人名ノ正誤モアレバ）、然ルニ、右妙見事件ニ就テハ、昨明治十一年五月中、野間中村人民ヨリ拙者へ係リ大坂裁判所へ出訴ニ及ビ候ニ付、拙者モ被召出御審理ノ末、本年四月二十六日ヲ以テ御裁判申渡サレタリ（貴社新聞第九百五十七号雑報欄内ニ掲載セラレシ如ク）、然ルニ中村人民ハ之レニ服セズ、大坂上等裁判所へ控訴セシヲ以テ、当時御審理中ニ有之、仍テ其曲直ノ確定セザルハ論ヲ竢タズ、抑一千六十号掲載ノ文辞ニ於ケルヤ、独リ訴訟上ノ権利ニ関渉スルノミナラズ、亡頼富・高正ハ官私ヲ欺クノ筋合ニ当レハ、於拙者該文ヲ等閑ニ看過シ能ハザルハ勿論ナレバ、是非ニ其冤枉ヲ解カザレバ已ム能ハズ、故ニ該文辞ヲ□〔摭カ〕要シ、貴社ニ質ス

第一（云々旧地頭能勢頼富ト当時ノ戸長野間高正ト謀リテ、村民へハ地頭ヨリ封土ヲ返上スルト称シ、府へハ官山ナリト云フテ払下ヲ請ヒタルヨリ云々）トアリ、果シテ掲載ノ如クナレバ、亡頼富・高正ハ官私ヲ欺キタルモノニシテ、仮初ニモ不容易事柄ナレバ軽忽ニ掲載セラレタルモノニ有之間敷、仍テ其確証アラバ之ヲ示セ、然ラザレバ貴社ハ誣言ヲ公布スルモノト云ハザルヲ得ズ

第二（先号内藤左司馬・野間定利・平田丈助等ガ百余人ト共ニ登山セシハ誤）トアレドモ、現ニ内藤左司馬・野間定利等凡七十人計リ登山シ、粗暴ノ挙動アリシヲ以テ、左司馬・定利等ハ警察分署へ一時拘引セラレシナリ

第三（妙見宮保護人能多慎七郎へ地所取戻ノ義ヲ談判スルニ、暴論ヲ吐クヨリ云々）トアリ、右慎七郎（直七郎トアレドモ慎七郎ノ誤植ナルベシ）ハ拙者ノ雇人ニシテ、妙見事務ヲ為取扱候者ニ相違無之ト雖ドモ、該暴挙ノ際、同人ハ外用アリテ下山致シ留守中ニシテ、同人帰山ノ節ハ已ニ巡査モ出張ニテ暴挙ハ鎮静ニ至ラントスルノ際ナリ、然ルニ慎七郎ノ暴論ヲ吐ク云々トハ如何ナル謂ナルヤ

右ノ如クニシテ、一千六十号掲載ノ文辞ハ実際相違ノ廉有之ノミナラズ、亡頼富ニ於テハ官私ヲ欺クノ筋合ニ当リ、且慎七郎ハ暴言ヲ吐キシヨリ門外へ連レ出サレタリトハ何ノ証左ニ據レリヤ、至急御答有之度、自然証左ナクシテ掲載セラレシナラバ、詳細ニ正誤ヲ為シ、看官ニ貴社ノ疎漏ヲ謝スル所アレ

大坂府下西成郡川崎村

能勢頼万

明治十二年八月二十九日

大阪日報社御中

〔筆者の感想〕

このような自社の行為を自ら批判する記事を掲載するのは、すごいことだと思う。当時の新聞が持った矜持がこの記事の掲載となったのかもしれない。これで、係争する当事者双方からのクレームは消滅したかのようである。しかし、ここで取材活動は委縮したようで、これを機会に問題を掘り下げようという方向には進んでいない。

④上等裁判所の判断

◎『大阪日報』明治13年6月17日

○有名なる能勢妙見大士所有権の訴訟ハ、明治十年ゟ今日に至る迄其紛紜の解けずして、原告能勢郡野間中村代理長野県士族宮坂幸長・大坂府平民大藤高敏、被告能勢頼万代理滋賀県士族宇津木孚明等の屢々法廷に出る所なりしとが、遂に一昨十五日当上等裁判所に於て被告能勢氏の申分立ず、原告野間村の所有なりと判決なりしと、就てハ是迄の如く大士の参詣を差止め門戸を閉る等のことハ廃して、衆庶勝手に参拝を許し、諸国講中の意に適ひなバ自然に所の賑ひともなるべしと、村民一同手を打て喜びあへりとぞ

⑤大審院の措置と地黄村ほか6か村の不服

◎『大阪日報』明治13年8月12日

○かの有名なる府下能勢郡野間中村の総代平田丈助と同郡日向守頼万氏との間に起りし野間の荘妙見宮紛紜の訟訴ハ、過般大阪上等裁判所に於て頼万氏の負公事となりしが、同氏ハ裁判不服なりとて大審院へ上告なしたれども、同院に於てハ受理せられず、訴状却下せられけるにぞ、詮方なくして打過ぎしに、平田丈助より更に裁判執行の義を同裁判所へ訴へ出しかば、頼万氏も今は是非なく妙見宮を野間村に引渡し、全く原告村の所有となりしが、去る三十一日全郡地黄村外六ヶ村の百姓が不服を唱へ、妙見宮を野間村に占有せられてハ俺々《われわれ》ハ永代の食に離れしと同様なり、いで此上ハ一命を擲《なげう》ちてもやはり取かへさで置くべきか、と数百人の百姓が群集し、既に大事にも及ばんとなしけるに、急報に依つて池田警察署より警部巡査が駆付られ、鎮静方に力を尽されしかバ、一旦ハ平穏の姿なりしも、昨今再び集会して其筋へ願出んと評議区々にて、棡択〔悶着〕容易ならざるよし

山地への関心　妙見山の山地所有をめぐって、地元ではじつは野間中村だけがその権利を争っていたのではなく、近くの村々も深い関心を持っていたことがここに至って表面化してきた。地黄村ほか6か村は、野間氏が係争から手を引いたことを確認した後、その地の権利を新たに訴え出たのである。また、その決意のほども強かったことが記されている。

この記事は、その事実を語るものとして見過ごすことはできない。ただ、惜しいことには、この後の動きが記事化されていない。またその理由も明らかでない。

なお、次の新聞広告は、そうした紛争は、このあとも相当継続したこと、妙見山を信仰する信者にとっても気をもむ出来事であったことを示している。

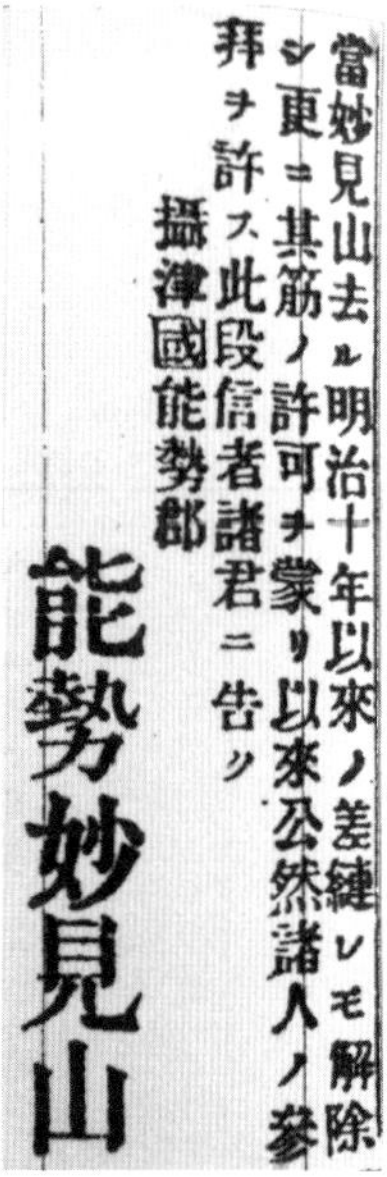

當妙見山去ル明治十年以來ノ差縺レモ解除シ更ニ其筋ノ許可ヲ蒙リ以來公然諸人ノ參拜ヲ許ス此段信者諸君ニ告ク
攝津國能勢郡
能勢妙見山

⑥ 妙見山参詣の呼びかけ（広告）
◎『朝日新聞』明治18年5月5日

当妙見山去ル明治十年以来ノ差縺レモ解除シ、更ニ其筋ノ許可ヲ蒙リ、以来公然諸人ノ参拝ヲ許ス、此段信者諸君ニ告ク

摂津国能勢郡

能勢妙見山

事件の歴史性と新聞報道の苦心　新聞は、最初野間中村の人々の話に基づき記事を作った。しかし、すぐに旧領主側の申し入れがあると、おそらく取材の在り方に対する深刻な反省をしたのであろう、明治12年9月2日の記事（③）は、紛争の両当事者から送られてきた厳格な書状をそっくり掲載するという、おそらく前代未聞の奇手で事態を切り抜けている。

事件の背景に明治政府の実施した地租改正があることは明らかであるが、改正作業の中でそれに対応した旧領主側そして関係村側の思惑についても、それぞれの背景にまで下がっていって調べてみれば、もっと違った記事の構成となったと思われる、しかし、当時の新聞はそこまでやっていない。

とくに、野間中村がこの山地を共有地としていたということは、農耕牛馬の飼育、田地の肥料などの補給地としての歴史的な役割があったことを示していたにもかかわらず、このことに筆が及んでいない。記者はこのことの重大な意味を理解できなかった。その結果、この取材は表面的なものにとどまったのであろう。

一方、ことは、庶民の信仰を広く集めていた能勢妙見の参拝問題でもあったことを見落としてはならない。この紛争中、妙見堂の参拝はどうなっていたのか。じつは、在阪の新聞がこの事件に注目した最も大きな要素もここにあったと考えてもいいのではないかと思うが、その方面への取材も行われた形跡はない。

なお、この信仰の問題については、最後の記事（というよりも広告）（⑥）が重要であると思う。どうも、紛争中は庶民の参拝は公的には認められていなかったのかもしれない。しかし、「非公式な」参拝者は続いていたのではないか。この間の事実をせめて報じてほしかったというのは、後世に生きる人間の勝手な希望であろうか。

2　景勝地・保養地への注目

近代における景勝地・保養地の意味　明治初期の新聞人には、個人の健康を大事にし、心身を爽快にし、癒してくれる存在としての景勝地や保養地を愛し、その実際の効能を記事にし、楽しみを読者すなわち都会や田舎の人士に伝えることを喜びとした者が多かったようである。ただし、そうした場所は、都会から相当の距離を有し、めったに行けるところではなかった。というよりも、そうした僻遠の地に存在していたからこそ、日常を離れた心身の復興に役立つ場所であることに気付いていたのかもしれない。

新聞を使ったこうした勝地探訪記の作成は、西南戦争も終結し、新聞事業が本格的に定着し始めていた明治10年代初頭から実行されていったようである。本節では、明治18年に属する1点も含め、合わせて4点の記事を見出し、掲載することができた。

近代に入っての景勝地や保養地探訪の特徴は、江戸時代の講がもっていたような集団的・組織的な行動よりも、個人が前面に出てくるところに求められる。それは、同時に非宗教的な行為であった。それはまさに個々の人びとに直接働きかけることのできる新聞の得意とする分野であった。新聞記事のなかでは、都市生活の中で疲れた心身の癒し、あるいは、都市生活者の共通した病ともいうべき脚気や胃弱などからの回復についても、その効能が近代医学知識に照らし堂々と語られている。

景観地や保養地の知識を通して人は、都会地とは違う清涼の地があり、そうした地域に対する尽きせぬ関心を育て、その地の情報も求めるようになっていったとみるべきであろう。地方への関心を新聞が持つようになった動機のひとつに、こうした景勝地と保養地に対する関心の広がりがあったことを見ておきたい。

交通機関の変化　ところで、こうした紀行文に見えているのは、まずは、そうした景勝地に行くための交通機関の整備に関する知識の紹介である。実は、明治初期の交通機関の変貌ぶりには驚かされるものがあった。その代表例は人力車であり鉄道であった。また、その一方では江戸時代に盛行した駕籠もしぶとく生き残っていた。

新聞人のみならず行楽する人々は、それらの広がりをよく知っており、常に便利なもの、興味を引くものを選んだ。関西では西南戦争直前に開通した神戸〜大阪〜京都間の鉄道が、箕面方面の紅葉見物に早速利用されている（本節③）。人力車については、大阪から有馬温泉まで約9里（およそ36キロメートル）を直行するものもあった。また、鉄道の停車場ができると、そこからの連絡コースも確定していった。人力車は、公共的な交通機関として料金も公定され、利用者に安心感を与えていく。もちろん、駕籠についても同様であった。

しかし、人力車にしても、駕籠にしても運輸に従事する人間は大変な重労働に耐えていた。たとえば、大阪〜有馬温泉を人力車で走り通すとして、あの六甲の山を越えるとなれば、あるいは山裾を回るとなれば、車を曳く人にとってはいかに過酷な労働であったか、想像してみたい。本節の①で紹介する千河岸貫一の記述には、彼をかごに乗せ六甲の山を登るときの駕籠かきの様子を「喘呉《ぜいご》牛の如し」とし、その厳しさを表現している。ただし、こうした交通機関を利用する人は、それを運行する側の重労働を知ってか知らずか、それに頓着はしていない。

景勝地・保養地に関する情報は、こうして都会に住む人々あるいは生活に一定の余裕のある人々に伝えられていった。新聞は記者自身の体験を、腕に縒りをかけた美文に載せ、読者をその地にいざなった。景勝地・保養地の側もその効用をすぐに理解していった。川辺郡小戸《おうべ》村（現川西市）のなまず湯（②）といったおそらく小規模な温泉の知識も、こうした効用を期待する動きの中に位置付けてみることができるだろう。

（a）大阪日報記者干河岸貫一有馬紀行

①有馬温泉への道（8月7日掲載分）

◎『大阪日報』明治11年8月7日

有馬紀行

干河岸貫一　記

我れ新聞屋の業に従事するを以て此三伏《このさんぷく》〔夏至後の非常に暑い時期を指す〕の炎熱に際し済勝《せいしょう》の具《ぐ》〔景色のよい所を渡り歩く丈夫な足のこと〕に乏しからさるも、亦避暑の計、納涼の策を運《めぐ》らし杖を抱《だ》ひて渓山の勝を探り嵐光《らんこう》〔山のもやが日光に照り映えること〕水色に心身を爽快ならしむに由なく、また嚢底《のうてい》〔ふくろのそこ、転じて財布のこと〕恒《つ》ねに空渇《くうかつ》なれば軽舟《けいしゅう》〔軽やかな舟、ちいさな舟〕に美人を載せて難波橋《なんばばし》〔大阪市中の大川にかかる長大橋の一つ。夕涼みの名所〕下の秋を占むる術《すべ》も無し。僅《わず》かに橋の欄干に凭《よ》りもたれて豪客の快遊、弦歌涌くが如きを見聞し、晩酌の余醺を醒《さま》すのみなりしが、偶々頃来《たまたまけいらい》〔ちかごろのこと〕一友人の有馬に浴せるを幸ひとし、僅かに一日の間を愉《たのし》み其翌日ハ休暇なるを以て往復を加へて三日間有馬に遊ひたりき。彼《かの》温泉は固《もと》より有名なるものなれども、其《その》鉱泉の性質に由て何等の病にハ効能あり何等の症にハ不適当なりやと明知せさる人も尠《すく》なからざるべければ、見回せし所の概略を書き集めて看客《かんきゃく》〔新聞を読む人のこと〕に報道し、彼岸田吟香翁の温泉浴法の貂《てん》〔良い衣料品のこと〕に続ぐの狗尾《くび》〔犬のしっぽ〕とせんと欲るを以て有馬紀行と題し特に一欄を設くると雖《いえ》とも固《もと》より尋常《じんじょう》〔普通の〕文人雅客の紀行の如く文章字句に注意し人をして其名場勝区を目撃するの想《おもい》を為さしむるものと同しからす。幸ひに其文の鄙陋《ひろう》〔程度が低いこと〕と拙劣とを舎《捨》てゝ其意を採られよ。

八月三日早起六時四十五分梅田発の汽車にて住吉に達し此《これ》より汽車を下りて肩輿《けんよ》〔駕籠かきのこと〕を雇ふ〔大坂より有馬までの里程九里にして人力車も通行すれども住吉より六甲山を越えて有馬に達するを以て尤《最》も順

路とす〕。八時半ごろより住吉の西北に向て蹐《のぼ》る。此日は曙方《あけがた》まで雨降り五時頃より歇《や》みたれとも残雲未た収まらず、お蔭に風も涼しく肌膚《きふ》汗を催ふすに至らざりし。叉手《さて》此住吉より有馬迄の道は駕籠などの通行せざりし所なりし由なるが、此頃《このごろ》有馬署が改築修繕し昨年頃より漸《ようや》く駕籠の通よふ道となりたりとぞ。左れども三里半の行程、登り二里半下り一里にて平なるところとてハなし。それ故駕籠の賃銭も登りの多き故を以て住吉よりハ七十五銭、有馬よりハ六十二銭と云ふ規則なり。但し非常に肥大なる人などハ其上に半額を増し、三人にあらざれバ六ツかしゝ《むつかしし》。登ること半里ばかりよりして人煙漸《ようや》く絶へ、山巌起伏其奇なることは名状すべからず。一里余〔一里あまりのこと〕にして一軒屋あり。此茶店を過ぐ路《みち》愈《いよいよ》険峻蜒蜒《えんてい》〔うねうね〕して登る。輿中《よちゅう》〔駕籠の中〕の我ハ寒肌を粟するも、舁《か》くところの輿丁《よてい》は喘呉《ぜいご》〔あえぐこと〕牛の如し。漸く山頂に近つけハ天風益々《ますます》烈しく、風の雲を吹き送る時は殆《ほと》んど咫尺《しせき》〔非常に近い距離〕を弁せざるに至る。而して雲の去るに及んで顧瞻《こせん》〔ふりかえりみる〕すれバ、先きに仰視する所の諸山全く釜底に落ツ。而して遠きは紀州の諸山、天際に屏列し、海水一碧《へき》、帆影其面に点す。眺望頗る佳なり。下だること半里ばかりにして漸く雲際を離れ、風も太《はなは》た涼しからず、身は雲霄《うんしょう》〔大空〕より堕落し下界に滴せられたる者の如し。十二時半ごろにして漸く有馬に達す。即ち湯山温泉前なる兵衛某方に投す〔投宿すること〕。友人某の寓《ぐう》〔宿のこと〕なるを以てなり（以下次号）

漢字力の時代と言論人　筆者の干河岸貫一は就将社大阪日報（このころの誌名は『大坂日報』）の看板記者。大阪日報へは社の方針をめぐって明治10年12月10日社長・編集長・印刷担当者を解任したあと招かれて東京から着阪していた（『大阪日報』および『大阪新報』の記事による）。記事中には、有馬温泉は一度行ってみたかったとの心情も吐露されている。ただし、その名を知っていたのは東京にいたときからかどうかは記されていない。

文章には、一読すればすぐにわかるように、現代人はほとんど使うことのない漢字やその熟語が至る所に出現する。漢字の知識は時代を指導する教養人の素養とみなされていた時代状況が反映していたというべきである。読者も自分の知らない漢字やその熟語を見るたびに感心し、ついていこうとしたのかもしれない。情景を描写し、人の心情を表現する道具としての漢文体の隆盛には目を見張るものがある。もちろん、漢文の教養に乏しい現代人には難解な文章である。

しかし、干河岸貫一記者の観察力はその文章の中によく示されている。駕籠で六甲山を上り下りする行路の説明はリアルだし、後掲に見るように温泉にちなむ様々な歴史知識も豊富。一方で、理化学用語にも取り組んでいる。新聞記者の習いというのか、何事にも挑戦する意欲というべきか。すごい行動力と現実把握能力をもっていたことがわかる。なにしろ、たった三日の有馬行でこれだけの文章をまとめている。これには脱帽である。

後掲だが③の記事では、大阪・神戸の文化が山深い有馬の地に広く伝わっている様子が伝えられる。郵便施設のこと、一日遅れでも新聞が届いていること、神戸居留地の外国人が避暑地とし始めていること、キリスト教伝道の様子が記されている。

〔翻刻後、筆者の感想〕

漢和辞典必携を思い知った。時間をかけて文字を引いて、たいへん勉強になった。さて続く次の文章も同じ感じ。今度は、温泉をめぐる歴史と効能の紹介文である。

②有馬温泉の歴史と泉質の紹介（8月8日掲載分）

◎『大阪日報』明治11年8月8日

有馬紀行（前号の続き）

干河岸貫一記

摂津国有馬郡は東河辺郡と界し、西播州三木、加東、の両郡に接し、南武庫、兎原、矢田部の三郡の界に至り、

北丹波多紀郡に接す。其中湯の山と云ふ所即ち鉱泉の涌出する所なり。温泉南向を一の湯といひ北を二の湯と云ふ

抑も此温泉の歴史は多けれども、中に就て此地の古代より有名なる猶ほ支那の驪《り》山の温泉に於けるが如く、舒明、孝徳の両天皇の此地に幸《かう》せられしことは史冊に載せたり。即ち日本紀に曰く、「舒明天皇三年秋九月丁巳朔乙亥幸于摂津国有馬温湯、冬十二月丙戌朔戊戌　天皇至自温湯」また「同帝十年冬十月幸有間温湯宮《(ママ)》。是歳新羅百済任那並朝貢云々。同帝十一年春正月乙巳朔壬子車駕還自温湯、乙卯新嘗、蓋因幸有間以欠新嘗」云々また同巻に曰く、「孝徳天皇大化年冬十月甲寅朔甲子　天皇幸有間温湯。左右大臣群卿太夫従焉。十二月晦天皇還自温湯而停武庫行宮」とあり。去れバ釈日本紀に由れば□の大臣始て此温泉を見出されしといふ。夫より聖武帝の時僧行基一宇を建て自刻の薬師如来の像を安置す。今の薬師堂これなり。承徳元年淫雨《いんう》の為めに山崩れ家を圧す。それより九十五年の後吉野の高原寺仁西上人此所に就て旧跡を開き、湯源を浚《さ》らえ、寺院及び十二坊を営み（何の坊と称ふるもの今に八戸を存せり）、守湯の人を置きしは建久二年のことなりとぞ。然るに享禄元年と天正四年の災《さい》に民屋みな烏有となりしが、同十三年豊公の夫人寺院を再建し封田を納《い》れられたりといふ）。また豊公にも此温泉に浴せられしことありと見えたり。池之坊（二の湯の前にあり坊中の甲たりといふ）の蔵せし豊公御入湯の時の下知状は即ち左の如き文なり。

太閤様御湯治之時当所地下人酒さかな以下なにゝてもかい候て進上申事かたく御停止なされ候、其外の物も無用と思召候へとも、けに上中度候ハヽ、な大こんごぼう又もちなどのやうなる手づくりのたぐひはぬし次第に可進上由被仰出候也

文禄三年　木下大膳　在判

去れば俚謡《りよう》にまで「お医者様でも有馬の湯でも」なぞ言ふものあるを以て見るに其有名なるはまた論を俟たず。

その履歴も如此立派なり。其他月卿雲客の詩歌等の歌集に載する者も尠《す》くなからず。昔し話はさておき此鉱泉を去明治八年大坂司薬場て分析せし表及ひ医治功用有益なる病症等ハ彼湯坪の入口に掲げたり。今其写を左に記す

兵庫県下有馬郡湯山町温泉分析表

一稍々溷濁したる無色無臭の泉にして其味甚だ鹹渋なり、大気中に在て速かに炭酸を放発して其表面に水化の酸化銕を浮へ、其後褐赤色の絮状粉となりて沈浙す

一此泉を溷濁せしむるものハ無機（無機とは金石土の如き生滅せざるものなり）有機（有機とは人畜の類或は植物等の生滅するもの）の二性分より成るものにして、其無機物は殊に酸類に溶解せざる珪土類なり

一此泉の本重ハ摂氏の二十三温度に於て一の○一一五にして其返応は弱酸性なり

一此泉の一千「センチメートル」立方中には一九の五六「カラム」の固形物を含み、之を弱く炒灼するときは其重の○、○二二を失ふなり、之を炒灼するの前に水を和するに其溶水は弱く「アルカリ」性に返応す

一此泉ハ本年の九月と十月に採酌して再度の試験を経たれども、其中に游離せる炭酸の量は定むべからず、極めて小量の「コロールリチユム」及其他の量は金属酸類も或ハ含有すべけれども悉く検出すべからず、此親く泉源に就て採酌せざると必須の器械に乏きが故なり

一此泉の一「リートル」中に含む固形物ハ左の性分ゟ成る

△酸化鉄 重酸亜酸鉄ニテ温泉中ニ存スル者 ○ノ二四六 △亜酸化満俺酸化 重炭酸□トナリ温泉中ニ在モノ ○ノ○五五 △□土「コロール、アルミニウム」にて温泉中ニアリシ者○○二九二 △「コロールカルシューム」二ノ八九六 △硫酸石灰○ノ○一四 △「コロールマグネシユーム」○ノ二四一 △「コロールカリユム」一ノ二八一○「コロールナドリユム」一四ノ七一七 △「ブロームナドリユム」○ノ一○五 △「コロールアンモニユム」○ノ○一二 △珪酸○

ノ〇五八　△「コロールリチユム」痕跡　△機性塩類小量
明治八年十一月十六日　　　　　大坂司薬場（以下次号）

③鉄砲水の効用と避暑地への着目（8月11日掲載分）

◎『大阪日報』明治11年8月11日

〔読み始めの前に〕

今回の文ではいきなり「この鉄砲水」と出てきて、前号の文との間に不自然なものがあることを感じさせる。たぶん、1～2号分が欠落しているのだろう。さて内容だが、「鉄砲水」とは何かと考えているうちにすぐに「ラムネ」及びそれを噴出する泉源とわかってくる。軍医がこんなところに出てくることも面白い。本文の記述は、そのあと有馬の町の概要説明に移っていく。

有馬紀行　　　　〔前号ノ続キ〕

又此鉄砲水の側《かたわら》に今の二等軍医正長瀬君が掲げ示されたるものあり、左に其全文を記す。其括弧《かっこ》を施す者ハ記者なり。

冷泉一名鉄砲水ハ有馬湯町本泉の東南一丁余の所杉ヶ谷（即ち舒明孝徳両天皇行宮の古跡なりと云ひ伝ふ）と云ふ地に湧《わ》き出て炭酸瓦斯を含める酸味清涼の泉水なり。世間に売用する所の鉄砲水（ラムネ）に同じく熱を解《かい》し消化を助け暑毒を掃ふ良効あり。去れど此泉ハ別に重炭酸曹達《そうだ》。鉄満俺等の諸性分を混合して胃弱。溜飲《りゅういん》。疝癪《せんしゃく》。風毒。消渇《せうけつ》。気鬱《きうつ》症婦人諸病に妙験あり。余も多年飲食不消化の症に罹《かか》り常に酸敗液の為めに苦みたりしが、此泉水を服用し一周間にして胃液の過溢《くはいつ》全治せり。其性効ハ病理薬性学上に於ても確乎たる理論あれ共茲に載るに及ばず。まづ右等の病症になやめる人に天賜の霊薬あるを知らしめんとす。尚其詳悉《しゃうしつ》なることハ之

を東京医治新聞に書き載せて遍《あま》ねく広布す可し

冷泉効用

一平生無病の人も食後一二時の間に一「コップ」を服用する時ハ食物の消化を助け血液を増息《ぞうそく》し身体をして強健ならしむ

一留飲疝癪を患る人ハ常に茶水を戒しめ一コップ宛毎日六回服すべし

一風毒消渇病ハ最も大量を用ゆへし

右の冷泉を呑めバ始めハ服〔腹〕内冷るを覚えて気分の宜しからざるも、一日の内に用ひ慣《なれ》て少しも妨げなし。下痢することあれば分量を減ずべし。悪心《おしん》。嘔吐《おうと》。殊に妊婦の「つわり」にハ妙験あり

其他良効あるべけれ共尚後日の実験を経て弘告すべし

明治十年六月　　陸軍々医　長瀬時衡　證誌

右の如くなるを以て此鉄砲水が胃弱などの病に効能あることを追々人も知り、二三年前まてハ毒水なりとて近づくことすら畏がりし程なるも、近頃ハ人々硝壜《びん》を持ち来て汲み去ること丶ハなれり。然るも隔りたる地方まで持ち運ぶときは気の抜ける憂ひあり。願くハ器械を以て「キルク」を密塞《みっそく》する事にし、大坂なとにハ売捌所を設くるも可なるべし。硝壜と運賃の代価のみにて水の値ハ入らざれバ定めて価も水茶屋などにて鬻《ひさ》ぐ尋常の鉄砲水即ち東京の「ラムネ」よりハ廉にして効能ハ却て多ほかるべし。但し冷泉を喫するに少しく臭気あるを覚ふれば聊か飲ミにくき方なり。去れど格別の臭気にハあらず。

叉手《さて》有馬湯町ハ戸数凡そ四百バかりにて、山の中にハ不似合に旅亭も可なり綺麗にて、家ハ皆三階造なり。郵便局もありて大坂にて今朝出版の新聞は明朝に達す。手紙も同様○産物ハ湯の花。湯染手拭。竹細工。竹皮箱。筆。墨。花山椒。越天楽。人形筆。菌類。竹の子。竹の皮。水晶石。炭酸石。川鹿《せんろく》。山椒魚「センブリ」。黒モー。炭。柿。

梅。なり。我ハ唯竹細工筆などを見しのみなるが、就中竹細工の精巧にハ驚きたり○名所も多し。有名なるは鼓ヶ滝。有明桜。落葉山。有馬富士等なり。中に於て鼓滝ハ巌角が水の落口に出てあるを以て雨条となつて奔注激盪す。此滝より一丁はかり隔だゝりし所の川の両岸に神戸居留の西洋人が避暑の為めに亭樹《ていしゃ》を作り来往するものあり。或ハ寺を借りて住するもあり。耶蘇教師ハ説法して聞かせ、宿屋なとへハ聖書が手短かに解るといふ書冊《ほん》を沢山に配りなと、其用意また頗る至れり。夫れに従来此地に居る坊様ハ寺を西洋人（教師にハ非ず）に貸して家賃を取るも善ひが、其宗教を弘めるために尽力するが堂だか。また暑を避る事も其通り。有馬第一等の山水絶景なる場所ハ、赤髯子が新に台榭を築き、三伏の暑中松風颯々《さつさつ》の響き、石流泱々の音に神思を精爽にし、独り天下の秋を占領するも、内国人は一人として暑を此地に避くる為めに一軒の小家を営む人も無し。何事ても外人の右に出る事のなきハ多く此類なりと思へバ、端なくも例の感慨を呼起したりき（畢）

※本文は、これで終わり。

◎『大阪日報』明治11年8月22日

④ 記事掲載のお礼

○弊社の干河岸貫一が本月初め有馬に遊び有馬紀行と名けて温冷二泉の分析表効用等を記載せしところ、二三日前態々《わざわざ》過般当地温泉の事を連日記載あり浴客の便を与ふるのみならず温冷二泉亦一層の光栄を添得たるハ最も我々に取てハ喜ぶべきことなり云々と同地客舎《やどや》一同より書状を添て炭酸水若干壜《そこばく》を贈くられたり。誠に辱く存じます

＊この文は有馬温泉から後日お礼を受けたという知らせの報道。この記事を機に、新聞の読者は有馬温泉にさらに広まったかもしれない。

（b）川辺郡小戸村のなまず湯

①川辺郡下川原村の読者からの通信

◎『大阪日報』明治11年8月23日

○摂州川辺郡第十三区小部村中より湧出《いうしゆつ》する温泉を鯰湯《なまづゆ》と唱へ、近村脚気《かつけ》を患る者此の温泉に浴すれバ不思議にも治《ぢ》する事多く、頃日箕面山岩本坊に設立になりし脚気避病院にも此の温泉を引《ひき》て脚気病者を浴せしめ追々全快する者あるに付き、同病を患る人は右温泉に浴して試みあれと、同郡下川原村の田中伊右衛門氏より報知

知られざる温泉と脚気治療　記事にある小部《おうべ》村というのは阪急川西能勢口駅東北部に広がる古い時代からの村。村の中心小戸《おうべ》神社は周辺地区の産土神として今も尊崇されている。記事では、ここに温泉が湧き、脚気病に苦しむ近所の人々が、この湯に入りに来るとのこと、箕面山岩本坊では、脚気避病院に　この湯を引いたことが述べられている。おそらく、樽に詰めた湯を荷車に積んで運んだのだろう。

脚気は都市生活のなかで広まり、死ぬ人も出る深刻な病気であった。病気を治癒するために毎日の食事・衣服・住居の環境などを変えること、そのために都会から離れて郊外での療養が勧められていた。また、「避病院」とあるように、感染する病気とも考えられていた。

この話を新聞社に知らせたのは下河原村（現伊丹市）の田中伊右衛門という人物。おそらく『大阪日報』の読者であろう。彼は大阪とその周りに広がっていた多くの新聞読者にこの情報を伝える値打ちがあると考え、新聞もまた、これに意義を認めたのである。ただし、ゆっくりと温泉にはいるというような行動は、金と時間の余裕

を持っていなければそう簡単にできなかった。ここに、この時期の新聞読者の層を考える手掛かりもある。

《新聞情報の発信者と地域間交流の広がり》

地域に関する明治前半期の新聞記事の面白さは、地域に関する予想外の出来事を教えてくれるというところにあることは間違いない。しかし、そうした現象面だけでなく、それぞれの地域の変化をそこに窺うことにもあるといわなければならない。ここでは、ある地域がどのような意味で大阪や京都などといった大都会の人々に興味を持たれるようになっていたかを知ることができる。

この記事のなかには現在の川西・池田・箕面・伊丹の各地、そして文字としては書かれていないが大阪の存在が出てくる。それらの地域が温泉を通じて新たなつながりを獲得していたことが示されている。もちろん、明治になる前から、この地域はすでにいろいろな方面で関係性を深めていたことは間違いない。新聞社に所属して記事を書く職業的な記者は、普段土地勘もない所では日常的な話題は提供しようもなかっただろう。しかし、その地域に読者が生まれてくると、そのなかには、情報の発信者にもなる人が生まれてきたのである。彼らは、都会人にとっての当面の興味の対象物にとどまらない、当該地域やそこに暮らす人々の独自の存在性をアピールした(このことは、この後に続く記事の中でつぎつぎと明瞭にされていく)。それは、地域のつながりが広がるとともに生じた地域の自己認識の確立に向う動きでもあったと言ってもいい。その動きを見つめていくと、地域の歴史にもまた新しい発見が出てくるのではなかろうか。

それにしても右の記事にある「鯰《なまず》湯」とはどんな温泉だったのか。いまは筆者も住む近くの小戸地区にそんな温泉があったことなど、誰にも、また何にも知られていない。

（c）紅葉の地を求める「開明人」たち

①自由郷主人の箕面紀行

◎『大阪日報』明治11年11月26日

箕面紀行　　自由郷主人鉛筆略記

一昨廿四日は日曜日の休暇にて、幸に日も殊に暖かに近日に罕《ま》れなる好天気なれバ、余は社友養拙・旭水の二氏と俄かに箕面山に楓を観、瀧を賞せんことを思ひ立ち、午前九時四十五分の汽車〔前年の明治10年2月開通した大阪～京都の官有鉄道〕に駕し韻府〔漢文熟語を韻字によって検索できるようにした書物のこと〕を携へ含英〔同上〕を懐にし、漫《そぞろ》に風流才子を気取りて茨木迄の鉄道切手を購ひ、将《ま》さに乗らんとする前に偶然渡辺昇君〔大阪府知事。明治4年8月23日～13年5月4日〕に邂逅し、其行處を尋ぬれば、西京の高尾・嵐山辺に観楓せんと言はる。余輩は其目的一にして場所異なるを述べ、笑談して車に上れバ茲に花房義質君〔岡山藩士。外交官。当時朝鮮代理公使〕の先づ在り。蓋《けだ》し聞く、君ハ前日を以て神戸に着し翌日を以て官用にて朝鮮に赴かるゝが故、此日一日の間に程を京阪に貪り、均しく修楽〔学〕院其他の勝地に楓を観るの遊びなりと。花房君ハ余と同郷、曾つて其名を聞き未た其人に親接せざるに今日卒然汽車中に相逢ふ、亦奇遇と云つべし。余に問ひ曰く、子ハ渡辺氏と同じく京都に行くや否や。余云く、否箕面山なり。君笑つて云く、車中各々楓を観るの客にして向う処皆異なり、亦風流客の好事なるかと。時に渡辺君先日已に家厳《かげん》〔父のこと〕と共に箕面山に遊ぶの趣を述べ、当時の作を示さる。其詩に云く

佛燈影落夜粛然、野鹿聲寒月在天、山中不謂多感秋、楓錦堆裏伴父眠

衆見畢《みおわ》る。養拙子も亦た京都秋山行の近作を書し、互に相見。爾後《じご》〔しかるのち〕相次で風流を談話し、精神は気候と共に爽清なる中、車早く茨木の停車場に着するを以て遺惜ながらも二氏に別れ、更らに後会を期して去り、人力車を命じて路を箕面に取る。箕面、茨木を去ること二里余。車夫の利貪《りどん》は到處《いたるところ》に同じ。然れども道狭くして悪しく且つ不案内なるを以て已《や》むを得ずして車行す。道路一も見るべきものなし。只一の小楓林と梅林の在るあり。梅枯落の時と雖とも亦た一二月の後を想像せしめて少々趣ありし。已《すで》にして箕面山に上る、方に十二時なり。由て岩本樓に上り一杯を傾け一旦労を慰せんとすれバ、此処亦た松岡康毅・小室信夫の諸氏に逢ひ、一礼畢つて酒を命じ飯を喫す。時に北新地の妓輩数名亦た何れよりか来あり。山中幽邃《ゆうすい》の中此等も亦た趣を添へり。夫れより三人ともに観楓の詩を賦し、また途上渡辺氏の示さるゝ前詩を思出し敢て其韻に次す。蓋し旭水氏と余との拙作なり

軽車来訪非偶然、樹々若紅秋季天、酔夢欲尋寒山景、風光不許就安眠

到處楓林秋燦然、晴光亦似仲春天、多情山水頻勧酒、幾度風声攪午眠

此に至りて興益々多く乗して、以て山に昇る。瀑布岩本樓を去る十二丁。其間道路羊腸、屈折限りなく、而して楓葉ハ此日十二分の色を染め、高きは山頂に紅を放って晴日に映し、低きは溪水に爛班《らんぱん》として錦を写し、山態水容到處に異なるが故に、風景愈《いよいよ》出て、愈々奇なり。満山所として楓葉ならざるなければ、林数其の幾許あるを知らず。養拙子ハ曩日已に高雄・栂尾の諸勝に楓を観る。今日初めて此山に登り、彼の諸勝も之に及ばざる遠しと賛せり。以て其一斑を伺ふべし。已《すで》にして瀑布を遠見する、紅々蒼々の間に百丈の懸崖ある絶奇限りなし。時に知人油絵師加嶋菱州子、此の絶景を写し去れるに遇う。頗る巧妙に出来たり。箕面の勝景を知らざるものもし余が言を疑はゞ請ふ、去つて加嶋氏が宇和島橋〔大阪市中長堀に架かる橋。西区にあった〕北の寓に乞ふて之を見るべし。夫より瀑布の処に至り暫時休息して帰途に就く。道に山猿数十、緑松紅楓の間に戯るゝ

を見る。亦た一奇なり。山麓に下る。時已に五時。将さに帰らんとす。養拙子ハ所要ありて松岡・小室の二氏と伴ひ西宮に向つて去了す。余は旭水氏と同しく都合に依り今回ハ路を阪地〔大阪のこと〕に取り、人車に乗して帰り来る。夜方《まさ》に八時、左右にして折り来る紅枝猶ほ肩頭帽間に在りて、勝景猶ほ目に在るが如し。実に近日の一壮遊、日比《ひごろ》の愁傷を慰したりし。古人云ふ、山水の遊ハ精神を爽快にし、耳目を娯楽し、身体を健全にし、其効ハ独り遊楽に止まらずと。馬遷〔司馬遷〕が作文の気を養ふも亦た此に在らんかと思ハる。由て旭水氏と計り以て箕面紀行の拙文を綴る

列車と漢詩　この記事の作者は大阪日報記者自由郷主人。「鉛筆略記」とあるので、筆記具は鉛筆と思われる。墨のようにすらなくてもいいし、液がこぼれる心配もない。記者の愛用品となっていたことがうかがわれる。ただし、記者の本名はいま判らない。ただ、文体から見て有馬紀行の干河岸貫一とは違うと思われる。

記者は昨年2月に開通したばかりの官有鉄道を利用して梅田停車場（ステーション）から茨木回りで出かけている。大阪から箕面へはこれが楽な行き方だったのかもしれない。明治10年2月に大阪～京都の鉄道開通があったので、さっそくこの鉄道を勝地探訪に利用したというわけであろう。

このころ楓の美や山景の爽快さを求めて秋の箕面行きや京都高尾あるいは嵐山などへの絶景探勝は大阪人士の流行となっていたようである。箕面山は、明治6年8月大蔵省から大阪府で三ヶ所指定された「公園」と認められ、外国人の一泊も認められるというようによく知られた地であった。「公園」の称は、明治8年内務省から廃止とされたが、替わって「勝区」とされた。本記事より前の明治10年10月には「箕面山の景色」見物などの誘いが新聞に掲載されている（『大阪日報』）。

府知事や外交官も列車を利用し、紅葉見物に出かけている。記者は、列車の中でそうした人々と出会い、挨拶

を交わしている。もちろん、記事には政治を論じ、国民を導く役割を果たす者として新聞記者は彼らと対等の地位だとの自負も読み取れるし、ともに文人としての交遊をはかろうとしている。

記者は漢文・漢詩の趣味を隠そうとしていない。「韻府」とか「含英」などの漢詩作成の手引書を懐に出かけたこと、汽車の中で外交官や同僚などと即興で作った漢詩を見せ合い、相互に興じていることなど、それを趣味とすることに喜びを見出しているようでもある。彼らにとって箕面の景色は実に感ずべき対象であった。

大阪的・世俗的な方向へ　ところで、記事の中では箕面で岩本楼が拡張していることも報じられている。岩本楼とは、池田の人細原茂兵衛が池田の東入口、当時そこはまだ石段になっていたところの能勢街道に面し開いた旅亭「めんも楼」が出張ってきていた旅亭であった。池田のめんも楼には、大阪府知事など大阪府の官吏らがよく出入りしていたこともあってか、大阪北新地の芸妓なども顔を見せていたと思われる。岩本楼の位置は、今不詳だが、瀑布から12丁（約1・3キロメートル）との記載は大いに参考となる（第4章―（2）―c）。

紀行文のなかでは、岩本楼に来ていた見知った芸妓たちへのまなざしのありようも語られている。時代のリーダーとしての当時の記者たちの思想の内実が語られた場面と言ってもいい。そこでは人民を大事にすべしという主張と、ひとを職業によって見測り、芸妓をそのような観点から意義づけるという考え方が共存しており、これもまた当時の新聞を理解するうえで検討課題になるのではなかろうか。

（d）榎本義路有馬温泉記出版の報道

①有馬温泉記の著述

◎『朝日新聞』明治18年7月31日

●有馬温泉記　神戸又新日報の発行所五洲社より榎本義路氏が著せる表題の如きものを出版せられぬ

記事で紹介された榎本義路は、明治13年ごろ民権論を主張して活躍したことが当時の新聞記事に報道されているが、詳細はわからない。記事は、久しぶりにこの人物が『有馬温泉記』を出版したという案内。ということで、参考までに掲載する。

3 伊丹と池田＝中心的町場と人物の発見

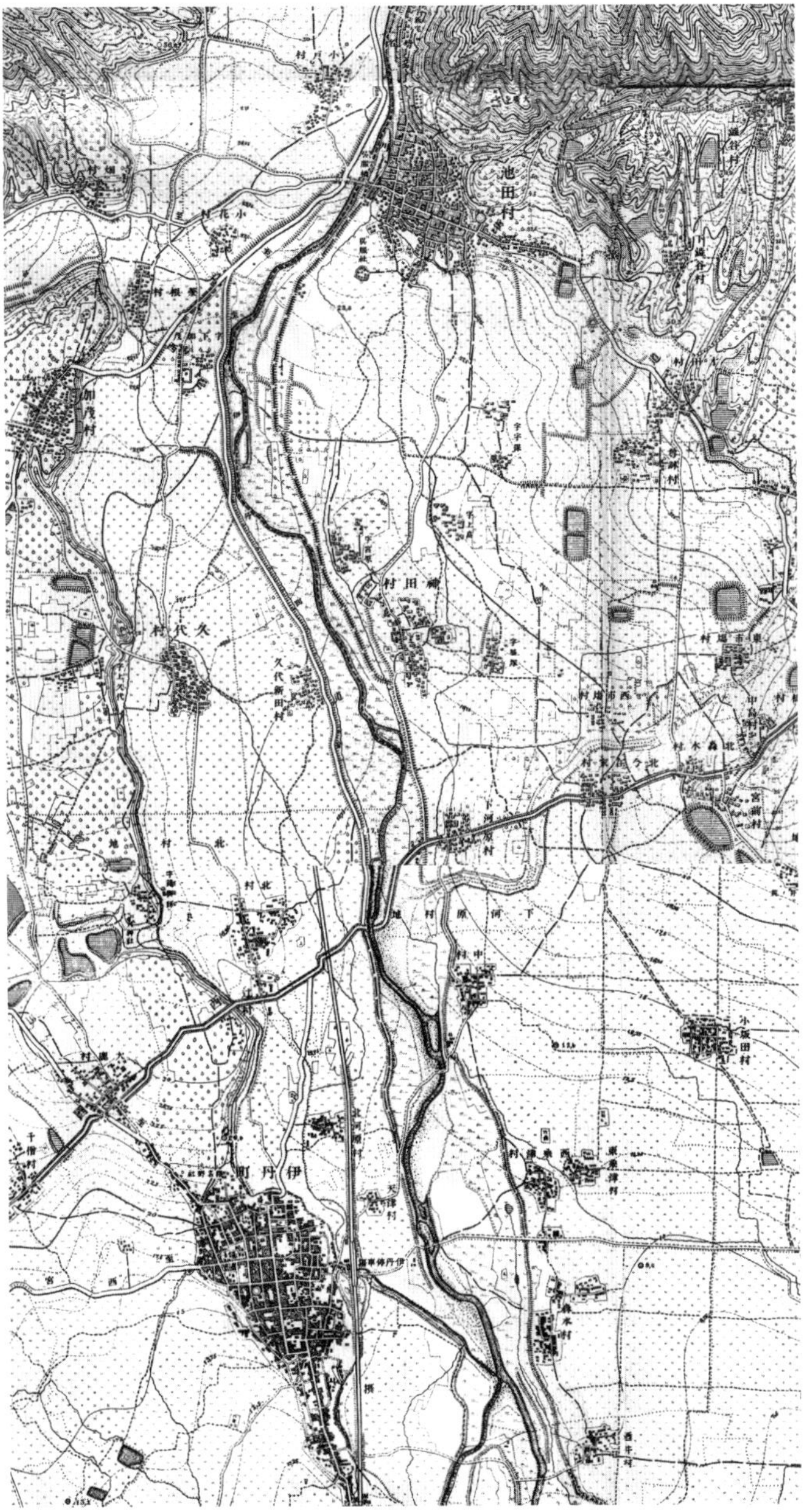

町村制施行前の池田村（上）と伊丹町（下）
（陸軍測量部仮製二万分一地形図より作成）

維新の変革と伝統ある町　大阪府豊島《てしま》郡池田村と兵庫県川辺《かわべ》郡伊丹町。両地とも摂津国に属し、地理的には猪名川を挟み、北と南に隣り合って歴史を刻んで来た。両地はともに中世以来の町としての伝統を有し、ともに酒造で全国に知られ、多くの文人を輩出し続けてきた町である。しかし、維新の政変、明治国家の確立といった大きな動きの中で変貌を余儀なくされる。両町も、あるいはまた両町を不可欠とする周辺の広い地域についても、現状・将来とも知りたい人は多かったに違いない。明治10年代前半期、大阪に拠点を置き、経営基盤をようやく固め始めた新聞は、そうした疑問に答えを与えようとする投稿をいくつか紙面に掲載している。

ここでは、明治10年代という時期における伊丹・池田という二つの中心的地域の共通する動きのみならず、対照的な変化を確認できる。明治の初めまで深い関係を持ちながら共通の歴史を刻んできた豊島郡と川辺郡が、大阪府と兵庫県に分属されたことのもつ意味は大きかった。伊丹は、兵庫県の指示を受け、例えば小学校の開設や運営に住民の力を生かそうとしたのに対し、大阪府に属する池田は官を中心に町の形成が進んだ。両者の違いは新聞の記事にも反映されている。

（a）川辺郡の近況と郡長児嶋晴海

存在感のあった郡と郡役所　川辺郡とはいまの尼崎市・伊丹市・宝塚市（一部）・川西市・猪名川町にあたる広い地域を占め、近代にはすべて兵庫県に所属させられた。郡域は南部平野部と北部山間部からなり、いずれも基本的には猪名川の流域に属している。川辺郡の名はまさにこの川の存在から付けられたのであろう。川辺郡は、南部の平地部のうち伊丹市で一部の地域が左岸に広がっているのを除けば、基本的に猪名川の右岸を占め、一方、北の山地は結構山が奥深く広がっている。現在では猪名川町だけが郡名を頭にかぶせるが、市となったところではそれがなく、この郡があったことも意識されなくなっている。

郡への大きな注目は、明治11年郡区町村編制法制定で、郡が府県の下、町村を統治するために置かれた戸長を監督・指導する地方行政組織として明確に位置付けられてからと思われる。ちなみに、兵庫県でこうした意味での郡ができるのは明治12年1月。大阪府では2月のことであった。郡には郡役所が置かれ、郡長が県令から任命された。郡長は、多くは中央から派遣され、当該地域にはしがらみがない官僚の末端人物であったが、その権限は大きかった。

本項は、この川辺郡についての概況が述べられた記事、および郡長の人物像が語られている記事から構成される。大阪という大都市に産声を上げたばかりの日刊紙にとってこの川辺郡というのは、それが兵庫県に属していても気になる存在であったことは確かであった。

①明治12年の川辺郡

◎『大阪日報』明治12年5月1日

在伊丹町　松園迂生報

○兵庫県川辺郡近況の略

東南ハ大阪府下に界し、西北ハ当県有馬・多紀両郡に接す○村数百七十三ヶ村にして、戸数壱万六千七百九十九戸、人口六万七千六百三十九人有余なり○警察分署七ヶ所にして「旧区毎に一分署の設置儘」、署長十中四五ハ二等査官を置かれ、就中《なかんづく》伊丹分署長壱等巡査鈴木某及尼ヶ崎分署長等ハ一等査公なりと聞き及びたり、然り而して署長ハ勿論《もちろん》、四等査公に至る迄域内警邏最も行き届き、強窃盗人様のお回りも今を距る七八ヶ月前と比すれバ其額五分の一にもゆかずとかにて、人民実に鼓腹《こふく》〔腹を鼓のように叩いて喜ぶ〕せり○郡役所ハ伊丹町千四百八十四番地に設置す、郡長ハ故陸軍会計軍吏正七位児島晴海君、性質極穏にして頗る人望あり、部下人民大に安膣す、郡書記（雇筆生とも）拾三員にして、其人掻《か》き撮《つま》ミて曰く、故兵庫県八等属三沢立身（十一等官相当）庶務係を分掌す、故陸軍省一等書記石原亮（十一等官相当）租税一切の事を主《つかさど》る、此人情状略して曰く、人と交るに上下差なく、人民取扱ふには頗る穏かなるハ言を俟たず、洋学あり漢籍あり其他諸籍に渉《わた》り浅からず、就中此日はやりの複記単記法に昇錬し、実に郡書記社会の人物に非らず、惜む可きやと喋々す、其他の書記方々も事務に勉強すること真に感心〳〵○戸長連も爾頃《このごろ》頭上の髻を除き首上丈ヶハ開化らしうなりましたが、其実ハどうだか○当時〔現在の意〕衰微伊丹名産清酒醸造を再び興し、最も隆盛にせんと郡長の目論見中《もくろみちゅう》と申す事○御一新より断然廃されたる同丁三本松と称しました娼妓店を再興せんと、有志輩より既に出願いたしましたが、若や御採用なりたるなれば若き者をもちたる父母の心配も又再興せんと、成不成の知子内から○当伊丹丁ハ牛肉店の一ヶ所もなく、官員連も是れにハ閉口、適々《たまたま》門前に鬻《ひさ》く者ありと雖も皆腐敗す○郡役所設置のためか、宿屋割肉店の業を創むる者日々増戸す、中に就き当郡内二十四番札所中山寺門前にて旅宿屋を業とするもの丶支店とかにて、当町に開業割肉屋（娼妓に類似のも二三人あり）而已毎夜ドロツクドンの音曲絶へませぬと申す事なるが、どれほどの別品あるや見たき物、定て醜妓なりと存ず○当地第一の物産なる者は当丁を距る五十丁内外なる山本村にて、諸苗は申すに及ばず、種々の草物及庭樹等を産出す、就中近年桐苗楮苗等ハ漸々蕃殖の見込なり○学校位置ハ廿一学区と結び追々新築に着手す○各学校生徒定期試験去る三月廿九日より創試するに優等生の多きにハ実に恐縮いたします○余事后報に譲り具告す

《記事の送信者と記事作成の視点》

この記事は川辺郡の概要スケッチである。記事の送信者は記事の最初に明記されているように、松園という人物である。ひょっとしたら雅号かもしれない。「迂生」というのは、もちろん本名ではない。また伊丹町に住ん

でいることも明記されている。彼は新聞の熱心な読者でもあったのだろう。このような読者が出てくることのなかに、新聞もまた地域に広がり始めていたことが読み取れる。

記事は、川辺郡の位置・村数・人口などを概説したあと、警察官吏および郡役所を担っている人々の姿を語り、つづけて、伊丹を中心に川辺郡各地の特徴を探っていく。伊丹清酒産業の衰微、同町娼妓店再興への動きが記され、牛肉店がないこと、郡役所ができて以来、宿屋・割肉店（内実は不明。ただし、あまり風紀がいいものではなかったよう）の増加が指摘されている。宿屋は中山寺門前のそれが伊丹に出てきて支店を開いたこと、それが「割肉屋」を経営し、そこでは毎夜宴会騒ぎをやっていること、山本村の植木はこの地域一の物産というべきであること、などが語られている。

しかし、「川辺郡」と言いながら、その中心都市であった尼崎の記事がないことは大きな欠陥というべきである。またその他今の宝塚市・川西市・猪名川町についての記述がないことにも注目しておくべきであろう。竜頭蛇尾の感は免れない。

ただ、郡役所を中心に川辺郡という広い範囲の実況に関心を寄せたことの意味については評価しておくべきではないか。松園は、郡地の将来は、郡役所吏員や警察など官吏のありように規定されると考えていたようである。彼の意識ではそうした人物が開明的であれば、地域も順調に開明化されていくのである。

その点、彼は、郡役所吏員について批判的なところも持っているようである。すでに割肉店などの流行を苦々しく思い、郡役所の官吏がしっかりするように期待するのである。もちろん、こうした記述がどこまで真実を抉っていたものか、また、大事な事実で抜け落ちていたものはないか、この記事の周辺史料も併せてしっかり検討しなければなるまい。

〔右の新聞を読んだ筆者の感想〕

伊丹の町が江戸時代以前の弊習からなかなか抜け出せなかったこと、そんな中で山本村の植樹産業や学校に通う生徒の努力が高く評価されていることが目についた。記者にとっては、郡長の指導力に強く期待していることも明かされる。この点、次に掲載する記事は、その郡長がいかに期待できるかの文章となっている。

② 初代郡長児嶋晴海の人物像

◎『大阪日報』明治13年8月14日

○兵庫県河辺郡長児嶋晴海氏は土州左川の産にして、曾て職を陸軍に奉じ西南の役にも出張して頗《すこぶ》る戦功を顕はされしにぞ勲章等をも賜りし程なりしも、先般身の老たるを以て武官を辞し、其後間もなく当時の職を命ぜられ、直に任所へ赴かれしが、元来此河辺郡ハ僻陬《へきすう》の土地なれば学事も一向に行届かず、既に児島氏が遇せらる、村内には学校の設もなく、為に偶《たまた》ま学事に志あるものも遠隔の学校へ通学するに非《あら》ざれば其志願を遂げ得ざるより自然自棄して文盲に過行《すぎゆく》の有様なれば、児嶋氏ハ大に之を憂ひ、自ら金百円を擲《なげうっ》て学校建築の事を説諭し、尚ほ右の敷地にとて所有の畑地をも寄附せられしにぞ、村民も大に感奮し、競て寄附金をなすにより不日にして意外の巨額に登りしかば、直に学校を建築して、余りを以て準備金となし、年々其利子にて該校の費用を支給するの方法を設け、立派なる教師を聘して自身も暇ある毎に上校して親く教育の事に尽力せらるるより、近村にも追々其風に倣《なら》いて終《つい》に一部の学事駸々として隆盛に趣く兆《きざし》を顕したりといふ、又仝氏が寓居ハ郡庁を距る凡《およそ》二里計《ばかり》ありと雖も、氏は毎日星を戴《いただい》て家を出で必ず定時に先立つて役所に達せられ、雨晨雪朝〔雨の朝、雪の朝〕と雖ども決て此例に違ふ事なく、赴任已来未だ一日も欠勤せられたる事なしといふ、同氏の挙動斯の如《ごとく》なれバ一郡翕然《きゅうぜん》〔揃っての意〕其風に化せられ、人望の帰《きす》る事宛《あたか》も孩児《ちのみご》の父母に於るが如く、人民ハ

常に氏が終身此郡に長たらんことを望み居ると聞ぬ

初めて語られた初代郡長のひととなり　これは川辺郡長児嶋（①では児島）晴海のひととなりに関する報道である。児嶋郡長は元軍人、西南戦争にも従軍し勲功も挙げていたことがまず語られている。しかし本論はここからで、郡長になってからは、自分の住む地区で小学校が存在していないことに気付き、創設の基金を寄付し、教育の現場にも常に注意を怠っていないこと、それがその地の住民の心を動かしたこと、また本来の職務である郡長職に尽力し、一日も遅れず、休まず精励していることが紹介されている。

彼は開明の行政を、都会から離れ、文明の光が届きにくい川辺郡で、自らの資産もなげうって実行し、そのことで高く評価されているのである。ただし、これは開明政治を是とする新聞記者あるいは読者投稿者の目から見た評価であって、土地の人間からすればまた違った評価もあったのかもしれない。とかく、新聞は記者の理想に引きずられ、郡部を遅れた土地とみるなど一面的な記述にとどまる傾向を有していくといった性格を当初から持っていたことに注意しておきたい。

なお、児嶋郡長については『伊丹市史』第3巻で、在職期間は明治12年1月10日から3年5か月間、すなわち明治15年6月に死亡退職したとされている。在職中は郡連合会の設置に関与したほか、単独戸長制から連合町村戸長制への切り替え、さらに連合・単独町村戸長役場制への切り替えに対応した。ただ、惜しいことには、同市史では、これらの政策はすべて県の方針として描かれ、そこに郡長や戸長の主体的意思は記載されなかった。『尼崎地域史事典』にも児嶋晴海の項は挙げられていない。

(b) 伊丹の小西新右衛門

この項では伊丹を代表する酒造家であった小西新右衛門家に関する記事を取り上げる。本項②の記事によれば先代新右衛門は明治11年死去、この時期は後継新右衛門となっているが、全体としてはこの二代にわたる事績となっている。両者とも、事業において開明的・積極的であり、かつ地域の教育にも尽力する人物として新聞の評価は高かったし、地域の開化を進める担い手として期待もされていたようである。

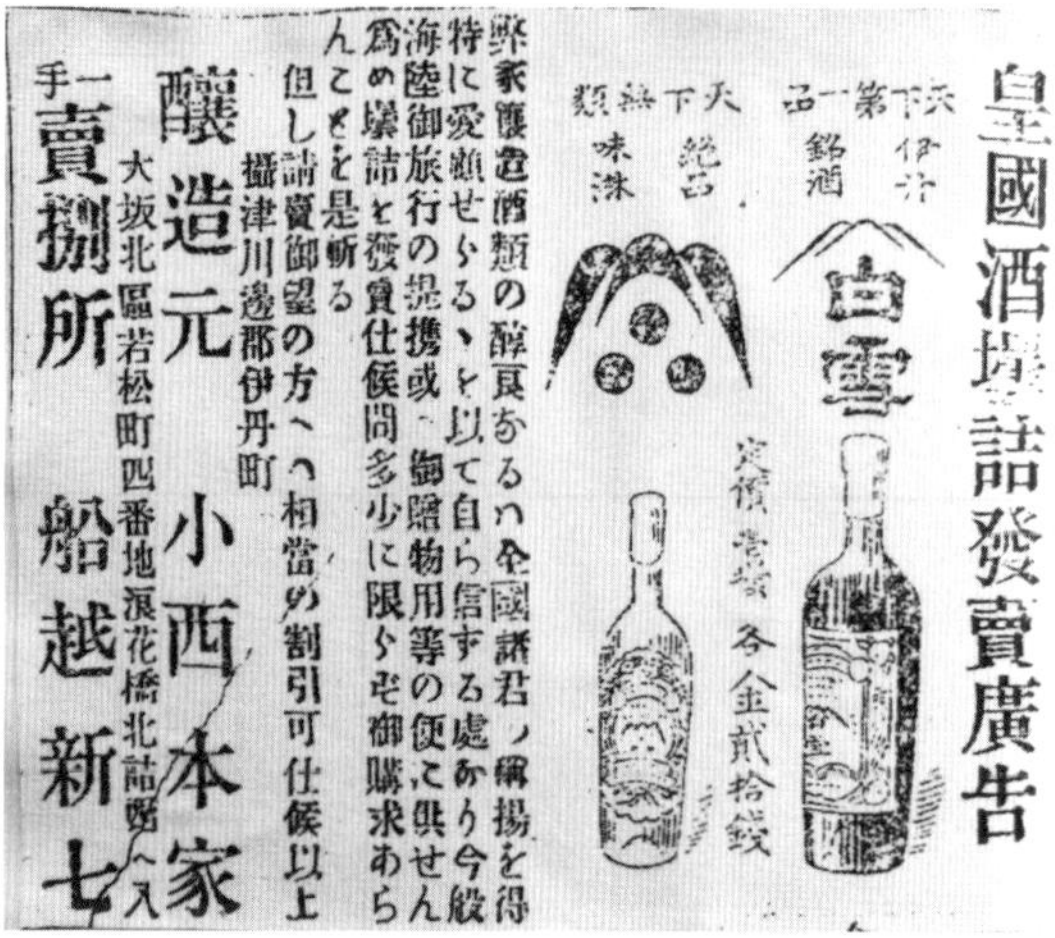

① 銘酒「白雪」の瓶詰販売（広告）

◎『大阪日報』明治14年6月28日

② 銘酒「白雪」の瓶詰販売（記事）

◎『大阪日報』明治14年6月28日

○北区若松町四番地の船越新七方にて売捌《うりさば》く摂州川辺郡伊丹町小西製の銘酒白雪は、提携〔持ち運びのことか〕便利のため、今度壜詰《びんづめ》にして売出せり

北摂企業最初の商品広告　右の記事と広告は、同日の紙面に掲載されている。その内容から見て、両者は完全に対応していることに興味がひかれる。小西本家は新聞という社会的メディアの意義を理解し、積極的に利用するすべを手に入れていたのかもしれない。な

お、「提携」の文字には「持ち運ぶ」の意はないが、内容からみてこのように理解した。広告の文面に見える「海陸ご旅行の提携」「御贈物用等の便」の文字を見てほしい。

日本酒を通称の「酒」とせず「皇国酒」と表現していること、そして、日本伝来の樽ではなく、一部とはいえ、欧米からの技術であった瓶詰の採用に踏み切ったこと、これらのうちに、小西本家が早くから欧米の文明を自家産業の伸長に取り入れようとしている進取の気性に富んだ人物であることが見えるのではなかろうか。もちろん、購入してもらう対象は大阪を中心とする広い範囲の人びとであった。

明治14年、このような酒造家が伝統的な造酒地である伊丹に出現していることを新聞も見逃さなかった。

③ 伊丹小学校の創立と経営

◎『大阪日報』明治14年9月14日

○兵庫県下摂津国河辺郡伊丹町の豪商小西新右衛門といへる人は、去る明治六年三月より自費を以て小学校を創立し、頻《しき》りに学齢の子弟を募りて就学せしむる事に尽力なせしが、不幸にして同十一年五月病の為めに死去したり、然るに其の子新右衛門（当今の戸主）も頗る慈善の性質にて先人の志を継ぎ、他より教員を雇ひ入れて授業に充て、一切の校費は勿論、貧窮にして入校すること能はざる子弟へは書籍筆墨を始め、必用の物品は自ら支弁して之を恵与し、常に其両人と交《かわ》る〳〵昇校して教育上奨励の事を自任し居らるゝハ得がたき心懸けの人なりと、同地の某氏より報知ありし

理想の人物像　伊丹の豪商小西新右衛門は父の代から続いた公共的人物であるとの記事。その典型としての教育への尽力が語られている。なお、教育に注目するのは、この時期の共通認識だったようで、本節（a）―①②

でも語られている。教育に熱心な者は、当時の新聞が理想とした人物像の典型と言っていいのかもしれない。記事を送ったのは、「同地（伊丹）の某氏より報知」とあるので、伊丹在住の読者の一人であろう。

（c）池田村の近況とさまざまな人びと

戦国時代から繁栄　池田村は戦国期には早くも町場を形成し、豊臣政権から徳川政権へと統治体制の変わった江戸時代にも酒の醸造と市場の存在で繁栄してきた。近代以降は大阪府豊島郡（豊嶋郡とも表記）に属し、その中心地として郡役所もおかれ、小学校から中学校までの教育機関や警察署も整えられた。池田村は実態からすれば池田町と呼ばれてもおかしくはなかったが、村であることを重んじ、近代になってもそれが踏襲されていた。

掲載する記事は、全貌の理解を優先したため、多少時期が前後することとなった。すなわち、最初に、明治10年の西南戦争を経、ようやく国家の権威も落ち着いてきた状況下、官の推奨する諸学校や立派な官衙が立ち並ぶ池田の町の有様を概説する1点を置き、つづいて池田周辺に住んだ猟師の行動と、猪肉の販売に関する工夫についての記事をおいた。詳細なコメントは新聞に掲載するところに譲るが、池田が、このような方面でも都会から注目されていたことを示す記事であると思う。

その次は、江戸時代に大をなし、池田だけでなく各地に広く知られ、文人も多く輩出した酒造家大和屋の没落に関する異聞をならべた。大和屋は、本節（b）で名前が挙がった伊丹町の小西新右衛門家といわば対をなす有力な商家でもあった。ところが、維新の政策が断行される中、一方は力をなくし、もう一方は様々な事業に手を出して期待される存在となる。有力な商家の対応においてどこが違っていたのだろうか。

①「府下第一の大邑」池田村の概況

◎『大阪日報』明治13年9月8日

○府下豊嶋郡池田村近況
池田村ハ府下第一の大邑にして、戸数大凡三千余、町数三十八あり。当地ハ古へより醸造の名所なり」。此の地ハ東西北三方の咽喉にして、近在近郷より炭・薪・菓物・野菜類を持ち来りて販売するもの夥多なれば、市場ハ殊の外賑《にぎ》はえり」。郡役所ハ本町にあり。郡長ハ本と当府庁一等属たりし中村氏なり。同氏ハ頗る世故《せこ》に長《た》け、人望至つて宜し」。警察本署も又た本町にあり。保護の行届くと否ハ暫く措き、御威光の五〔御〕盛んなるハ何れも同じ」。学校ハ郡役所の隣りにあり。中学校・模範学校・小学校抔と問屋の看板程掛札あり。一時ハ何れも瓦解の心配ありしが、当今ハ稍々人民の信を得るに至り。従つて維持方も立ちしとハ何より結構」。醸酒家ハ三十戸あり、目今頻りに酒米を買ひ込ミ中のよし」。旅籠宿ハ六七軒あり、面茂を以て第一とす」。割烹店六七軒あり、何れも乾娘《なかい》様のもの数名を雇ひ置き、曖昧の所業を働かす模様なり」。演劇場ハあれども興行常になし」。新聞紙抔を読むもの甚だ少し」。当今蘭が大流行にて、中にハ最早や三四千円も嬴《もう》けたる輩もあるよし。何の為か朱蘭《しゅらん》。余は后報

豊島郡役所の開設　大阪府は明治12年2月21日、郡区町村編制法に基づき各戸長役場の管轄区域を定め、さらに3月1日には池田村会議所に豊島郡役所を開庁した。初代の郡長は大阪府の官吏中村正之が任命された。明治14年1月6日には能勢郡を合わせ豊島郡能勢連合郡役所（豊島能勢郡役所と略称）が池田村に設置される（『新修池田市史』第3巻66ページ）。

記事は、（a）で見た川辺郡の紹介と同じく、新しい郡役所を設置して以後の行政的な展開に注目し、まずは

中村郡長に対する人望が極めて高いことをことほいでいる。村内には中学校以下の各レベルの学校が並び、警察も威厳を保っていると語る。醸造家と旅籠屋そして割烹店についての概略が述べられ、演劇場の状態にも触れている。ただ、新聞を読む者が少ないことについては批判的である。

不確かな知識　この記事情報を送った者の名前は明らかではないが、池田についての知識が不確かなことは、その戸数や町数（『新修池田市史』第3巻では、明治11年に22町、１４３６戸、なお人口は５１０３人）の誤りなどからもわかる。ただし、池田の町が酒造業と市場の存在で成り立っていたなど正しい認識も混じっている。全体に概況の報告で、突っ込んだ説明には至っていないが、「池田村は府下第一の大邑」という評価が、当時における池田村に対する世間の見方を示しているのかもしれない。

注目すべきところは、池田の町が大阪府のいろいろな官衙が集中していたこと、また、旅宿・料理屋・演劇場などが集中しており、この時期、近郷地域の中で文字通り人を惹きつける町場としての相貌を持っていたことを表現していることである。池田がこうした町であったことを総合的に語る記録としては、この記事は貴重な存在であることもまた事実といわなければならない。

なお、文末に2行ほど投機的な蘭売買の流行が見られることを記しているが、この売買で成功した人物こそ、④の記事では中心人物の引き立て役として登場する。

②池田あたりの狩猟業

◎『大阪日報』明治12年1月28日

○府下能勢郡池田辺の山猟《かり》は今冬ハ非常の不の字にて、此様子でハ銃猟税も覚束《おぼつか》なき由、同所受持の勧業世話掛より其筋へ通知ありしとか聞きぬ

③ 池田の猪肉を缶詰に

◎『朝日新聞』13年2月4日

○此節池田の深山《しんざん》にて猟する寒中の猪肉《ちょにく》を味噌漬の鑵詰にして同所の猟師梅野某が各地の博物場へ出品する筈にて、近々当府の勧工場へも出品する由、此猪肉ハ製法の精良なるが故に頗《すこぶ》る旨味《あぢはい》ありと云ふ

山間での狩猟業　『朝日新聞』の記者は池田あたりの狩猟業について、情報を大阪府庁の担当吏員から入手したようである。勧業世話掛は、狩猟業について心配していたのかもしれない。山間部での狩猟に従事する人々は、明治16年の『大阪府統計書』によれば、豊島郡で33人。狩猟は武器にもなる鉄砲を使うから、大阪府は管理していたのである。

現在の池田市域に限れば、明治6年、猟師が営業を許可された狩猟区域は30か村にまたがっていた。地元に残る別の史料によると、営業する者は、伏尾村・東西畑村・才田村などに住んでいた（『新集池田市史』第3巻106ページ）。それらによれば、狩猟業は、相当古い時期からの伝統を有する事業で、土地の人びとの間では定着したものであったことがうかがわれる。

販売の工夫　しかし、②の記事によれば、猪等山間動物の収獲は一定せず、不安定なものであったようである。その次の③の記事は、そうしたなか、みそ漬の鑵詰にして販売しようという新しい目論見がはじまったことを明らかにしている。

「勧工場」とは、明治11年8月大阪府が生産物を陳列し、需要者の便宜を図ることを目的に大阪江戸堀三丁目に設置することを決め、同12年11月開場した施設であった。猪肉の味噌漬けはここに展示販売しようというので

あるから、おそらく、狩猟業を管理する大阪府当局も力が入った事業だったのであろう。ただし、勧工場はなぜか13年6月廃止され、かわって8年11月大阪本町に開業していた博物場にそれらは移されることとなっている。

④ 大和屋没落異聞

◎『大阪日報』明治13年9月25日

○府下豊島郡池田本町に大和屋大三郎と喚做《よびな》す商人あり。其が先代は醸酒を以て業となし、傍ら諸大名の銀主をも勤めて日〳〵巨万の黄白《かね》を取引なし、近国近郷に響き渡りし豪家なりしが、満れば虧《か》くる慣ひとて、当大三郎の代に至り為すこと毎に損耗多く、漸次《しだい》に身代の左向きとなりたる上、加旃《かてゝくはへ》て王政維新、廃藩置県の政体と改まりし後ハ従来《これまで》貸付け置きし多くの金子も元へ戻らぬ勝なれば、是は〔まカ〕た非常の損耗となりて益々家計の立がたき場合に落入り、終には祖先以来住み慣れし居宅をも打明けて、其身ハ同所の町梢尽頭《はずれ》に小さき借家を借り受けて、悄地《すごすご》移つり住みたるは去年秋の中ばの事なりとぞ、然るに同じ池田の小商人に通称鴨佐といへる男ありて、偶《ふ》と先頃より流行の蘭の売買に手を出せしが開運の初にて、売れば低《さが》り、買へば騰《あが》り、僅の間に七八千円の大金を拾取りしにぞ、此上は方向を換へて何か一と商法試みんと思へど、差当り今の小家《こいえ》には不都合なり、幸ひ大和屋の家が売物に出て居ると云へば、購《か》ひ受けて引越さんと、夫《それ》より人を入て相談を調へ、いよ〳〵約定も済ませし上、数人の大工手伝を雇ひ入て頻りに修繕をなし居たるが、這程《このほど》三階造りの庫のありしを取壊《こぼ》ち、其跡を植込みになさんと四五人の手伝が掘り懸りし処、何か鍬の先に当りて堅きものあるにぞ、気を付て掘出し見れば、是《こ》ハ如何に、堅き切石の大櫃にて、蓋を開くれば内に周囲《まはり》六七尺もあるべき備前焼の大瓶あり、驚きて早速鴨佐に告げ知らせければ、鴨佐も出来《いでき》りて打眺め、暫時《しばし》小首を傾けて考へ居しが、軈《やが》て手伝等に向ひて云ふ様、是は必定何かの呪詛《まじない》に埋め置きしものなるべければ、若し蓋を開きて其祟りに遇は〻惶《おそ》ろしき事ならん、されば此儘に捨置く社《こそ》よからめとて、其日の仕事は夫《それ》までにて暇を取らせ、其翌日より手伝をも傭ひ入れず、家内のみにて何時の間にか其瓶を片付たりといふより、是は必ず大和屋が時めきて栄えし頃ろ、不時の用意と大枚の金を入れて埋め置きしものに相違なし、果而然《してみれ》ば鴨佐ハ此瓶の内より幾干《そこばく》の金をや取出しけん、気の毒なるハ大和屋の当主なり、斯るもの丶ありしも気つかで廉価に家を売渡し、鴨佐一人に其甘味を啜《すすら》る丶事社《こそ》便なけれと、其近所にて喋々評判せり

大和屋を忘れない池田の人びと　ここでは大和屋が没落し屋敷地を売却した過程とそれにまつわる真偽不確かなエピソードが語られている。

大和屋は、江戸時代は、この記事が記すように、紛れもなく池田を代表する大酒造業者であり、文人を輩出した家でもあった。『新修池田市史』第3巻によれば、明治元年には池田の免許株総高1万7千石余のうち、大和屋は3人で合計2600石余、堂々たる存在であった。その家が急速に傾いたのは、幕末から明治5年ごろまでのことであった。それは、池田酒造業全体の縮小のなかで生じた。

一方、蘭はこの時期流行した投機的な売買であった。うまくその波を乗り切った代表格が記事に登場する鴨佐であった。大和屋がこの鴨佐に江戸時代以来の立派な屋敷地を売ることになったことは、この記事で初めて明かされる事実である。しかし、そのあとの出来事は本文を読んでのとおり、まさに真偽謎といわざるを得ない。酒造業という伝統を有した町が明治維新の大波の中で翻弄されていたのである。

4　町場から離れた各地集落の状況

本節では、明治前半期に地方の町場からも離れた、いわば片田舎で暮らし、さまざまな悲しみやよろこび、絶望や希望に心を動かされていた人々の存在を報じた記事を広くまとめてみた。

大都会から見れば田舎と思われていた周辺の町場からもさらに離れた、いわゆる「片田舎」に過ぎない地域においても、大阪・京都といった大都市との関係を意識し、結合の強化を求める動きが強まっていた。また、近代になって享受するようになった学校や鎮台などといった中央の権力に直結する大きな存在がそうした地域においても根付き始め、一つの文化を形成していたことも確認できるであろう。

記者たちは、これらのできごとを、あるときは感想を交えず、またある時には、感情たっぷりに報道している。われわれは、これらの記事の背後に展開していた地域文化の変化を併せてみていくことにしたい。

(a)　道路と橋、修復と開鑿への期待

広汎に進められていた道路工事　この項では、明治11年以降14年末までの道路新設あるいは改修に関する新聞記事を掲載する。この時期、北摂各地の市史等には道路の改修あるいは新設に関する動きが少しずつ記述されている。例えば、『新修池田市史』第3巻112～113ページには、明治11年、現在の池田文庫前の能勢街道の石段道を車が通れる坂道に改修したこと、明治13年には、木部村の亀岡道と能勢道との分岐点付近での拡幅計

画の進展状況がそれぞれ紹介されている。ところが、これらはいずれも当時の新聞には記事化されていない。つまり、当時の新聞の情報収集力・提供力には弱さがあったことがわかるということである。

しかし、地元の記録として見つけられていない動きが新聞に記録されていることもある。本項で紹介する『大阪日報』明治11年10月30日の記事（①）、『朝日新聞』明治14年3月1日の記事（②）などはそうである。とすれば、事実は、当時都会を離れた地方において相当広範囲に道路の改修・新設の工事が手掛けられていたと考えるべきであろう。

道路工事が変える地域の姿　ちなみに、歴史学の世界では、明治20年前後にかけて出版された陸軍仮製地図をもって江戸時代の様子を表した図面だと認識する傾向があるが、実は、道路については、結構明治10年代の新設・改修の跡が表現されているのである。明治政府成立後には、身分制度や封建的な分断政策に基づく交通の諸制限が撤廃されていったことを確認しておきたい。すなわち、明治4年には江戸時代の武士身分を利用の中心とする伝馬制に代わって、誰もが費用さえ支払えば利用できる陸運会社の設立が促され、それは全国に急速に広まったのである。内国通運会社が各地に設置した取次所には複数の人足と馬が常備されていく。また、人力車と荷車も日本の各地で急速に普及していった。人力車と荷車の所有状況に関する池田村近隣の村々での記録を調べたことがあるが、それに照らせば、北摂各地なかでも大きな町場においてそれらの数は決して少ないものではなかった。大阪府は村々の道路の要所に里程杭を建て、道路を行き来する者の便宜を図った記録も残っている（『新修池田市史』第3巻 109～113ページ）。

とりわけ、人力車は鉄道開通までの間、相当長期にわたって日本各地を結ぶ主要な交通機関として、公共性を増大させていた。歩いたり、走ったりするだけの人力車が、たとえば、大阪市中から池田や平野といった比較的短距離間はもちろんのこと、和歌山とか奈良あるいは大津・彦根といった遠距離まで定期的に運行しはじめ、定着していたのである。このような事実は、すでに第2節の（a）にも示されていたことを思い返していただきたい。著者はこれまで新聞を丹念に見ていて、明治10年代前半期に各地豪農層の間に急速に広がった自由民権運動は、まさに人力車の普及の上に成り立っていたことを思わざるを得ない。

道路の改修・新設は、こうした交通体系の自由化と輸送手段の変革に対応するものとして地域の人びとにも切望されていた。それは、人力車の走りやすい道、大八車などがものを運びやすい道への改修であり、新設であった。工事費用は、村の側で全額負担することもあったし、府や県が補助し、負担することもあった。ここに記載の記事はその一端を示しているのであり、その意味で貴重な記録と言わねばならない。

気付かれなかった変革の意義　ただ、最後に一言、これらの記事は短い文章のものが多いということである。短いとは、まさに具体性において欠けるところが多いことにつながる。新聞はなぜこのような短文で報道したのか。もっと書くことはなかったのか、疑問は残る。しかし、この疑問の中にこそ、当時の新聞がもつ進歩というものに対する意識の仕方が示されているのかもしれない。民権運動と言い、景勝地探訪と言い、地方における水利や山野をめぐる争いの報道にしても、当時広がった交通機関の恩恵をもっとも有効に、かつ日常的に利用したのが新聞社であったにもかかわらず、というよりも、あまりにも当たり前に使用しすぎていたための見落としだったのかもしれない。

いずれにしても、地方の交通状況の変化については、当時の道路改修や新設に対するその短い記事をつなぎ合わせて大きい動きをつかみだすことが大事であり、そこに、困難であるが、面白みを見出すこともできるのではないかと思う。なお、こうした交通体系の変貌は、行政的な区画を越えて行われることも多く、そこに地域のつながりの進展も見ていくことができる。

① 能勢街道横山峠の開鑿

◎『大阪日報』明治11年10月30日

○嶋下郡〔豊島郡の誤り〕古江村より兵庫県下河辺郡東多田村に係る能勢街道に横山とて難山あり、妙見へ参詣する者困難なるを、此程大坂府庁に於て五〔御〕詮議ありて、兵庫県へ照会の上、地方税にて同山を開鑿《かいさく》せられる由にて、已《すで》に測量に着手されたり

府県をまたぐ大規模な開削工事　はじめに簡単な誤りの訂正をしておく。すなわち、古江村は島下郡ではなく、豊島郡である。現在は池田市に属する。横山というのは古江村の北側、山の上に開けた小さな集落であるが、その西横側を南北に上り下りする峠があり、長くはないが、急な坂を持ち、荷車や人力車でそこを通るようになると難所であることが感じられるようになったのである。

記事は、ここを改修しようというのか、あるいは、このさらに西側、山すそを猪名川の左岸に沿って道を新設しようというのか明確ではない。いずれにしても、府費である地方税で支弁する計画であることを見ると、相当大規模な開削工事で、後者の可能性をうかがわせている。ちなみに、陸軍仮製地図には、猪名川左岸にがけ下を迂回する道がくっきりと描かれているが、峠を越える古い道も生きていることが示されて

いる。

なお、古江から峠を北に越えると兵庫県に属した川辺郡東多田村である。両府県はここに工事で協力することが求められているとも述べられている。道路の新設・改修は府県の区画を乗り超えていくことに注目しておくべきではなかろうか。

②能勢郡の新道開鑿にダイナマイト

○予《かね》て着手して居らる丶府下能勢郡の新道《しんみち》は、兎角巖石《とかくがんせき》の磊礫《らいれき》の為に遮られ、開路捗《はか》どらぬのみならず、人力にて及び難《がた》ければ、今度ダイナマイドウと称する火薬を以て嵒《がん》〔巖カ〕石を砕き、道路開墾に及びたき旨、同郡長より届出《とどけいで》られたり

◎『朝日新聞』明治14年3月1日

丹波への道　ここでは「能勢郡」としかわからないが、次の記事を読むと丹波までの道であることがわかる。おそらく、倉垣から吉野を経て加舎《かや》に至る道のことであろうか。ダイナマイトの使用というのは、地域の人が独自に得た知識ではなく、おそらく行政の知識が入っていることをうかがわせる。しかし、③では村民が1万円の費用を負担するとあるから、地元ではその完成に相当の期待を寄せていたこともわかる。

③能勢郡と丹波を結ぶ道の新設

◎『朝日新聞』明治14年3月29日

○府下能勢郡の村民が一同協議の上、一万円の資本金を擲《なげう》ち、同郡より丹波までの新道を開きたき旨、此程出

願せしに依り、知事建野殿にハ実地検分の上、目今内務省へ伺中なりと

府認可の工事　記載の時期といい、場所といい、前の道路と同じ道路に関する記事であると考えるべきであろう。能勢郡から丹波に越える道といえば、吉野から加舎へと抜ける道あるいは天王越えから福住へ抜ける道と思われる。知事が工事の許可に関わって実地検分し、内務省へ伺いを出したというのも、この工事が正式に府から認可を受けたものであることを示している。

④池田〜亀岡、池田〜篠山の新道

◎『朝日新聞』明治14年4月17日

○当地より池田。多田。山下。田尻。倉垣。吉野。加舎《かや》。を経て丹波亀岡への新道、及び池田。多田。山下。片山。山辺。天王越。福住。を経て丹波篠山地方へ通ずるの両新開道路の義につきてハ、其筋よりも十分の保護《ほうご》あり、此程当府四等属前田氏、其他川辺郡・能勢郡の開路委員等出張ありて、実地測量に取掛られたる由、其筋の噂に拠《よれ》ば、大抵本年中にハ落成の筈なりと、而《そ》して其費額ハ大凡《おほよそ》金弐万円余にして、到底此金額ハ人民の協議費より払ひ出す事になるべしと云

池田〜亀岡の道、池田〜篠山の道　いずれも池田の町が日常的に関係を持っていた地方への道である。両者ともに能勢郡の奥地を通る。いまも基本的な交通路である。二本とも池田とつながる道路で、交通の結節点としての池田の重要性を確認することができる。

工事は大阪府の承認のもと、測量も府が関与していることが記されている。もっとも、新設するというのであ

るが、両方とも山間部を通る。しかも予算は2万円。これで費用が賄えるというのであれば、どのような道になるのか。多分、原形はすでに存在していたのかもしれない。それを広げ、車が通れるようにしようというものだったのかもしれない。

⑤池田~尼崎間の道路修理

『大阪日報』明治14年12月9日

○今度摂州河辺郡塚口村の岸岡善太郎幷に同郡長外十二名の発起にて、池田尼ヶ崎間の道路を修理し、運輸の便を謀らんと、其相談既に一決したる由なるが、此費用ハ大約《おおよそ》二万五千円の見積なりと

修復工事か? 江戸時代、荷物の輸送は、池田と尼崎間は、北半分の池田~下河原間は道路運送、南半分の下河原~神崎間は通船でというのが確立していたコースであった。また、明治5年以後は猪名川を上下する船舶も伝統的な下河原を終点とせず、池田まで行けることとなっていた。ここをあえて陸上の道路一本で結ぼうというのである。そのメリットはどこにあったというのであろうか。

もっとも、ここも元になる道は存在していたようで、それを改修していいものに変えようという計画である。気になるのは、どこで猪名川を渡るのか。その方法は、というところであるが、ここには記載されていない。なお、ここに登場する川辺郡長は3―(a)で紹介されている児嶋晴海。たしかに彼はきちんと仕事をしていたのである。

⑥猪名川に大橋の新設

◎『大阪日報』明治14年12月17日

○府下豊島郡池田村より兵庫県下川辺郡に跨《また》る猪名川の上流《かみて》へ今度新《あらた》に大橋を架設せらる、といふ

場所が不明　この記事も、具体性に欠けるところが多い。池田村から川辺郡側に架ける橋といえば、呉服橋・中橋・絹延橋の三橋が念頭に浮かぶが、そのどれか。読む人に推測を強いる記事である。

呉服橋はすでに江戸時代にかけられていたことが記録されているので、残りはあと二橋のうちから選ぶべきだろうが、はっきりとはしない。いずれにしても大工事のように感じるが、林田良平氏の「わが池田新町の今昔」（稿本）には、中橋は板を二枚並べて渡しただけの、いわゆるこんにゃく橋で、洪水のたびに流されていたとの記憶が記載されている。当時の道路や橋の工事というのも、大体はこのようなものであったことを考慮しておけばいいのではないかとも思う。

《たやすくなった交通》

以上、５件の道路及び橋の新設あるいは改修の記事を読んできた。これらはいずれも道路を走る車両の増大、あるいはその需要の増大に対応しようとするものであり、同時に地域同士の結びつき強化を図るものであったことは言うまでもあるまい。それは、工事にダイナマイトを使用するような難工事から、おそらく人力のみによる軽易なものまで、いろいろあったと思われる。しかし、そこに維新後の地域間交流の増大、人びとの相互交流への思いの強くなっていったことをしっかり見ておくことはできるのではなかろうか。

新聞は、これらのことを理解していたのか、していなかったのか、淡々と報じている。そのなかで、それの持つ意味を深くえぐり出すような記事はついに出現しなかったのである。ただし、交通の情景に関する記述は別の個所、例えば２－（ｃ）「大阪日報記者自由郷主人箕面紀行」などの中に登場する。

そこでは、「車夫の利貪は至る所に同じ」とか、人力車中「その日感じた箕面の風景の余韻を道路の移動中ずっと持ち続けた」旨の記述もある。道の利用はちょっと前に比べはるかにたやすくなっていることが記されているのである。新聞記者たちは、道路利用におけるそうした感情を、いろいろと記しながら、道路の改修や開鑿の報道場面では、日常化したその状況を評価しあるいは分析していない。要するに、当たり前のこととして、取るに足りない変化とみていたのかもしれない。

われわれは、道路の改修や開鑿あるいは橋の架け替えなどの記事を理解するためには、新聞の記事に現れた両者を合わせ読んでいくことが必要となるのではないかと思う。

(b) 川辺郡山本村の出来事から

山本村というのは、現在は宝塚市に属する地域にあたる。阪急電車宝塚線「山本」駅から西へちょっと、最明寺川を渡り、旧巡礼街道がもう一つの道と分岐する所に大きな「木接太夫」の記念碑が建てられ、宝塚市の特別名誉市民の称号があたえられたことが文字に彫り込まれている。それほど、この地の植木産業は現在の宝塚市にとって大きな位置を占めているとされるが、明治の初めにも、本章3の(a)—①に記されているように、注目を受けはじめた産業であった。

しかし、山本村自体は小さな村の一つであった。町場である伊丹からも、池田からも、また小浜村からも距離のあったその山本村に関わる記事が当時の新聞に3件見つかっているのである。おそらく、村内か、近くのどこかに新聞の読者がいて、ときどき記事を送っていたことを想像させる。いずれにしても、そのため、この時期としては珍しく様子がわかる村となったのである。

ここでは、この3点をすべて掲載する。①は、演舌会が村内の寺院で初めて実施されたこと、②は、13人児童の水難のこと、③は、大阪鎮台および砲兵方面（のちの砲兵工廠）の士官らによる牡丹見物の記事である。いずれも村にとっては歴史的な出来事であると考えられたのであろう。もっとも、3件それぞれに寄せる記事の報告者の立ち位置は異なっている。①は、他の地方に比べて早かったところからする自負心が見られるのかもしれない。②の記事については犠牲者への思いが伝わってくる。③の記事は、陸軍の士官が来るという高揚心があるのかもしれない。

なお、いずれも、『宝塚市史』には掲載されていない出来事ばかりである。

①喜音寺で有志の演説会

◎『大阪日報』明治12年4月29日

○演舌会《えんぜつくわい》ハ何処とも流行《はやり》と見え、兵庫県下摂津国川辺郡山本村喜音寺にて去廿六日有志連の演舌ありしが、其題号ハ、元気の培養ハ猶草木を培養するが如し〔山田秀太郎〕、宝庫何ぞ頼むに足らん〔石川知成〕、社会の不幸ハ貧乏の門《かんぬき》〔中村秀吉〕、一家の衰頽ハ豈独旦那《あにひとり》番頭の罪のみならんや〔大久保好〕、三平二満と盲者の利害〔松沢好利〕、壅蔽論《ようへい》〔和田九十郎〕等でありました

北摂最初の演説会記事　大阪市中での演説会は明治9年12月から、有志が場所を選んで毎週集合して行われるようになった。西南戦争が始まっても当初は続けていたが、明治10年3月末に差し止められた。やがて、4月以降は新聞演説会の名で復活、11年9月ごろからは様々なテーマで各所に開かれ、一種の流行となっていく。その流れが北摂の山本村にも及んだことが示されたわけである。

山本村での演説会の内容は、演説を予告した記事を見ればわかるように政治的・民権派的なものでなく、演説をすること自体を目的とし、楽しみとする多様なものであった。それは、いわば自己の思想を整理し、大勢の前で発表して聞いてもらう、そうした自己内面の思想の自発的な発露を組織する動きが山本村にも出現したことを意味していたのである。まさに、地域の人びとの思想的な開放が見られたのであり、記者は、そのことを祝福しつつ、演説内容の評価にまでは踏み込んでいない。実際、開かれることに意義があるのであって、その内容にまで踏み込むべきではないと考えていた可能性が高い。

しかし、もうすこし書けなかったのかとは思う。例えば主催者や弁士の考え、村内での位置など、あるいはこの後も続いたのか、その他いろいろ知りたいことがあるが、答えは残されていない。後世の人間には、記事中に残されたいろいろなヒントから調査を進める以外にない。

② 小学児童13人の溺死

◎『大阪日報』明治14年1月20日

○兵庫県下河辺郡山本村山本学校の生徒数十名は、去る十五日、学校へ通ふ途中、仝《同》村の溜池に厚き氷の張りしを見て、脇挟《わきばさ》める石盤《せきばん》〔石筆で文字や絵をかくようにした特別な石の板で、教材として使う〕や読本《どくほん》を塘《つつみ》に捨置き、氷の上を滑り走りて種々戯むれをなし居たりしが、頓《やが》〔軈カ〕て九時の太鼓の鳴るを聞きて各々学校に走りゆき、いつもの如く稽古なせしが、やがて午後の三時となりて一同退校の道すがら、朝の楽みを忘れかね、又もやかの池の氷に遊ばんと言合せつゝ塘に至り、我一にと氷の上に馳せあるき、余念もなげに遊び居りしが、氷ハ太陽の熱を受けて薄らぎ解《とけ》かゝりたる折からなれば、今生徒十四五名が稍《やや》池の中央まで滑りゆかんとする塗炭《とたん》、ミシリ〳〵と音のするやいな、氷は忽《たちま》ち潰裂《くわいれつ》しければ、アレヨ〳〵と叫ぶ間もなく、哀むべし、十四五名の生徒ハズル〳〵ズボンと尽《ことごと》く水中に陥りて、姿も見えずなりにけり、斯《かく》と見るより塘の上にて見物なせし残りの生徒は、嗟《ああ》やとばかりおどろきて大聲揚て人を呼たれど、寒気の候とて野にある人もあらざれば、誰とて馳せ来る人もなく、無事なる生徒も只ウワー〳〵と泣叫ぶのみにて、詮方《せんかた》なみだにくれけるが、漸《よう》やく両三人の人が声を聞つけ走り来たり、様子を聞てうち驚ろき、済《すく》ひ上んと焦慮《あせり》しかど、池の氷の皆解けしにあらざれば、陥りし生徒ハ氷の下に沈み入り、恰《あた》かも氷もて蓋《ふた》せし如くなるにぞ、急に救ふの手術《てだて》もなく、終《つひ》に十五名の内二人を助けしのみにて、余の十三名は尽《ことごと》く池の藻屑と消えうせたりとぞ、聞くも無惨、書くも哀れなる事にこそ

伝わる悲しみ　この記事の内容は、一時に13人の就学児童を亡くした事故を、悲しみを以て報じるものである。状況は記事を読めばわかると思うので、繰り返さないが、冬の寒さ、氷滑り遊びの楽しさ、子どもたちの不注意など、いろんなことは指摘できても、取り返しはつかないことに違いない。ただ、もし、現在これと同じ事故が起きたら新聞などはどんな記事を作るだろう。それを考えると、記述は不十分で、分からないことだらけという気持ちが襲ってくる。わが子を亡くした時の親の気持ちには配慮したのかもしれないが、なぜこれほどの事故が、この記事だけで済まされ、続きが出なかったのか。不思議な気持ちがするのである。

記事の視点は文明化でも開化でもない。それは事故に遭って死んだ子供たちに対する哀惜の念である。しかし、それはその気持ちを表現するにとどまり、原因の究明も今後の対策も、いずれも問題点を掘り起こそうとするところに及んでいない。

ただ、この記事は登下校時における修学児童たちの遊び、その楽しい様子をふつふつと今日に伝えてくれるものでもある。子供の世界というものの、時代を超えた共通性を感じさせるものがあり、そこにおいて貴重な史料

となっていることもまた事実である。

史実と違う記事の記述について　右の記事が新聞に掲載されたのは、明治14年1月20日。『宝塚市史』第3巻73ページによると、ほぼ1年前の明治12年12月校舎を新築し、山本小学校を長尾小学校と改称したとある。なお、山本小学校は、明治6年山本村本郷の東端の一寺院内に設置されたもので、生徒は男52人、女23人であったとも記述されている。つまり、先の記事にある「山本学校」は明治14年1月にはすでに存在しないのである。とすると、この記事全体も存在しない事件のねつ造かと疑われる可能性もなくはない。

しかし、これは形式にとらわれた誤った理解とすべきである。まず、当時の学校がたとえば「山本学校」と呼ばれるのは公式でも非公式でも普通のことであり、小の字をつけて呼ぶ方が少なかったことを知っておかねばならない。事実、『宝塚市史』第3巻73ページ掲載の明治13年4月7日の表彰状の写真でも「長尾学校」とされている。つぎに、すでに長尾学校と改められているから「長尾学校」と新聞で表記していないのはおかしいという点について。しかし、これも、6年間言い習わしてきた学校名について、旧名を使う誤りは普通にあることを考慮すべきであろう。しかも、この新聞記事の執筆者が地元の人の話を聞いて記事を書いたとすれば、そうした誤りは大いにあり得ることである。

むしろ、問題は、事故に遭った児童たちの住んでいた地区名がわからないことである。じつは、山本村には山本村本郷のほか丸橋・口谷などの字があり、また、東側の隣村平井村も校区となっていた。だから、その地域の児童もそれぞれこの学校に通っていたのである。さて、学校は明治12年に改築され、その場所は不明である。仮に、それまで存在していた「山本村本郷の東端の一寺院」と同じ場所であったと考えてみよう。その学校へ登下校するとき池を見かけたというのならば、それは学校のすぐ西側に広がる山本村本郷の子どもではなく、丸橋・口谷など山本村の別字あるいは平井村の子どもたちであった可能性が高い。ただし、これはあくまで推測である。死んだ子を悼む地蔵尊や関係した記録は見つけられていない。

③ 大阪鎮台将校が牡丹の見学

◎『大阪日報』明治14年5月6日

○大阪鎮台及び砲兵方面の各士官方は、兵庫県川辺郡山本村阪上三右衛門が栽培する牡丹花を見物かたぐ、本日午前十時中之島公園地へ集合の上、遠乗《とおのり》にて同地へ趣かるゝよし、又た明土曜日にハ当城内函馬場に於て打球を催さるゝと云ふ

開明的・文化的な大阪鎮台　鎮台は、陸軍制度の根幹的組織で、大阪鎮台は、この時はまだ全国に6個置かれただけの鎮台の一つで、大阪城を中心に軍の施設が展開され、多数の士官・下士官・兵卒、また軍医等が集結していた。士官とは少尉以上の将校で、徴兵によって集められ、兵役に年限のあった兵卒とは違い、職業的な軍人と言ってよかった。また、砲兵方面とはすこしのちには大阪砲兵工廠と呼ばれるようになる陸軍の根幹的な武器製造施設で、大阪では大砲などを製造し、近代大阪工業のルーツとなった施設でもあった。この陸軍の士官たちが、山本村の牡丹の評判を聞いたのであろうか、おそらく休日だったのを利用して全員乗馬で見学に来たという記事である。村側ではその接待でおそらく大わらわであっただろう。

ボタンは、大柄の美しい花を咲かせることで知られるが、山本村とか細川村で安定的な植生が実現されていた。そのことを鎮台の将校は知っていたから、見学に来たということを押さえておきたい。「武人」として美しいボタンの花を見る将校の気持ちはいかがなものであったのだろうか。

なお、本文中にある「打球」とはスポーツとしてのポロのこと。ここにも陸軍将校の西洋に範を取った教養主

義が表れている。牡丹見物もまたそうした一環であったことを見ておきたい。

（c）補足―川辺郡一庫村の窃盗事件

ここでは、農家が受けた窃盗被害についての記事を紹介する。明治13年11月、米の収穫が終わる頃のことであった。川辺郡一庫村《ひとくらむら》（現在川西市）で、乾燥のために収穫した米を農地に干していたところ、それが大量に盗み取られるという事件が発生した。

この出来事は歴史的な観点からの評価は別として、明治10年代初頭の農村の姿を教えてくれるものとしては貴重な史料であると思う。

①一庫村の稲穂窃盗被害

◎『大阪日報』明治13年11月16日

○これも米価騰貴の結果なるか、摂津川辺郡辺にハ近来兎角《とかく》に草族《さうぞく》徘徊して、或ハ白刃を閃《ひらめ》かして人家に押入、或ハ行人を悩す等多かる中に、最と《い》憎むべき窃盗は、同郡一庫《ひとくら》村辺にて、此頃秋穫最中、満野に乾しある稲の穂をコキ落し、窃に盗み去る者ありて、或ハ四五斗、或ハ七八斗を失ひし家三四軒もあるとか、鳩や鴉ハ鳴子《なるこ》・案山子《かかし》で追ふべけれど、浩《かか》る盗人等に粒々辛苦の穂稲を掠取《かすめと》らるゝは防ぐに術なく、誠に遺憾至極なりと農夫ハ頻に嘆き居る由

農村の活況と新しい手口の盗賊の横行　明治10年以降数年間は、西南戦争の軍費に充てるため政府が大量の紙

幣を増刷し、そのため米価のみならず諸物価が騰貴した時期である。農家は、米価の高騰によって地租の負担が相対的に低下した。農家は一見好景気のうちにおかれ、積極的な経営に打って出る人々も各地にみられた。このようななか、高価に売れるコメを狙った草族（どろぼう）が農村に横行したのである。もちろん、かれらは、これ以外の被害も人びとに与えている。

記事は、窃盗の新しい手口を紹介している。狙われたのは収穫したばかりの稲穂であった。これを4～5斗から7～8斗も知らぬ間に盗み取るという。盗むほうも重労働かとは思うが、盗まれた方はもちろん、たまったものでない。

《「里山」だった一庫村》

一庫《ひとくら》村というのは、現在の川西市に属する、江戸時代以来の伝統的な村である。明治11年11月にまとめられた同村の「物産取調書上帳」では米の産出高445石余、うち自村消費が321石余、他へ輸出が124石とされていた（『川西市史』第6巻）。

一庫村は様々な農作物にめぐまれていた。なかでもクヌギを原料として焼かれる炭は、経由地からは池田炭、形からは菊炭とも称され、茶人に愛好される様はただごとではなかった。近くの黒川村・国崎村とともに品質の良さでは全国に知れわたっていた。明治になってクヌギ山は個人所有に移るが、村が抱える草山・雑木山とともに厳重に管理されていた。草山は、当時の農業に不可欠の牛馬の飼育場であるだけでなく、耕作地の肥料にもなり、雑木山は同じく農地の肥料となり、さらには町場を経て広く各地に売られて各種の燃料となった。それら集落の背後に広がる山々は、人間が人為的に働きかけることによってかえって豊かな生態系を持つものとなった。今日広く注目を受ける「里山」が生み出されてきていたのである。

村の周囲を取り巻く山々にはこうした木々が広がり、泥棒にとっては、そこに潜み、あるいは盗んだ品を一時隠しておくのに持って来いと思われたのかもしれない。記事には、窃盗に悩む村びとの意見が多少の好事家的な興味ももって表現されている。

この犯人が捕まったのかどうか、またそれに付随して判明する記事はない。

第2章

明治10年代後半、社会の全般的萎縮化と苦闘する人びと

《本章の課題と論点》

本章では、明治10年代後半期、深刻なデフレーションの進行する中における全般的な行動の萎縮状況と、その中における生活をめぐる人びとの苦闘、中央集権的な地方行政制度の確立と人びとの行動原理の変容、そして、新聞自身がみせる大きな変容に向けての苦闘を、今残る新聞記事にそって追っていく。

明治14年暮れごろから19年ごろにかけて日本は歴史的な政策デフレーションに見舞われたのである。これは、明治10年西南戦争の戦費にあてるために採られていた貨幣の大量発行政策を政府が取りやめ、急速なその収縮政策に転換して、金融・通貨制度の確立を図るなかで出現した一種の恐慌状態であった。担当した大蔵卿の名をとって松方デフレーションとも呼ばれている。このデフレーションの中で、いわゆる地主制の形成が進んだ。また、都市では賃金労働者の予備軍が広汎に滞留していく。一方、官僚機構を通したさまざまな国家的な動きは、国家的統合の強化と並行して地方行政制度の確立を促した。伝統的な共同体の力は相対化され、住民は徐々に、それに代わる国の存在の強大さを自覚させられていく。

この時期、新聞は国民の生活困窮を報じ、人や社会を見る目を研ぎ澄ましていった。しかし、新聞自身の経営が難しくなると、それを貫くこともまた難しくなっていく。さらに、農山村における地域共同体の評価にも悩まされたようである。本章は、他の章に比べ、掲載する記事の量が少ない。全部で3節に分けたが、いずれの節も項目分けは行わなかった。まさにこの事実のうちに、ジャーナリズムも含めたこの時期の全般的な委縮と国民生活の苦しさを見ることもできるのではなかろうか。

1　不況の長期化、行政の対応と追いつめられる庶民のくらし

社会の変容とそれを見る新聞の目　明治10年代後期、新聞は、地方に住むおおぜいの人々が生活に困窮する姿をしばしば報じている。おそらく、新聞は、政府の政策に関わって世の中に広がる貧困問題を社会的に取り上げるべきとする思想を生み出し始めていたのであろう。

新聞がこの時期に報じた地方における困窮する人々のイメージは、のちになるほど取材が不十分となり、表面的・抽象的な表現にとどまるが、初期においては、現場を踏まえ記事化に取り組んだ具体的な事実の紹介が多かった。それらの記事のなかでは、政府に対する批判の姿勢も強くなっていた。明治10年代初期のころは開明化を進める官の対策に対し楽観的な期待を抱くのみだった新聞に問題を見る目の変化が見られ始めたのである。

① 能勢郡で営業税の不当取立てが頓挫

◎『大阪日報』明治15年1月11日

○府下能勢郡の地ハ山間の僻邑にて夫《か》のなにがしが、ほとゝぎす自由自在に聞く里は、と咏みたる如く、酒肆《さかや》も豆腐屋も二三里を隔てゝ、買にゆく程の土地柄なれば、夫に準じて諸営業の状態《ありさま》も殊の外微々たるものにて、今度の営業税規則に照し、其上り高に拠りて徴収額を定むる時は昨年の税額より余程其金高の減少するにぞ、郡役所にては其上り高の取調方に不審を入れ、一度人民より差出したる夫《か》の調書《しらべがき》を却下して、更に其調直《しらべなお》しを厳達せしが、如何せん、固より実際に付て調上げたる書面なれば今更書き改むる廉《かど》もなくて再び其趣を添書

なし、以前の儘にて差出せしゆゑ、郡役所は猶ほ其疑の解けずして、主任の書記市川某といへる者を以て実際取調掛となし郡中を巡廻なさしめける、然るに此市川書記ハ何でも税額を増加して郡長の御誉〔褒カ〕に預らんと思付き、兼て郡中なる各商の取締へは案内もせず、自身ミづから営業人の各戸に就き得意の圧政と脅迫を以て実際上り高の二割方も増加せしめ、意気揚々として郡衙に帰り、郡長其他同僚に示して、我こそハ御上の忠臣、収斂官吏の親玉なれ、など誇り顔に語り居しが、各商取締の方にては一向に知らずありしも、暫く立《たち》て遂に此事を聞出し、扠《さ》ても怪しからぬ郡吏が振舞かな、我々取締へ一言の案内もなく各戸に付て説き歩《ある》行くさへあるに、実際の上り高を詐《いつは》らせ、税額を増さんとする彼が所為こそ心得ね、是も必ず彼奴《きやつ》一人の存慮より出たる仕事にはあらで、同じ穴の狸共のあるなるべし、おのれ悪つくき狸共、此上は我々が松葉燻しになして化けの皮引剝《ひきはがし》て手呉れんずと、忽《たちま》ち此処彼処《ここかしこ》に集会なすと聞えしかバ、素破《すは》大変なりと郡役所にては更らに小林某といへる書記中にて程も能く弁口もよき男を選出し、再び郡中を巡廻して、まあまあ方々とお世辞よく説諭し、税額は最初人民より差出せし調書に依りて徴収する事となせしにぞ、取締り等も漸くに納得して穏に事を済ませしよし、同地の某氏よりの投書あり、真偽は固より保せざれども余り奇怪なる話なれば、聊か書して世の収斂家を戒むること爾《しか》り

能勢郡役所吏員への批判　営業税とは、現代の事業税の前身にあたるもの。明治11年に地方税即ち府県税として徴収されたのを始まりとする。営業税の定め方は、大阪府では当初店の外観等によるものとされていたのを、明治15年より売上高に基づくものに変更したから、減収になる郡では、ここに記されるような過重な徴収もまま行われるところがあったものと考えられる。

「ほとゝぎす自由自在に聞く里は」のあとは、「酒屋へ三里、豆腐屋へ二里」と続く。よく知られた狂歌で、江

戸時代の狂歌師頭光《つむりのひかる》の作と言われている。能勢郡が人口も少なく、商業が未発達であったことを表現しようというのであろう。能勢の里は、大阪人にとって明治の初めもこのように人煙まれな地域と考えられていたことを示している。

さて、その能勢郡役所の吏員の行為について、ここでは相当厳しい批判の言が浴びせられている。明治10年代の初頭期には、第1章―3・4に掲載したいくつかの記事で見るように、官に対しては、開明化を進める中心存在として期待の姿勢を崩さなかったのに比べて、たいへん大きな変化をなしていると言わなければならない。おそらく、新聞自体が自由民権運動に対する政府の圧制体験を重ねる中で、官に対する見方を変化させ始めていたのであろう。村の生活の向上は政府と対決することなしには困難という思想がこの時期を境に大阪の新聞界でも広がっていたのかもしれない。

②池田および川辺郡の植木商の相談

◎『日本立憲政党新聞』明治17年6月8日

○植木商の相談　大坂府下豊島郡池田村の植木商百余名、及び兵庫県下川辺郡各村の同商三百五十余名ハ、近来植木類の相場次第に下落し、殆んど営業の道を失ハんとするの困難に立到りしを憂ひ、一同申合せ其救援法を立てんとて、目下頻りに相談を為し居るよし

植木業の行き詰まり　既に述べているように、植木業は、川辺郡では山本（現宝塚市）、豊島郡では細川郷（現池田市）を中心とし、大きな存在感を持つ産業であった。この植木業が経済的に行き詰まっているとの認識をもち、業者共同で対応策を検討し始めたという趣旨の文である。

明治17年と言えば松方デフレーションがピークを迎える時期で、植木産業のみならず、旧来の産業は軒並み経営的な危機を迎えていた。なかでも、当時の日本産業の中核部分であった農業部門では、自作農が没落し、小作農に転じ、多方では広く農地を集積し、地主として大をなす者も出現し始めていた。農村のありようは急速に、大きく変わっていった。その中で植木業者もまた苦しみ、寄り集まって解決策を考えているのである。経済的な困難を同業者が寄り集まり、自ら知恵を出して解決への道を探そうとしていることが確認できるであろう。

③伊丹小学校新築経費に寄付

◎『朝日新聞』明治17年6月12日

○吾兵庫県下摂津国川辺郡伊丹町の伊丹小学校は去明治六年三月同町の小西新右衛門氏自費を以て興し、六年より十四年に至る校費金九千円は皆同氏が支弁したるなるが、斯くて十五年一月同校の性質公立となりしかども、同年より今年今月に至る校費金二千五百円なるを亦戸長徳永、学務委員小西新二郎の両氏及右小西新右衛門氏の依然尽力して、非常なりしにより其幾分だも更に其町民の負担に附せず内過ぎしが、今は早や生徒増加し七百有余の多きに及び、校内立錐の地を剰さずといふべき程となりければ、去る五日同町久代亭に於て新築小会議を開設したるに、列席の人々皆賛成の旨を答へたりしが、郡役所に於ても早く此趣を聞伝へ、郡長以下新築費金を寄附せらるゝ段戸長役場に通報ありしと云へり、戸長、学務委員并に小西新右衛門氏の取分け出費して町民の子弟を教育したること已に右のとほりなる上に今復《また》郡長以下の賛助亦上の如し、町民に於ても是に感発して諸氏の芳志に背かず、片時も疾《はや》く新校落成の目的を達せざるべからざるなりと、同地より報知のまゝ

大いなる公共心　伊丹町の小学校は明治15年になってやっと公立となった事実が記されている。先の新聞記事

と合わせてみれば、この間、小西家の私立であったというわけである。ただし、『伊丹市史』第3巻102ページ以下によれば、明治6年に学制に基づく小学校を創設した時には、時の兵庫県令神田孝平の考えもあり、小西新右衛門など伊丹の豪商などに諮って私立で創設する方法を薦めたこと、当初は小学校貸付会社を設置し、出資を促し、貸付金の利子で経営できるとの見込みであったこと、それが毎年赤字を出し、それを小西が埋め合わせていたものであったが、明治9年以後は小西一人が経費を支出する体制に変わったとのことであった。

いずれにしても、このときの小西新右衛門2代は、大いなる公共心を有していたことは明らかであり、そうした行為がこの記事のような報道をもたらしていたことを理解することができる。ちなみに、猪名川左岸で北方の池田村では大阪府知事の指導もあり、当初から公立として出発していた。第1章―3―(c)「池田村の近況とさまざまな人びと」の記事をご覧いただきたい。

④ 能勢・豊島両郡で旱魃

◎『日本立憲政党新聞』明治17年7月16日

○旱害の村々　摂津国能勢・豊島両郡中にて客年旱害を被りたる村々ハ、其数六十九ヶ村にして、之れが為め地租の延納を請ひたるハ九百八十九名なりと

農家経済の行き詰まりと報道力の低下　文中「客年」とあるのは「昨年」と同意義であるから、旱魃にあったのはこの記事の前年すなわち明治16年のことであった。近畿地方においては各地で水争いが見られた。『日本立憲政党新聞』はこの年8月被害がいよいよ大きくなるなかで、その原因として山林乱伐の影響を指摘している(『明治前期大阪編年史綱文録』)。

この記事では、干害被害を受けたのが能勢郡と豊島郡だけで69ヶ村、地租延納を願い出た人数が989人という数字を紹介している。これは官の調査を受けたものか、農家側の何らかの組織から明らかにされたものか。いずれにしても、急速に農家経済が行き詰まっていることを示していた。ただし記述はここまでで止まっている。被害を受けた各地方に出向き、実際のところを報道するまでには展開していない。当時の新聞には、現実と理念を結びつける方法がなかったのかもしれない。なお、水争いはこの後も各地で勃発した。後掲2の各記事を参照してほしい。

⑤豊島郡各村・京都府相楽郡で納税延期の請願

◎『日本立憲政党新聞』明治17年12月3日

○納税延期請願　大坂府下摂津国豊島郡各村の農民等ハ、本年非常の水害を被り、且つハ米価の下落等にて、納税の困難なるより、只管《ひたすら》右延期請願の手続を続々同郡役所へ請ふ者あり、郡役所にてハ懇々説諭中なりと、又京都府下相楽郡辺の農民六七十名は、目下何れも困難に迫り、生計の方立たずとて諸処に集会し、納税延期を請願せんと頻りに相談なし居る由にて、追々此事を聞伝へ、昨今同郡各村ハいふ迄もなく、隣郡にても右請願の手続を協議なし居る村々ありとのこと

具体性に欠ける記事　明治16年・17年はデフレ政策を原因とする米価の下落、干ばつの被害、水害の被害と重なって、農村を苦しめたことを報じている。実態は、まさにその通りであるのだが、それが地方にとってどんな意味を持っていたか、新聞は、現地で取材すべきであったが、記者の派遣はできなかった。新聞自体が経済的に弱体化していたのか、あるいは、問題の重みに関する位置づけが低かったためなのか、この記事も、結局のとこ

ろ具体性に欠けるものに終わってしまっている。「豊島郡各村の農民」といい、「非常の水害」といい、村の名前も記載されず、水害の内容もわからない。新聞よ、どうしたのだ、と問わずにはおれない。

2　豊島郡、明治19年夏の水不足

警察の介入防止がテーマ　明治19年の夏も日照りが続き、北摂の各地農村では、ある意味で当然の如く水争いが起きた。本項では4件の事件を取り上げることとなったが、8月には、何と2日おきに連続して報じられている。その内訳は、大阪府豊島郡で3件、あとは島上郡の1件であった。

この時期の水論に関する記事を読んで気が付くのは、記事の長短はあっても、問題の本質理解に向けた努力ではなく、ともかくも、例えば流血の惨事といった事件化の防止に焦点を合わせた記述に終始していることである。そこでは当事者たちの問題認識、解決への努力の跡の検討ではなく、警察的な紛争解決が中心認識となっていた。言い換えれば、これら紛争の「解決」をもたらした中心に警察の存在が期待されたということである。問題は解決するというよりは「収められ」、また「治められる」のである。したがって、このたび、すなわち明治19年の事態がいったんは収まったとしても、この後の時期にも、また再び同じ構図の事件が続くことが予想されるだろう。

なお、ここで取り上げる豊島郡に関わる事件については、現在それを地域的にカバーする『新修豊中市史』第2巻（通史2）には記述がなく、結果として今後の課題とされている。地域の大多数の人びとを巻き込み、当事者にとっては命を懸けることもあった大きな紛争について、その事実の重要性に思いを致し、大事な歴史として、地元を始め多方面に史料調査を進める必要があるのではなかろうか。

①　豊島郡利倉村と穂積村で用水争い

◎『大阪日報』明治19年8月13日

◎村民の騒動　昨日の欄外に記したる通り、府下豊嶋郡利倉《とくら》村及び穂積村の人民等が騒動を惹起したるハ、用水の争ひより起りたる事なるが、猶ほ其の事の起りを尋ぬるに、元来此両村は猪名川の水を引きて用水に充つるものにて、其の用水ハ先づ利倉村に引き、同村と穂積村の境なる字井の下と云ふ所へ両村の出費にて水堰を設け、三ヶ所に水門を構へて用水の流入を自在にするの用意に供へ置き、彼の上流田の水を下流田に流れ入らしめ来りたるに、頃日《このごろ》の旱魃にて上流田なる利倉村にも用水乏しきより彼の水門を締切りて一切穂積村へ用水を流れ入れしめず、左れバ穂積村にてハ唯さへ水なきに苦むの今日なれば猶ほ更に困難を極め、村内協議の上にて同村の戸長山中六郎兵衛を以つて利倉村の総代兼井路掛福田伊平次へ掛合ひ、一時ハ彼の水門を開かしめたるも、間もなく利倉の村民等ハ之を閉ぢて一滴の水だも穂積村に送らざるより、穂積の村民等ハ殊の外に立腹し、種々厳重に掛け合ひたるも、利倉村にてハ猪名川の水少なく、兎《と》ても水門を開け難しとて一向受付さるより、穂積村の農民ハ痛く之を不平に想ひ居れり、然るに彼の利倉村と云ふハ幕政のころ安平某と云ふ旗下《はたもと》の所領にて、穂積村ハ天領なりしに由り、当時ハ圧政にも常に穂積村へ充分に用水を引き居たりしを利倉村の農民ハ今日に至るまで遺恨に想ひ居たりしかば、此の反報《へんぽう》と云ハぬ許りに此の程より田畑へ充分に用水を引きたる上、猶ほも同村内の溜池へも用水を引き、一向穂積村へハ用水を送らず、所謂己が田へのみ水を引きて心地《ここち》快気《よげ》に耕作するにぞ、斯くと見たる穂積村の農民らハ大に怒り、最早や戸長総代抔の掛合を俟つに及ばず、村民挙《こぞ》つて水門に押寄せ、彼ら利倉の農民原の我儘を拉《ひし》ぎ呉れずばある可らずと騒ぎ立ち、同村の農民百六十余人が鋤・鍬・鎌・熊手抔手々《てんでん》に得物を携へて、扨《さ》てこそ去る八日の未明に利倉の村境に押出したる者にて、戸長山中六郎兵衛、総代西岡延三郎及び村会議員等の制止するをも聞かず、既に利倉村へ乱入せし者さへあるに至りしかば、戸長ハ之を岡町警察分署へ急報したり、之より前、利倉の農民等は穂積の農民が押寄せ来るよと聞きて、左らば此方《こなた》も用意せでや置くべきとて、竹槍抔《など》の用意をなし、既に其の鉾先を交へんとしたるを、同村の田中某と云ふが飛で出で制止せんとしたるに誤つて負傷し、其の他取鎮めんとするものあるも、両村の人民は一向聞入れず、アハや争闘に及ばんとしたる時、恰《あたか》も好し岡町、池田の両警察より警官巡査出張ありて取鎮められ、漸やくにして前号の欄外に記したるが如く事治まりしなりと云へるが、一時ハ余程の騒動にも及ばんとする勢なりしと、因に記す、利倉村ハ反別八十六丁余、戸数百戸余り、穂積村ハ反別百町余り、戸数百六十戸余にて、既に先年も斯る水論ありし地なりと云ふ

記事の情報源　記事は、御覧のとおり長文である。いろいろな事実が書かれており、これだけでも様々なことが言えそうである。しかし、だからこそ気になることはこの記事の出所ではなかろうか。記者の認識を規定した情報源をまずは検討しておきたい。

記事に書かれた文によれば、第一報は前日の新聞欄外に記したとある。これは、まだ取材はしていないが重大事件との認識のもとに掲出するもので、新聞社はすぐに現地へ記者を派遣し、そのうえで詳しい記事を送るという扱いをしたことがわかる。第一報はもちろん、独自取材ではなく、要点をおそらく大阪市中に所在する府の警察本部あたりから入手したものと見て間違いない。

問題は、この記事すなわち第二報の記事の取材先である。可能性を有するのは、争いの両当事者すなわち利倉村と穂積村の両村民ということであるが、記事内容は、どうみても穂積村の主張を前面に出しており、利倉村の主張は記されてはいるが、つねにそのあとから打ち消されるという形をとっている。つまり、利倉村にはあまり取材しなかったとみてもいいかと思う。しかし、同時に興味深いことには、その穂積村でも騒動そのものは戸長・総代・村会議員などの制止を振り切って実行した多数の農民であるとの言が何度も出現し、重ね合わさっている

ことである。つまり、この記事は、穂積村の戸長・総代からの取材を中心にしたものと判断できるのではないか。

避けたい騒動化　記事から読み取れる第二の点として、戸長・総代そして村会議員等の立場は騒動に持っていきたくないという所にあったことも見ておくことができそうである。文中には、相手村である利倉村でも騒動を収めようとした人々の存在を称揚する記述もあることに注意しておきたい。この点、記者の立場もここに置かれたことは明瞭であって、この記事を書いた記者の立場は、事をともかくも収め、平穏を回復させようという警察の立場でもあったことが要点となるだろう。

戸長も総代も、村会議員も国家の末端につながる存在として、警察を頼っているのである。一方、問題なのは、そうした村の指導者たちの思いを理解できず、相手村への敵愾心だけで行動する村の大衆の存在である。これをどう抑えるかが、実はこの長い記事を貫く基本線となっていたことをみておきたい。従って、記事は、事件が平穏のうちに収まってよかったとの評価のもとに終結するのである。前の時にも記したことであるが、記者はもっと取材し、それぞれの言い分を正確に紹介していれば、記述内容も変わり、それを読む読者の認識も変わっていたと思う。利倉村の指導者は言うまでもなく、両村の騒動参加者らからも話は聞かねばならなかったと思う。もっとも、騒動に参加した主な人物は取材時警察に拘束されていた可能性も高く、そこまでの取材はできなかったのか

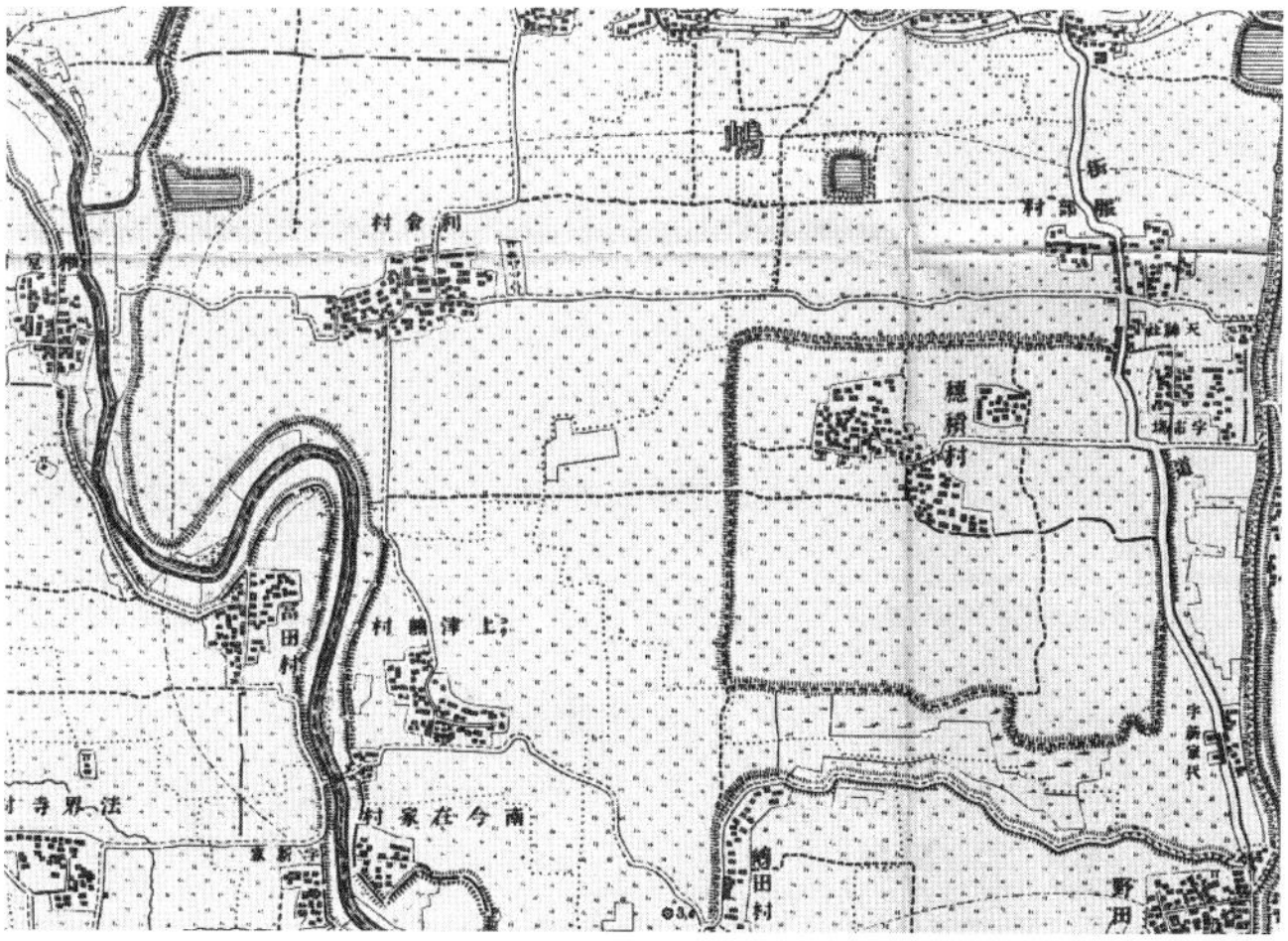

もしれないが、後日の取材という手もあり、今考えれば残念なことであった。

見えない本質的解決策　それから、もう一つ。両村の対立は、この後どう解決の道を見出したのか、一行も論及されていないことにも注目しておきたい。この点に関して府庁や郡役所の指導性はどう発揮されたのかも知りたいところである。一方、警察は地理的に見て、岡町と池田という、当時第一級の道路が利用でき、また地域の中心である町場に立地するという、絶妙な位置にその役所を配置していたことが改めて感心させられる。事件発生の場合、地域の指導層の誰か、あるいはその意を受けた代理人が人力車などを利用し、すぐにそれを報じ、そのあとすぐに出動できるのである。警察が地域の治安維持に任じるというとき、水争いだけでなく、いろいろな場面でこのことの持つ意味は大きかったことを改めて感じる。

②豊島郡庄本村・島江両村の水論

◎『朝日新聞』明治19年8月15日

●庄本嶋江両村の争論　前号欄外に取敢へず記しおきたる豊島郡（欄外に下島とあるは誤）庄本・島江両村人民争論の原因を聞くに、元来庄本村は田畑合して百四十町余之《これ》あり、然るに同郡辺は去る五月廿七日急雨《ゆふだち》のありし以来今日まで一滴の降雨なく、井路《いじ》も井戸も皆水涸れ尽し、此間纔《わずか》に頼とする所ハ神崎川より悪水井路へ引入るゝ水のみなるに、神崎川の上流にて水を堰止められたるより大に困難せし処へ、去る三日に至り同川下の城島、大物、辰巳、の三ヶ所を堰止めたれば、其間の水澱みたるを幸ひに庄本村の人民協議の上、字土亀《どんがめ》と尾島との間に在る一筋の悪水井路へ指して神崎川の水を引入れ、五日間ばかりは此水にて七八十町の田地を養ふの目的にて、井路の中に在る門樋の上手へ土俵を以て堰を為し、門樋に水車を仕懸け、一昼夜間に充分の水を掻入れ、猶ほ外の井路へも追々に引入るゝため、障礙《さわり》になる水底の藻草を取除んと村民百四十余名総出して鎌、熊手等を携へ、頻りに藻草を刈にかゝりしをりから、翌四日の午後島江村の人民幸田松次郎、幸田角次郎、石見市松、宮居春吉の四名が大阪より屎《こえ》を船に積で帰りがけ、彼の堰を切りて此間を通り抜け、夫《それ》より悪水樋を過ぎんとするとき、樋の番をする西井市蔵といふ者が認めて驚き咎め、双方暫時争論する際、庄本村の水廻りと称する者四名出来り、此体を見て共に樋番に力を添へけるうちに、藻刈をなし居る百余人のものが聞知り、一時にドット押寄来れる勢ひに、水廻役四名ハ大事にならんことを恐れ、先づ船丈《だけ》を通し、其中一人の幸田松次郎を止め、堰を切し不都合を責むるに、幸田ハ一度吾村に引取り後刻四人相談の上返答に及ぶ旨述べて引取りたる跡にて、百余名のものは頻《しきり》に鯨波《とき》の声を作りつゝ、騒立ちけるにぞ、水廻四名が之を制して各自宅へ引取らせ、夕方に及び島江村の四名のうち三人来り返答ぶりの穏かならざりしとか、言葉の間違とかより又々一条の紛議を生じ、翌五日庄本村より遂に島江村の四名を相手取り岡町警察署へ告訴をなしたれば、彼の四名を同署へ呼出し事情を聞くに、堰は切らず、樋は樋番に答へて過《とお》りたりとの反対なる答へなれど、同署に於ても何分温和に事を済さんと同村外七ヶ村戸長岡崎経立氏を中に入れて仲裁を試みたるに、庄本村人民百余名は同村光国寺境内に集合して、告訴の結果次第に依り一時に押寄せんとの勢を現はし、戸長の仲裁も其効なきのみならず、庄本村よりは村会議員森本某外三名を惣代として去る十日中の島憲兵屯所へ島江村の四名を相手取り告訴し、四名は直ぐ召喚せられ、十三日は原告を召喚し、猶昨日は原被同行にて出頭するやう命ぜられたり、島江村は僅に四名の被告なれど、其実同村一体の事に関係し、未だ手を出ざるのみにて、イザといへば村中残らず押出す勢あれば畢竟庄本、島江両村の争論といふべき有様なりといへり

日にちごとの記載　この記事の特徴は、明治19年8月3日から13日までの動きを日にちごとにまとめて記載していることである。記者は少なくとも10日間の動きを取材している。

しかし、ここでも取材先を知るという観点から詳細に記事のありようを検討してみると、8月3日から4日までにかけては庄本村の誰かから聞いた話であるのに対し、5日の動きに関する記事は、どうも庄本村と岡町警察署で自身も目撃しつつ取材していることが窺われる。つまり、4日の事態を聞いて5日には庄本村に取材に出かけ、さらに岡町警察署へも行き、警察でも取材しているということである。

記事の基本テーマが混乱を収めるという視点に立っていることは一読してわかる。また、その視点に立つ人物として庄本村外七ヶ村戸長・水廻りそして樋番たちであったことも示されている。岡町村警察署も同じ立場に立っていることも明らかである。

紛争の原因　ただ、今回の事件で注意しておくべき事実は、神崎川の水の奪い合いはしていないことである。神崎川から自村の中を流れる悪水樋（本来ならばこれは神崎川の方に流す水路だが、おそらく、地形的な関係で勾配が極めて緩く、神崎川の水位によってはその水を逆流させることもできたのだろう）を締め切って水を自村の田に流し込むことについては、島江村だけでなくどこからも抗議を受けていない。庄本

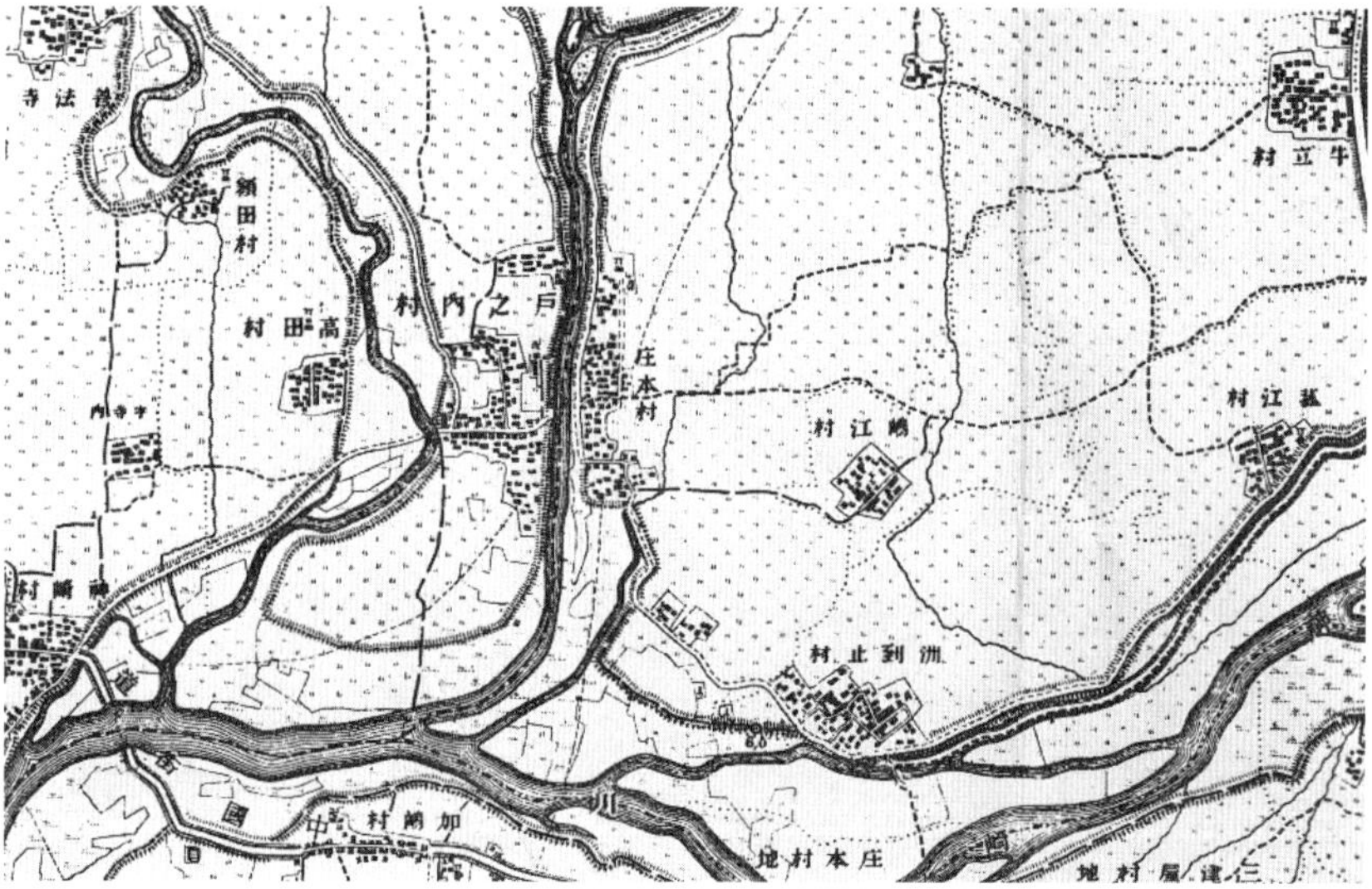

村は、悪水樋を締め切って水車を仕掛け、堂々と水を入れている。

紛争が起きた原因は、島江村の4人の者が大阪から購入した肥を入れた船をこの悪水路に差し入れ、自分の便利のため通行を妨げている樋門を切ったということにあった。庄本村の者たちは、この行為を庄本村に敵対する行為として咎めたのである。しかも、島江村の当事者たちは、事実認識に関する主張を4日と5日では変えているということで、紛糾の度を高めたものであった。

問題解決の要点　このとき、庄本村の重立った人も警察も、ことを荒立たせない、すなわち村の大衆を参加させないところに要点を置いていた。そのために庄本村外七ヶ村戸長に仲裁を依頼してもいるし、水廻りも樋番も臨機の処置をとっている。島江村の当事者が庄本村の言うことを承認し、謝れば「穏便に」済まそうとしたのであろう。彼らは、そのために初めは岡町警察署に訴えている。ところで、本筋からは外れるかも知れないが、中の島憲兵屯所に告発したのはだれだろうか。庄本村の者と見るか、さじを投げた岡町警察署だったのか。いずれにしても憲兵の役割を知るうえでも注目すべき事柄である。ただ、村の重立った人々が、この時期、村同士の紛争案件を警察なり、憲兵屯所なり、国家の機関に訴えて解決の道を探ろうとしていることは、注目すべき動きではなかっただろうか。本項の①でもそうであったし、この後の③でも④でも同じ動きが見えている。共同体としての村の変化を知る大事な動きというべきである。

以下の③④ともにそのような目で見ていくことができるだろう。

③島上郡土橋村と隣村の水論を鎮圧

◎『大阪日報』明治19年8月17日

◎水論　去る十四日午後府下島上郡土橋村と隣村との間に水論を起し、互に鋤・鍬を以て闘争せし末数名の

負傷者ありしも、戸長・警官等出張の上取鎮められりと

◎『朝日新聞』明治19年8月19日

④豊島郡岡町村と隣村の水論を押さえる

●水論の紛議　一昨夜十一時過より府下豊島郡岡町村とその隣村の人民との間に於て水論を起し、已に争闘にも及ぶべき勢の処、池田警察署にて早く之を聞知し、警部巡査出張して数十人集合せしところを説諭して皆々解散せしめたりといへり

警察の活躍　③と④、いずれも激高した農民らの集合が見られ、あいかわらず水を求める農民の気持ちのほどがうかがわれるが、記事は、ひたすらそれが事件にならないように働いた警察の活動に焦点が絞られている。水争いの記事というよりも、まるで、警察の活躍話となっている。

村共同体と国家的秩序　明治10年代後半に至っても、稲作を成り立たせている水利への関心はどの村においても強かったことは間違いない。しかし、その利益を守るという観点に立ってみたとき、村を統治する立場の戸長らの対応には、明治10年代初めまでとは大きく違ってきていることに気が付く。ここでは、第1章1で見てきた豊島郡麻田村と新免村との争論を振り返っておこう。そこでは、戸長は村民多数の先頭に立って相手村側と現場で争っていたのである(もっとも、警察に急を告げた前戸長の行動もあった)。この変化をもたらしたものは何だったのか。また、そこにおける松方デフレーションの意義とは何だったのか、改めて検討することが求められている。

3　行政主導の農業と地域対策

維新後村の構造激変と広域化する行政指導　日本農業及びそれが支えてきた村の構造は、維新以後明治10年代末までの間に激変する。明治一けた代には田畑・宅地及び山野の地租改正が強行され、農地を始め屋敷地・山地などの私有地化が進んだ。さらに明治10年西南戦争中からのインフレ景気とともに生産物の商品化・販売作物化が急速に展開した。

さらに、明治14年後半からこれまた強行された貨幣の収縮政策を柱とするいわゆる松方デフレ政策が強行され、多くの自作農経営が行き詰まった。村に住む人々は、生きるためさまざまな可能性を探っていた。行政はここに目を付け、指導力を強めようとしはじめるのである。

本項では、デフレが少し回復し始める明治18～19年ごろ、地域における努力と行政による指導に関する記録を3点集めることができた。1件目は、川辺郡中山寺村で開かれた農談会の様子、2件目は、池田村に私立植物試作所を設置する計画、3点目は、能勢・豊島両郡の養蚕事業開基に関する記事である。いずれも協力関係は広域化していることが示されている。新聞もまたこうした動きの中に将来への希望を見出そうとしていたのかもしれない。なお、参考として4件目に琵琶湖疏水問題への参加をめざす神崎川下流地域の動きを報じた記事も追加しておいた。広い意味では行政主導の運動と関係していると考えたからである。

①種苗交換と農談会の実施

◎『朝日新聞』明治18年5月26日

●種苗交換と農談　兵庫県下摂津国川辺郡中山寺村に於て此程同国八部《やたべ》、菟原《うはら》、武庫、川辺、有馬五郡聯合第二回農談会を開きたるに、会同者二十九人あり、五郡長・書記も列場あり、農事上改良の事数項を議し、猶《なお》昨年開設せし五郡勧業共進会出品優等者へ五郡長より賞品賞状を授与せられたり、又去十五日より二日間武庫・菟原両郡聯合農会を開きしに、会同者四十八人あり、馬鈴薯《じゃがいも》栽培の可否、農事雑話等を議了せり、又去二十日丹波国氷上郡柏原町宗蓮寺に於て稲苗交換会を開きしに、出品二百五十四種、入場人員九百人あり、交換数百七十種、販売数二十六種、又翌二十一日播磨国揖東郡新在家村善応寺に於て種苗交換会を開きしに、出品数九十一種、交換数四百四十一種なりしといふ

官製化する農談会　農談会というのは、明治10年代に各地の農村で自然発生的に生まれた私的な組織で、精農家・篤農家が中心となり農作物の品種改良、交換、栽培法改善、視察などの技術交流を行ったものである。兵庫県尼崎市域では明治14年4月に行われた川辺郡南部連合町村農談会が設立されたことが知られている（『尼崎地域史事典』）。

それが、明治18年段階では川辺・八部・菟原・武庫・有馬の五郡聯合のそれに発展していることがわかる。主導した者が五郡の郡長等であったことなど、官製の催しであったことも明瞭である。中山寺村がその会場になったことについては、中山寺村にとっては名誉に感じたことであろう。

ただ、こうした催しから何が生まれることを期待していたのか必ずしも明瞭でない。兵庫県内の各地にこうした催しが行われたことも記されているが、やはり同じように実施した事実のみが書かれている。要するに、この記事には啓蒙的な視点が弱く、客観報道の感が前面に出ているように見受けられる。記者は官の指導の意味する

ところがよくわからなかったのかもしれない。

②池田村に私立植物試作所

○私立植物試作所　大坂府下豊嶋郡外二三郡の同志者が申合せ、今度豊島郡池田村へ私立植物試作所を設立せんと目下計画中のよし

◎『日本立憲政党新聞』明治18年6月10日

大阪府のリーダーシップ　これは、豊島郡ほか2～3郡の有志が池田に私立植物試験所を作るという記事であるが、その情報以上にはわからない。ただ、第3章―3―（a）で植物試験場のことについて検討を加えておいた。名称が試験場といい、試作所といい、指導園といい、微妙に違っているが、おそらく関係があるものと思う。いずれも、大阪府のリーダーシップのもと民間との協力によって創設された施設であることは確実であると思う。品種改良をはじめ、何らかの動きが民間に生じており、それに目を付けた行政当局が打ち出した政策であったのだろう。

③能勢・豊島両郡で養蚕事業を導入

●養蚕事業　其筋の奨励に依り府下に於て養蚕事業を起す者のあるは時々紙上に散見する所なるが、此度亦能勢豊島両郡の有志者も之を起さんとするの協議をなし、豊島郡池田村の福田熊吉氏が率先して之に従事する事となりしに付、即ち本年の春蚕より養ひ始めんとて夫《か》の佐貝義胤氏に該飼養法の説明《ときあかし》を乞ひたるを以て、同

◎『朝日新聞』明治19年3月25日

氏は直に之を諾し、已に此程池田村へ向け出発せり

大阪府と養蚕指導　大阪府内における養蚕事業への取り組みは歴史を手繰れば、明治2年3月にさかのぼる。この年、大阪市民のうち養蚕習熟者5人に当時の摂津県内の空地に桑苗をうえつけさせ、3月には摂津県下調役佐々木才三郎に養蚕御用掛を命じたのである。この目論見はどうも頓挫していたようであるが、明治19年6月には、農商務省から記事中に名前の出る佐貝義胤を大阪府養蚕巡回教師に任じ、あらためてその振興を図ったものであった。

ここでは、地元の有志として池田村福田熊吉の名前が挙げられていることにも注意しておきたい。福田は、後述するように第3章—2—（a）において幼稚教育の主唱者として名前が挙げられた人物であった。養蚕事業の振興は、このような地域振興に熱心な地元の人間を引き出すことによって推進されようとしたのであって、そこに大阪府の後押しもあったのである。この件、じつは第3章—2—（a）で紹介する記事へと引き続くものであるのかもしれない。この時期、行政は伝統的な共同体にとって代わろうとする動きを顕著に示しはじめていた。

④神崎川洪水で琵琶湖疏水問題に注目

◎『朝日新聞』明治18年8月19日

●水理委員　兵庫県下摂州川辺郡部内に係る神崎川は先日の洪水に暴張して数箇所の堤防を破壊し、各村の外島《とじま》を流すなど余程の害を与へたるより、是迄毫《ごう》も意とせざりし琵琶湖疏水も、此様子にては愈々《いよいよ》其工事の起るときは必不測の害を受けんとの見込を立、同川に接近する神崎、潮田、小中島、久々知《くゝち》、坂部、今福、常光寺、梶ヶ島、杭瀬《くひせ》、長洲、難波、初島新田、尼ヶ崎、別荘、土井、西新田、三反座《さんだんざ》等の各村人民より水理委員を選

まんと目下専ら其協議中なりといへり

いくつかの疑問　この記事は、琵琶湖疏水工事の実施がもたらす淀川水害への危惧の意識と対策への動きが大阪府の西隣、兵庫県に属する川辺郡南部（現在の尼崎市）でも広がっていたことを物語っている。ここに記載された地域は東西4キロメートル前後に広がり、住民の意思をまとめることも大変であったことと推察できる。記事では、地域の意思を確認するために今も努力中であると結んでいる。

まず、記者はどこからこの情報を入手したのだろうか。また、なぜこの第一報以後の動きを報じることがなかったのだろうか。

実は、この記事については、読んでいていくつかの疑問が生じて来る。ひとつは、記事中に「先日の洪水」とあることである。洪水はこれに続く〈参考〉で述べるように、6月27日あるいは7月の初めであり、2か月も前のことに属している。それを「先日」というかという疑問である。実際、既に記したように、琵琶湖疏水問題への対抗については、この間に大阪商法会議所も大阪府会区部会もそれぞれ大きな動きを示していたにもかかわらず、記事ではこの間の地域住民たちの具体的な意見も動きも紹介されていない。

第二に、この間、「必ず不測の害を受けんとの見込みを立」ともあるが、だれが見込みを立てたのだろうか。またそれはどのような形で関係者等に示されたのであろうか。

第三に、彼らが「水理委員」という、この時まであまり使われなかった言葉を使用していることも気になる。ひょっとすると、兵庫県か大阪府か、話を盛り上げたかった行政担当者が流した話をもとに取材せずに記事化したものかといった疑いも生じてくるのである。

しかし、記事に出てくる地域の人びとが動いていたのは少なくとも間違いではなかろう。その場合、相手は京都府ということで、問題に対する関係者の地域的な視野は広がらざるをえなかったとも思う。これを関係地域の人びとはどのように理解し、相互に説得していったのであろうか。すくなくとも、淀川そしてその支流・分流とともに生きていくために、人々は自己の位置を確認し、誰と交渉すべきかを改めて考えなければならなかった。また、この運動がもし地域の人びとの自発的な認識に基づくものであるとすれば、その中心を担ったのはだれなのか。これも知りたいところである。

ただ、いずれにしても漠然たる話にとどまっていることは事実である。この一報以外記事は存在していない。筆者は、この動きの背後には官の動きがあると見て、この記事をここに入れておいた。

〈参考〉琵琶湖疏水計画と淀川下流地域

琵琶湖の水を大津で取り入れ、滋賀県・京都府をまたぐ山塊にトンネルを通して京都に流す琵琶湖疏水工事は、明治期わが国屈指の大土木工事であった。それは東京遷都後天皇の存在を失った京都の活性化を図る狙いもあり、その偉業は今日も生き続け、伝え続けられている。

しかし、疏水の完成で淀川の水量増加が下流である淀川流域一帯の洪水につながることを危惧する声は早くから存在していた。明治17年4月淀川流域11郡の郡長・戸長らは、調査のため派遣された内務省御用掛に工事の有害性を訴えている。そうした動きのあった翌年、明治18年6月から7月初めにかけて淀川が氾濫し、流域各地に大きな被害を与えたのである（『新修大阪市史』第5巻および『明治前期大阪編年史綱文データ』。以下も同様）。

6月17日枚方の堤防が切れ、大阪府茨田《まった》（まんだとも）郡・讃良《さらら》郡・東成《ひがしなり》郡を洪水が襲い、また、6月末から7月1日の風雨が重なって大阪市街にも大被害をもたらした。このとき以来、琵琶湖疏水工事完成後における大阪府内での洪水被害を危惧する意識が現実味を帯びて淀川下流の大阪府で急速に広がったのである。たとえば、大阪商法会議所では7月21日に臨時総会を開き、この時の洪水に鑑み、琵琶湖疏水の是非、善後策を議論し、9月5日には報告書を提出している。またその前日の4日には大阪府区部会（このころ大阪府会は予算対象が郡部と区部に別れるものについてはそれぞれの部会を設け、別々に審議していた）が、琵琶湖疏水問題で建議案を採択している。

大阪府側の要望は、交渉過程で揺れ動いたようだが、結局明治22年12月京都府から大阪府に予防費が送られてきて、決着を見ることとなった。ただし、淀川の洪水防御という抜本的な対策は後回しとなった。それは、この後展開する国による淀川大改修工事の実施によってはじめて大きな可能性を見せることとなる（『新修大阪市史』第5巻）。

さて問題は、北摂地域の動向についてである。地理的に考えれば淀川本流が関わる地域は大阪市街地のみならず、その接続地域として位置づけられる東成・西成郡を含み、「北摂」と考えられる地域については島上郡・島下郡・豊島郡そして川辺郡のそれぞれ南部地域も関わっていたことは間違いない。その動向については、当時の新聞では、それらは大阪市街に生きる人々や組織の行動の中に含みこまれ、独自の動きはなかなか報じられなかった。つまり、独自の動静は報じられていなかったのである。そうした中、川辺郡に関わる先の一件の記事が残されていた。貴重な情報としてこの項のもとに入れた理由でもある。

第3章

明治20年前後、
国家の権威と
新しい活動世界の広がり

《本章の課題と論点》

日本中に猛威を振るった松方デフレーションも、明治20年前後のころにはようやく収まった。明治22年には帝国憲法の発布があり、翌年には議会も開かれる。明治国家の形も整ってくるなか、地方には、明治22年全国に施行された市制町村制を支え、運営に協力していこうとする人びと、自立的に経済活動を構築しようとする人びと、公的・職業的な政治家への道をめざす人びとが出てくる。また一方では、公的な教育体系とは別に幕末以来継承してきた思想・文化を重視し、その継承を図ろうとする人びともでてくる。要するに時代に対応する興味ある人びとである。

新聞は、行政の動きとともに、こうした人びとの活動を追いかけ、帝国憲法にかかわる諸問題、新しい自治制度の本質や住民の行動の意味するものを報じていく課題を背負ったと言ってよい。一方では行政による国民指導の問題、そしてもう一方では、住民が国家との緊張感の中で追求する願望について評価し、展望を探るといった課題である。

本章では、大都市大阪の北西部に広がる広大な山野と農地あるいは町場や集落を抱える地域に関わって新聞が報じたこれらの動きを、記事に沿って追っていく。そのなかでは、経営基盤を再確立したばかりの日本のジャーナリズムがどのように飛躍し、将来への展望を獲得していくのかも確認できるだろう。ただ、この時期を彩る新聞広告の広がり、そして地域に基盤を持つ公的職業政治家の出現については、記事の分量も多く、当時から特別の興味も持たれていたと考え、第4章と第5章としてそれぞれ独立させた。ご了解いただきたい。

1　国家の権威と国民指導

官と国民、新しい国家体系の形成　明治政府は、倒幕の実現以後、一貫して身分別および支配者別の統治方式を否定し、すべての日本人を等しく天皇の臣民＝国民として単一化し統治する制度を構築しようとした。帝国憲法を根幹とする法体系、内閣以下の行政機関、軍事組織、小学校から体系化された教育機構、裁判所、そして代議制など、見事と言わざるを得ない体系を作り上げていった。その基本的理念の中心には天皇が置かれ、一見古代国家の復元といった外観も呈したが、その多くが、昭和戦前・戦中を生き延び、さらに国民主権を本旨とする戦後社会においてもかなりの部分において受け容れられている。その秘密はどこにあったのか。

公益性・公共性の追求　単純化して言えば、その答えは、国家をもって公共あるいは公益性の体現とし、それを実現させることに国家の目的を置いたことにあったと考える。もちろん、国家的な公益性が真に国民的基盤に立った公益性を代表するものになったかどうかについては、何度も問題とされてきた。国家中心主義が国民的基盤に立った真の公益・公共性を踏みにじった例も、戦時下は言うまでもなく、非戦時下においても至る所に出現していた。それは、近代日本における公益性・公共性が国家第一とほぼ同義語とされたこと、また、国際的な視野を著しく欠落したものであったことと深く関わっている

国家の正当性と住民の同意　しかし、このような問題を持っていたとしても、日本は近代以降、様々な政策の提起あるいは実行において、つねに公益性や公共性の理念を強調してきた。そのことが国家の正当性の保障とされたからである。すなわち、公共性・公益性は国民の求める理念でもあったことが重要である。明治国家は国民

の求める公益性を実現するという理念をいつも打ち出し、国民から支持を受け続けたと言ってもいい。

地方制度もそのひとつであった。本節では、明治20年代初めのころ新たに生み出された郡市町村などの地方自治体がどのように住民を指導し、その同意を確保していったか、どのように軍隊・警察など実力組織の存在を認めさせていったか、また、国民教育の組織をつくり上げていったか、それぞれの部分において、当時国民の側に広がっていた国家への協力意識にも注目しつつ見ていくことにしたい。

(a) 国による治安・警察業務の強化

警察はつねに社会における公共あるいは公益を守る国家権力の実力装置であった。様々な刑事事件はもちろん、疫病対策あるいは複数の人びとに関わる民事事件にさえ目を光らせた。したがって、警察は、地域住民から忌避されるし、同時に求められる存在となったのである。ここでは、住民と警察との関係を示す新聞記事を見ながら、考えていくこととする。

①池田警察署の新築

◎『朝日新聞』明治18年3月22日

●池田警察署　府下摂津国豊島郡池田村の池田警察署は従来の屋舎不十分なるを以て戸長・村会議員等有志寄金を以て該署を新築せんと発意し、其段府庁へ出願し、工事建築目論見書の如きも已に整頓を告げ、費金は三千余円の予算にて、皆豊島能勢両郡の有志者が寄附する筈なり、然《さ》れど池田村の人民は同村が警察署所在の地なるを以て、予算工費の半額を寄附したしと言ひ居るよし

○池田警察署庁舎新築　大坂府下摂津国豊嶋郡池田警察署にて ハ不日よりその庁舎新築の工事に取掛らる、筈なりとのことにて、同署所轄内の人民より新築工事中へ寄附したる金額ハ既に二千四百余円に及びたりとか

◎『日本立憲政党新聞』明治18年6月17日

惜しまなかった住民負担　警察署の建設は、池田を抱える豊島郡および能勢郡の有志から広く集められたことが示されている。なかでも、池田の町に住む人々は、建設費の半額寄附に協力するとまで述べられている。住民は、この時期に至るまで、管内各地で揉め事を収めてきた警察の実績を見、その力に頼ったのであろうか。二つ目は、その警察署の落成を報じる記事であるが、寄付金額がすでに2400円余の払い込みとなっている。警察は、住民から期待される存在となっていた。もっとも警察は大阪府の指示で動くが、新聞はそこのところは問題にしていない。

②池田警察署巡査、盗賊と格闘、後日サンカの住まいを捜査

●一賊二警吏を斬る　昨日午前三時頃池田警察署詰の巡査中村乾作・今西雄次郎の両名が偵邏《ていら》をなす折しも、同地字新町なる中川和助方へ一人の強盗押入り、抜刀を以て脅迫し居るを認めたるにぞ、汝《おのれ》曲者ござんなれ、捕へ呉んと猶予せず矢庭に同家に踊入り、組附きて縛らんとするに、賊は刀を振翳《かざ》して之を拒《ふせ》ぎ戸外へ逃げ出でたれば、遁《のが》さじと両名は跡を追ひ、字西の辻町にて已に捕んとしたるに、賊は爰《ここ》ぞ一生懸命、窮鼠猫を噛むの勢ひとなり、回顧《ふりかへ》りて切て懸りたれば、両名の警吏は半棒にて受つ流しつ、支へたれど、遂に敵する能

◎『朝日新聞』明治21年3月1日

はずして、両人共頭部に斬付けられ、出血眼《まなこ》に入りて進みかね、少しく怯む所を賊は隙を窺ひ何れへか遁去りたるよし、偖、両名の負傷を聞くに、中島は額に長さ七寸、深さ三寸、今西は左の耳の上より眼にかけ長さ三寸、深さ五分なりといふ

◎『朝日新聞』明治21年3月3日

●一賊二警吏を斬たる後聞　前々号の紙上に記載せし此件に係る実地の模様を尚又詳かに聞得たれば此に記さんに、元来此賊は府下豊島郡池田村南新町百六十五番地池田炭商中川助次郎（前に和助とせしは誤）方の表より軒先に梯子を掛て裏手に乗越し、折柄同家の娘某が便所に赴かんと背戸口を出るを機として、露刃《ぬきみ》を携へながら宅内に押入りたるものにて、頓《やが》て居合す五名の者を脅迫して銅貨・一厘銭取交ぜ十余円を奪ひ、辺りに在りたる衣類にて包み、帯を取つて之を巻き、その儘引担ぎて表に出でんとしたる折柄、前々号に記する如く池田警察署の偵邏巡査今西雄次郎・中村乾作の両名が斯くと見て捕縛に立向ひし次第なるが、偖《さて》是より両名は賊のため手傷を受けながらも尚も短棒閃かし、取つて押へんとなしたる処、賊は隙を見て妙見街道の方へ逃んとするにぞ、此方は遣らじと後を追ひたれど、何分頭部の傷にて出血眼に入りて自由に働けず、彼是する中賊は前に捨てたる贓品《ぞうひん》を拾取り、遂に何処ともなく逃失せたれば、両名も今は追ふとも及ばじとて或る人家に入つて傷の手当を為し、即今中島の方は余程快気に赴き、尤も今西は稍や重体なれど一命に関することはなかるべしと云ふ、然るに又当警察本部に於ては此報の達するや否、同部并に水上東西南北警察署より一名宛特務巡査を池田に派出せしめ、爾来力を合して近隣郡村の旅舎抔に注目して探偵を尽くしたれど、更に踪跡を得ざるに因り、段々評議の上にて、彼の賊は恐らく山家人《さんかじん》（多く東北地方の者にて炊具を携へ各所に出でゝ野宿をなす輩）の所為ならんとの見込みを附け、兼て是等の者が起居する兵庫県下川辺郡北畑村の山奥を目指し警察本部水上警察署の特務が池田署の巡査と共に夜中同所に至り、炬火《たいまつ》を点じ、所謂山家人等の寝処とせる多き山

腹の穴（是は三方石畳みにて上部を同じく石にて覆ひたるものにて、古塚の類なるべし）を彼是見廻りたるに、何れも三人、五人寝居りたれば、片端より尋問し、或ひは其所持品を改め抔せしも、一向目的の者を見出さず、尤多くの穴の中人の居らざるものもある故、其次第を問ふに、此処にも近日迄住へる者ありしかど、先頃より皆中山寺の奥に転穴したりとの事なれば、何れも思はず一笑しつゝ、一旦此処を引揚げ、尚其後も更に多田・満願寺辺まで穴繰つて詮索なしたれど、到底彼賊の手蔓はつかざりし趣にて当地より出張せし警吏は一昨夜帰署したる由なり

少なくなかった強盗事件　盗賊を捕らえようとする池田警察署巡査の奮闘談と、その後、犯人の捜査に関する報道である。記事中、中島巡査か中村巡査か、氏名の表記に混乱がある。

盗難事件でここまで凄惨な状況になることは、そうめったになかったと考えるべきであろう。怪我を負ったのは偵邏中の巡査ふたり。犯人は相当強暴だった。ちなみに、池田村の近く東畑村に残された報告書では明治13年、3〜4ヶ月の間において盗難事件が34件記録されていた。さらに、そのうち3〜4人の者で刀などを持って押し入った強盗事件は2件であった（『新修池田市史』第3巻144ページ）。盗賊は相当横行していたことを押さえておきたい。こうした状況下でこの惨劇が起きたということである。

巡回警備　二日に渉った新聞の記述からは、地域における警察の防犯対策、犯人捜査の方法、なかでもその非人権的特徴などがよく見えてくる。まず、池田の町では巡査2名が毎晩組になって巡回警備していた（偵邏）。彼らの装備は短い棒のみである。彼らが盗賊を発見したのは、盗賊が盗品をこれまた盗品の帯に包んで、まさに押入った家を脱出しようとしていた時であった。ふたりの巡査は、現行犯と認めたから、その場で盗賊を捕らえようとした。ところが容疑者は刀を持っていた。この結果、二人の巡査をしても賊を制圧することができなかっ

たばかりか、かえって大きな傷を負ってしまう。記事はまるで見てきたように状況を記している。住民を守るために命を懸けて奮闘する巡査の姿が読者の脳裏に焼き付けられる。

捜査の実際とサンカの存在　さて、急報を受けた大阪府の警察本部ではすぐに多数の巡査を池田村に派遣し、池田署の巡査とともに容疑者の隠れていそうな場所（たとえば近隣郡村の旅舎など）を捜査する。警察はこうした施設の所在をよく知っていたと考えるべきであろう。しかし、見つからなかった。そこで、これは山家（後の警察用語では山窩）に違いないと推量する。山窩とはいつのころからか、警察では窃盗集団のように、つねに目をつけていたものであった。今度の場合にも、池田からは相当北に所在する川辺郡北畑村（現猪名川町）まで捜査に入っている。捜査においては、人権を無視した一方的な踏み込みというほかない行動が続けられている。証拠はなくても、怪しいのだという決め付けに基き、令状もなくあちこち調べつくして、結局判明しないままであった。本記事には、この山家（山窩）捜査の実態について、また、サンカそのものについての貴重な情報が記されることとなった。

結局、事件の結末はわからない。大きな話題にはなったが、最後まで確認することができなかった記事は、これだけではないと思う。しかし、こういうのは、やはり竜頭蛇尾というべきであろう。ただ、警察署については、住民からの支援を得るうえで、偵邏巡査の奮闘ぶりを記されたことは、大きな意義を持つ出来事になったに違いない。

③川辺・武庫・兎原三郡に6か所の避病院

◎『大阪日報』明治19年6月8日

◎避病院建設　兵庫県下摂津国川辺、武庫、兎原の三郡にてハ、追々虎列刺《コレラ》病流行の兆《きざし》あるに付、今度各村の有志者より寄附金を募り、右三郡内に九ヶ所の避病院を建設することとなり、既に其工事に着手したる由なるが、その建設位置幷に費用を聞くに、川辺郡尼ヶ崎村にハ是れ迄同病院の設けありしも、構造の十分ならざるを以て、今回更らに同所轄城内へ新築し、其費用ハ二百五十円なり、又た同郡伊丹町に一ヶ所を新築し、其費用は二百円、武庫郡にてハ鳴尾村に一ヶ所を新築し、此費用ハ二百五十円、又同郡今津町に新築、此費用二百円、又兎原郡西ノ宮町にハ予て避病院ありしも、今度更らに新築し、此費用二百五十円、同郡打出村に一ヶ所、此費用百五十円、魚崎村に一ヶ所、此費用二百五十円、新在家村に一ヶ所、此費用二百円、武庫郡ハ新築費百七十円にて葺合村に一ヶ所を建設する都合なりとぞ

恐れられたコレラ　コレラは、幕末に日本に伝えられ、安政年間には本格的な流行を見せる。当時の日本人にとってその感染力は恐ろしいものであり、多くの人々は、ただ神仏に祈るだけで、本格的な対応はできなかった。コレラは、明治10年夏の終わりごろから再び流行を見せ始め、この後、長年にわたって日本人を恐れさせた。コレラ菌の純粋培養がドイツ人医師コッホによって実現するのは明治16年のこと。政府は、日本でのコレラの流行を押さえるために、患者を社会から徹底的に隔離する政策を強行した。その時大きな力を発揮したのが警察である。

避病舎と警察の仕事　隔離の切り札は避病院あるいは簡易な避病舎であった。患者と認められれば、警察の力も使ってここに強制的に隔離させられ、社会との連絡を遮断させられた。市民がコレラ以上に恐れたのは実にこの強制的な隔離であった。多くの人がコレラに罹っていることを世間に隠そうとした。しかし、疫病とたたかう国にとって避病院あるいは避病舎の存在は不可欠であった。

この避病舎は、流行が収まった時には、病原菌の消滅を図ってすべて焼き払われた。明治19年は流行の年であっ

たが、すでにほとんどの避病院や避病舎がなくなっていたので新規に建造されたのである。その建造費が安いことに注目していただきたい。病院の内部はどんな構造になっていたのか、患者を救うための設備や人員配置はどうなっていたのか、改めてその実態を知りたくなってくる。

④池田検疫支部の設置

◎『朝日新聞』明治19年6月25日

●甲第百壱号

今般豊島郡池田警察署内に池田検疫支部を設け、同署所轄（岡町分署内を除く）を限り及び同郡岡町分署内に該支部出張所を置き、同分署内を限り各管理せしめ候條、虎列拉《コレラ》病に関する諸届等は其支部（出張所管理内は其出張所）へ差出すべし　右布達候事

明治十九年六月二十五日　　大阪府知事建野郷三

新聞と公文の掲載　この文書は、当時の公文書、大阪府布令の本文である。ただし、現物では送り仮名はカタカナで表記されていた。現在ではいちいちこのような公文の全文掲載などめったにしないが、この時期の新聞は、必ず府や県の重要な公文を第1面に掲載した。それが、新聞発行の基本的な条件とされていたからである。この文を新聞の読者は割合きちんと読んで、政府の意思のある所を理解しようとしていた。

検疫所　ここでは、池田警察署と岡町分署に検疫支部を設けることが布達されている。検疫所とは、伝染病の流行するときに設けられ、港湾あるいは鉄道駅での検疫を指示し、状況を掌握することを任務とされたものである。池田・岡町にも支部あるいは出張所が設けられ、検疫事務を指示した。警察署が国のコレラ対策第一線を担

うものであったことを示している。ちなみに警察官の殉職原因の第一位は、感染による死であった。もちろん、検疫所には専門知識を持つ医師も派遣されることとなっていたが、警察にとっても文字通り命を懸けた職務であったことには違いない。大阪でのコレラ流行は明治10年・12年・15年・18年・19年と続いた。

（b）猪名川漁業の取締り、大阪府と兵庫県の協力

この項では、猪名川漁業の取締りに関する2件の記事を紹介する。記事は2紙に掲載され、同じ出来事を報じているにもかかわらず、その具体性においては大いに異なることがすぐにわかる。ここではそれを確認しつつ、記事の中に見える記者の考え方の違いと共通点を推測し、あわせて明治前期、猪名川漁業の有様と行政規制の基本姿勢に思いを馳せていきたい。

①兵庫県でも猪名川漁業の取締規則（説明1）

◎『朝日新聞』明治20年10月15日

●漁業取締規則　府下能勢郡にして兵庫県下との境界なる猪名川に於て漁業をなす者に対する取締規則は当府にては兼て其制定あつて実施し居れど、兵庫県には此事のなかりしため、是迄漁業上に都合の宜しからざる廉もありしを以て、嘗て当府より同県へ取締法制定の事を照会になり居たる由の処、今回同県に於ても取締規則を設け、其趣を当府庁へ通知ありたり、尤此規則は当府にて已定の者と相応じて設けたる事故変りたるケ条等はなき由

取締規則の制定は当然か　淡々とした記述で、そう具体的なイメージを引き起こすこともなく、関係者でない限りは、ああ、そうかと読み飛ばす可能性は高い。頭に残ることと言えば、同じ川の両岸だから、取締規則は同じにしておくべきで、今回それが実現してよかったということであろうか。そういえば、大阪府と兵庫県の境界は猪名川であったとの知識が頭をよぎるかもしれない。要するに、そう深いイメージがわく文ではないのである。ところが、次の記事（②）に目を通した瞬間、抱くイメージが急に豊富になるだろう。

②兵庫県でも猪名川漁業の取締規則（説明2）

◎『大阪日報』明治20年10月16日

●猪名川の漁魚（ママ）　同川ハ一に池田川と称し、大坂府下摂津国豊島郡と兵庫県下同国川辺郡との境界を貫流するものなるが、右の河流にハ古来鮎、鱒及び銀雑魚と名くる魚類の夥多《おびただ》しく生息するハ能く人々の知る所にして、近傍の人民ハ絶えず之を漁獲するより、或ハ其の種族を獲竭《かりつく》さんことを恐れ、昨年大坂府庁に於て水産保護の趣意に基づき漁業上の取締法を設け、鮎、鱒等ハ各漁魚の季節を限り、妄りに漁獲すること及び劇薬又ハ毒流し等を為すことを禁じ、犯す者ハ違警罪を以て夫々処分することとなしたり、然るに兵庫県にてハ未だ是等の取締りなきを以て、同県下の人民ハ随意に漁獲し得らるゝより府下の人民ハ大に不平を懐き、動《やや》もすれば両郡民中漁業上の紛議を生ずることありし由なるが、今度同県に於ても亦当府同様の取締法を創定し、既に実施したるを以て、豊嶋郡の漁民ハ始めて安堵の思ひをなし居るとぞ

猪名川漁業の実情を記載　ここでは、まず漁獲できる魚の名前が挙げられている。鮎は、昔からその存在がよく知られた魚で、なるほどと思ったが、鱒《ます》が「よく人の知るところ」とされているところには驚く。ただし、本

当に猪名川に鱒などいたのだろうかという疑問も出てくる。地元に残る他の古文書・古記録では見たことがないからである（拙著『川西の歴史今昔―猪名川から見た人とくらし』神戸新聞総合出版センター、２０１８年）。おそらく、記者は府庁で誰かから魚名を聞いてそのまま書き上げたと考えれば、記事も理解できる。

さて、それはさておき、つぎに、兵庫県側の漁獲者が何の漁獲法も禁止されず放置されていた事実が記述され、大阪府の規制が具体的に記載される。その内容は、大事な魚の漁獲には季節の制約があること、さらに劇薬・毒流し等が禁止されているということである。記事は、さらに、こうした規制が兵庫県側では野放しにされているから大阪府側の漁民が不平を鳴らしていたとも書かれている。

公益的立場に立つ漁業規制　ここで、①も②もともに、漁業規制の公益性を論じていることに注意しておきたい。①は、大阪府と兵庫県は同じ規制をすべきであることに重点を置き、②では同一規制の大切さも述べながら、あわせて水産資源の保護という立場も強調している。このように若干の違いはありながら、実は、両紙ともに自治体の行う漁業規制には漁業者の利益を守る公益性・公共性があることを確認していることが大事なところではなかろうか。つまり、猪名川の漁業規制については、府や県は公共的・公益的な立場に立つという姿勢を表に出していたからこそ、この漁業規制について新聞はまずは歓迎の意を表明したというべきであろう。

旧村規制への批判　ちなみに、猪名川の漁業については、歴史的に見れば、流域に面する旧村がそれぞれの漁場について強い権限を持っていた。それは明治になっても変わることはなかった。そのなかで、兵庫県は明治初年に鮎税の支払いを義務化し、さらに8年には無税化するといった方針を示していた（前掲拙著）。兵庫県は（おそらく大阪府も）猪名川の漁業に対し、しかるべき規制をかけることをずっと考えていたものと思う。今回の漁業規制は、そうした流れの中でみると、いよいよ旧村による管理に府県が深く介入する画期でもあったと見ていい。そして、その規制実施の論拠こそ、「両府県協調」「水産物保護」といった公益性・公共性に置かれ、それを保障するのが府県の猪名川漁業規制であるとの思想であったのである。このときに当たって、新聞もこうした歴史を突いていけば、もっと何か別のコメントも出せたのではなかろうかと思う。

2　住民による地方自治行政への協力、また生き方の探究

「帝国臣民」の登場　明治22年2月11日帝国憲法の発布は、一般の国民にとって、帝国臣民としての義務履行が建前とされる体制への移行を意味する記念碑的な出来事であった。4月の市町村制施行とあいまって国民は、帝国臣民として国あるいはそれぞれの地方自治体の指導を受けることとなった。大阪といった大都市から北に離れて広がる北摂の平野や山地に集落を形成して生きる人たちは、この動きをどう理解し、どのように対応していったのだろうか。

本節は、明治22年に至る少し前から見えてくる地域の人々の多様な活動に注目し、そのなかでも、政府の進める地方行政への協力、関与の姿を追い、もう一方では、批判的で独自の価値観を追求する動きにも注目していく。

(a) 池田村と山下町、制度充実への協力者たち

人材の出現　ここでは、明治22年4月に発足する新町村制を「帝国臣民」として積極的に受け入れ、その担い手となろうとする人々の動きを物語る記事を集めてみた。あまり気付かれていないことではあるが、新しい町村制は、制度としてつくられるだけでなく、それを支え、動かす多くの人材の存在を必要としていたのである。それは地域人口全体の何パーセントに上ったか、明瞭に語ることはできないにしても、少なくとも一定数以上の人数を必要としていたことは間違いない。

もちろん、そのような人材は、制度ができれば、自然に出現するといったものではなく、個々の課題に関わってさまざまな方面から主体的に成長を遂げてくるものであった。ここでは、明治17年池田に漢方の病院をつくろうとする人びとから始まり、池田小学校に幼稚科を設置する人びと、同じく池田村に勧工場を設置しようとする人びと、そして、最後に川辺郡東谷村の設置を視野に入れた山下町を中心とする地域の人々の動きを語る記事を紹介する。なお、第2章－3も参考にしてほしい。本項はその続きと考えていただくのが正しいのかもしれない。

①池田村に漢方病院の計画

◎『日本立憲政党新聞』明治17年6月20日

○私立病院　大坂府下豊嶋郡池田村近辺は僻地《へきち》にして愚昧《ぐまい》のもの多く、兎角《とかく》西洋医を嫌ひ漢方医を好むの弊風《へいふう》あり、殊に甚しきは売薬を以て足れりとするより遂に病の危篤に陥るもの有るにつき、今度同村の藤坂新助、羽田利三郎の両人が発起にて、同村会議員等と申合せ、其民心に従ふて暫《しばら》く漢方の私立病院を建て、可成《なるべく》其薬価を廉《れん》〔やすいこと〕にせバ悦んで其施術を受け、自ら弊害を除くに至るべしとの目論にて、愈々《いよいよ》右病院を設立することになし、府下東区瓦町一丁目広済病院長井上宗慶氏に依頼して毎月三回宛同地へ出張せらるゝことに為せし由

「愚昧な者」が妨げる池田の医療　この記事は、池田に西洋医学のすばらしさを啓発する仕掛として、しばらく薬価の安い漢方の私立病院を建てる計画が進んでいることを報じるものである。設立計画の中心には藤坂新助・羽田利三郎および池田村の村会議員らがいたことが書かれている。残念なことに、藤坂も羽田も『新修池田市史』第3巻には名前が出てこない。おそらくは、当時池田に居住して医療に従事していた人物なのであろう。推測で

はあるが、医学の知識を持つそうした人々と、村の有力者である村会議員等が気持ちを合せて計画したのがこの漢方病院であったと理解したい。

それにしても、この記事中に示された池田の住民に対する認識は、「愚昧のもの多く」と、たいへん厳しい。設立の計画者たちは、本当ならば西洋医を信用するようになってほしいとは言っているが、このような一種欺瞞的な方法で、そうなる保証はあったのだろうか。記者は、広済病院長の話を聞いて記事にしたようであるが、実際に池田に来て池田における病者医療の実態を調査したうえで記事化したのかどうかは疑わしい。

実態よりも中央の権威を重視　ちなみに、広済病院は大阪東区瓦町に創建された漢方の病院であった。明治16年2月には漢方医学校設立を計画している（大阪市史編纂所『明治前期大阪編年史綱文録』）。池田の医師たちはこの病院と連携して池田にも漢方の病院を作り、将来的には西洋医術を広めたいというのである。池田の医師や村会議員らが中央の権威を大事にし、常に連携を保とうとしていることが読み取れる記事でもあろう。さて、新しい私立病院は成功したのだろうか。

②池田村に幼稚教育の施設を願う

◎『朝日新聞』明治18年6月17日

●郡部の幼稚園　幼稚園の必要ハ今さら斯《ここ》に説くに及ばねど、近来幼稚園の必要を知る者大いに加はり、幼稚の子弟ハ争ふて之《これ》を幼稚園の保育に依頼する勢となりたるより、区部の諸小学校内に幼稚科を已《すで》に置き或は将《まさ》に置かんとするも少からざる趣なるが、郡部にても、大和の奈良にて去八日より公立幼稚園を開き随分盛なる景状なり、豊島郡池田村に於ても学事熱心を以て聞えたる豊島禄平、清瀧徳平、福田熊吉外数人も、池田小学校内に幼稚科を置かんか、別に幼稚園を設けんかとて頻に計画し居るとの事なるが、此人々は今度新築ある

べき池田警察署新築費中へ金二千余円を寄付したる人々なりと

③池田小学校幼稚科の開業式

◎『朝日新聞』明治18年10月7日

●池田小学校の幼稚科　豊島郡池田村の有志者相謀りて同村の池田小学校内に幼稚科を設けんことに尽力し居る由は日外《いつぞや》の紙上に載せたるが、同科は去る一日開業の式を行ひ、即日入科せし幼男女無慮八十一人に及び、此外にも入科を申入るゝ者猶少なからざる模様あり、同地方の人民にて此式を参観せし者も二百人の多数なりしよし、然《さ》れば同科取設けに尽力したる有志者は、同地人民の斯く幼稚科の設けを喜悦するに励まされ、更に完全なる幼稚保育の場処を新築し、其れに要する器具をも買整へ、同科を拡《おしひろ》めて一の幼稚園となさんものと、早已《はやすで》に其計画に取掛かりたりとぞ、又当地西区幼稚園の保母見習なりし近藤りん外一名の女子は右幼稚課保母助手として聘せられたり

成功した幼稚教育と新聞の役割

この2件の記事は明らかに相互に補完するものである。②が池田における幼稚教育の計画、③はそれが住民の賛同を広く得て成功に終わった結果が記述されている。というよりも、この成功をもたらした原因を考えるとき、それを知らせたこの新聞の役割が大きかったのではないかという可能性の存在も推測させている。

これらの記事では、大阪市中で成果を上げている幼稚教育を郡部にも広めたいとして、池田有志の動きが報じられている。内容は記事に任せて、繰り返さないが、大阪での事例を模範として、それを大阪から持ち込むという形がとられていることに注目しておきたい。池田は大阪府内全域に幼稚科を広める一環と位置付けられていた

こと、池田村の有志の行動は、まさにその意を体するものであったということである。池田での教師は、大阪の幼稚園で実績を上げた女性が雇用されたこともわざわざ記されている。

有志の人びと　池田における有志として名前があげられた豊島禄平は幕末からこの時期にかけて池田の酒造界で指導的な立場に立っていた人物。また、清瀧徳平は、記録ではよくわからないが、名前から判断して明治30年代に池田の摂池銀行取締となり、政治活動も活発に取り組んだ清瀧徳兵衛と縁続き、おそらくはその父親あるいは叔父などに当たる人物であろう。さらに、福田熊吉は第2章―3あるいは第5章に見られる通りで、池田町政実施後は町長に密接していた人物であった（『新修池田市史』第3巻）。

彼らについて新聞では、今度新築する池田警察署に多額の寄付をした人物であることもわざわざ追記している。それは、まさしく上からの力で文明化を進めようとする官への協力者であることを新聞が進んで明確にしようとするものであった。むしろ、その事実を紹介することによってその人物の公共性あるいは立派さを証明しようとする姿勢を示すものでもあったといえよう（なお、明治25年池田町立幼稚園への発展については、『新修池田市史』第3巻、217ページ）。

④池田村の有志、勧工場の設置を出願

◎『大阪日報』明治20年10月23日

●勧工場設置の計画　豊島郡池田村ハ当府北隅の一小都会なるが、今回同郡同村の井上庄右衛門外数名の有志者が発起し、一ヶの勧工場を設置し、諸人の縦覧に供せんとて、右出願の手続き等を府立大阪博物場へ問合せたる由なるが、近日の内大阪府庁に出願する筈なりとぞ

商品見本の陳列場　勧工場とは、商品見本の陳列場のようなもので、新しい時代に対応する産業の育成をはかるため企画された公立の施設であり、日本の各地につくられている。大阪では府が明治11年8月江戸堀二丁目に設置することを告げ、府民に生産物の出品を勧めたのを始まりとする。こうして、12年5月8日には新築落成したものの、13年6月にはなぜか使用をやめ、別途開設していた博物場において事務を行うこととされた。

しかし、「勧工場」の名前は府民の意識の中に生きていたようである。本書の第1章—3—(c)で「池田の深山」で獲れた猪の肉を味噌漬けの缶詰にして「大阪の勧工場へ出品」するとの報道を紹介している事実を思い出してほしい。これは明治13年2月4日の『朝日新聞』記事であった。

市民の声と行政の対応　一方、大阪四区においては明治15年以降21年にかけて各地で勧工場の設置が検討され始めている（『明治前期大阪編年史綱文録』）。勧工場を求めるのは市民の声であり、行政もそれに応えようとしていたようである。

池田の勧工場計画もその流れの一つと言ってもいい。設置しようとしていた場所は未定であるが、池田には江戸時代からの酒造業は別として、多くは家内工業的な伝統的諸産業の継続があった。また、ここにきて、博識社（明治18年）、共益社（19年）といった新規の事業体の出現もあった。また周辺の村である細川郷での植木産業の伸長なども見られるようになっていた（『新修池田市史』第3巻）。

勧工場の設置を計画した井上庄右衛門らは、地方におけるこうした産業の展開に対応してそれを前向きに支援する施設の必要性を感じていたのではなかろうか。それは、大都会を離れた地方においても新たに広がりつつあった産業活動を行政に訴え、支援を得ようとする住民の意志でもあったと思う。

新聞の働き　新聞は、ここに今後の行政のあるべき姿の一面が示されているのを見抜き、その意義を考え、記事にしたのである。ただし、そうであるのなら、記者は府庁において他の事例はないかもっと調べてほしかった。

あるいは井上庄右衛門などのグループに取材を重ね、その人物像や思想などを記述してほしかった。ちなみに、井上庄右衛門は、『新修池田市史』別巻「索引」に名前が出てこない、記録から漏れた人物である。しかし、こうした人物の存否や、もっと詳細な動きを知ることは、この時期において出現する新しい地方自治の担い手を知るものとして決して些細な詮索ではなかったはずである。今後、何らかの関連記録や文書などが見つかることを期待する。

⑤川辺郡山下町からの発信「川辺通信」

◎『東雲新聞』明治21年3月3日

●川辺通信　三月廿九日発

⊙懇親会　当兵庫県下川辺郡山下町外拾ヶ町村の有志諸氏相謀り、本月廿六日を以て山下町甘露寺内の広間を借受け臨時懇親会を催したり、今其の概況を記さんに、同日ハ折り好くも日曜日に当れるを以て町村役所の吏員を始め、各学校教員より医師・豪農・巨商の輩等凡そ六十余名の出会者あり、午前第十時頃に至り開会する旨を伝へ、幹事村上愛麿氏は先づ起つて之れが趣旨を演説し、続て東幸次郎、平安邦太郎其他の数氏が各々起つて満腔の思想を吐露し、且つ中にハ衛生・鉱業・文学等のことにつき適切なる談話もありて、会員一同何づれも非常に愉快なる懇親をなし、午後八時過散会せり

⊙物産の増殖　当地方第一の物産なる通称池田炭と云ふハ其実多くは奥川辺郡黒川及び一庫《ひとくら》の両村より産出するものにして、本年は例年に比すればバ非常の売高あり、景気頗る宜ろしきより、山方連ハ皆な歓喜の色を現はせり、又高野豆腐及び凍瓊脂《かんてん》も気候其の順を得て製造殊の外多量となり、販路も亦随つて大に開通する勢ひなりと云ふ

◉新聞縦覧所　当地方は有名なる能勢郡妙見山の西麓にある山間の僻地なれども、近来に至り道路の開鑿ありしを以て、従ふて車馬交通の便利を得たるにつき、神戸・大坂への往復頗る好都合となり、郵便物の如きも昨夕同地を発したるものは今朝当地に着することとなれば、一般の景況も次第に開け行く模様なり、之れにつき尚ほ当地方人民をして政治思想を抱かしめ、時事に注目するの心情を発起せしめん為め、此程池田、東、村上、齋藤、小畑、野原、沢、今中、西村等の諸氏相謀り新聞雑誌縦覧所を開設せんと目下計画最中なり

◉鉱業の景況　奥川辺郡地方にて鉱山の数夥多《あまた》なりとのことは嘗《かつ》て諸新聞にも散見する処なるが、大抵ハ皆な旧三菱会社岩崎氏の所有に属せざるものなく、就中此頃最も盛大を極るものは字銀山、改盛、柿木等の三ヶ処の鉱穴にして、尚ほ追ひ〱ハ新坑を発見し採鉱に係る由、又吉川村字金尾の鉱山ハ財主の都合により爾来盛大にハ採掘せざれども、或る老練の鉱夫等の説によれバ、今一層多くの資金を以て業務を拡張せバ余程の良鉱を採取し得るの見込ありと云ふ

◉茶話会　当山下町にてハ今度有志者五六人の発起にて有志茶話会なるものを設立し、毎月一回宛集会を催し、専ぱら知識の交換を計り、且つ実業経験上につき研究談話等をもなすよしにて、其第一回を来三月中旬に開く筈なり

新村東谷村の将来を支えるもの　この「川辺通信」を書いた人物（氏名不詳）が気にしているのは、鉱山の町として知られた山下町を中心に、この時期からそう遠くない将来に町村制に基いて川辺郡東谷村とされる11ヶ町村とその周辺地域のことである。地域をこの付近に絞っていることは、記事中に出てくる地名などにおいて、池田炭の産地「黒川」と「一庫」、「妙見山の西麓にある山間の僻地」、鉱山の広がる「銀山」（現猪名川町）「吉川村」（大阪府能勢郡豊能町）などが出てくることからもわかる。

記者はこの記事で何をねらったのか。この記事は、近い将来実現させられる新町村制を視野に置きながら書かれていること、それに対応できる人材・物産・交通手段・知識の向上機関などがこの地に準備されつつあることを確認しようとしていることが重要かと考える。

《地域の中心山下町とその周辺地域》

そもそも、地域の中心、山下町とは、豊臣時代以後その西方にある銀山町とならび多田銀銅山の採掘・精錬そして管理の中心地として繁栄してきた町である。報告者のねらいは、山下町を中心に新村東谷村となる地域に視点を置き、将来の新村内の状況あるいは少しはそこから離れていても関係の深い地域の状況を展望しておきたいということであった。また、大阪の人びとにこの地方の動きあるいは事実を知ってもらおうとしていることも押さえておきたい。ちなみに、文中に「同地」とあるのは、山下町などの地元の地域、「当地」と出てくるのが大阪を指している。

要するに、この文から読み取るべき事実は、新村＝東谷村になる地域とその周辺地域において、町村制が施行される時期に、それを支えるべき住民の自主的な動きがどのように準備されているかを明らかにしておこうとしていたのではなかろうかということである。ここでは、そのことの意味を考えてみたい

新町村を支えるべき住民による懇親会　記事の最初のテーマは懇親会の実施である。まず注目すべき事実は、この集合を日曜日、それも午前10時から夜の8時までやったということである。集まることのできる人は日曜日が休めるという条件を持っていなければならない。事実、それは町村役所の吏員をはじめ各学校教員、医師・豪農・巨商という人々であったと書かれている。こういう人びとがおよそ60人余り集まり、終日演説し、講演したというのである。それは、いわば、新村となる東谷村に結びつく各地域における様々な分野のリーダーがここま

で出現していたことを確認するものでもあった。もちろん、就学中の子供を除き、週単位で生活する習慣のなかった多くの農家や山林労働者あるいは女性等は、初めからその対象とされていなかった。

記事には、しかし、出席者に偏りがあることに対するコメントは一言も記されていない。もちろん、懇親会の成功にとって大事なことは、やがてつくられる新村の経営を今後担っていくべき人びとの結集であり、また、懇親会の場においては相互にそれを確認し、その方法を今後も検討していこうと確認することであったというべきであろう。

明るい将来とその条件の確認　第2のテーマは地域の物産への注目である。ここでは通称「池田炭」というのは地域内の黒川村・一庫村から産出されている事実が確認され、さらに高野豆腐と寒天の好景気が言祝がれている。この地域の将来は明るいというのがこの記事の主眼であった。実際、これらの産業は昭和30年代に至るまでこの地域の経済を支える柱となってきた（もっとも、いずれの産業も、現在では消えたか、あるいはぎりぎりのところで命脈を保っているものばかりである）。

第3のテーマは新聞縦覧所である。ここでは、道路の開鑿があったことの意義が強調され、車馬通行のもたらした文化の広がりが指摘されている。その中で政治思想の向上を目指して新聞雑誌縦覧所の設置が目下計画中とされる。新しい村にとって、あるいは地域にとって中央との連結の必要性が語られているのである。もちろん、ここで政治思想の向上を期待されている人びと、また、その政治思想の中身も問われなければならない。

第4のテーマは鉱業についての状況報告である。三菱系の進出が顕著であることが指摘されているし、今後もさらに盛況を期待するとされている。ただし、この認識は、この次に紹介する各地鉱山の開掘記事と照らし合わせるとかなりの齟齬があり、さらには注釈の必要があるようである。

最後は、有志による茶話会の開催である。毎月1回山下町で集会をするということであるから、今後の地域を指導する大きな勢力の形成に結びつくものであったかもしれない。

いずれにしても、新村結成を前に、地域の主な住民が指導勢力として力を発揮する体制を作ろうとしているように思われてならない。もし、地方自治組織の結成に合わせて、それへの対応がきっちりと語られ、準備されていることが別の史料とも照らし合わせて確認できるならば、この記事はたいへん貴重な存在になる。

（b）豊島・能勢両郡、公的教育の内容充実に向けて

①豊能高等小学校の設立

●高等小学開校式　府下能勢、豊島の両郡にて予《かね》てより聯合して豊島郡池田町に豊能高等小学校と云ふを新築し居たる処、既に落成せしに付き、来る二十六日午前十一時より其の開校式を執行するとの事にて一昨日本社へも案内状を送り越したり

◎『朝日新聞』明治21年4月22日

●豊能高等小学校　豊島郡能勢郡役所部内の高等小学校は従来四校なりし処、先に合併して一校とし、之を池田に置き、凡二百名の生徒ありて、其中の八十名は寄宿舎なりしが、爾来寄宿者頻に加はるを以て此度更に寄宿舎を増築せんとて目下工事中に在り、而して該校は総費金千三百五十円を以て設けし上に、此度又右増築費金三百五十円を要すれども、其は主として池田の有志者より醵出し、二郡の負担は之が不足を補へるに過ぎざるものなるよし

◎『朝日新聞』明治21年6月17日

高等小学校の制度と池田　この両記事とも、豊能高等小学校を池田に設置するという計画が決まった後の動きを報じるもの。残念ながら、計画段階の動きについては記事が見つけ出せなかった。

高等小学校というのは、明治19年4月9日小学校令の公布によって設けられたもので、修業年限が4年の尋常小学校を卒業した者から入学者を募り設置された（就業年限は4年）。その後、希望者が増え、時代の変遷の中で、小学校の就学年限変更（4年から6年へ）とも相まって、いろいろ変遷を重ねながら、実質的に終戦時まで存続、戦後の新制中学校に引き継がれていく。小学校が授業料無償とされた中、高等小学校は授業料を支払った。また、扱いはあくまで初等教育であり、中等教育の中学校とは区別され、教育内容にも差があった。

池田に集中して1校が設置される前には、池田・誘進（以上豊島郡）・岐尼・地黄（以上能勢郡）の4校が設置されていた。いずれも、財政的に苦しく、それらを一つにして理想的な高等小学校を作ることがめざされたと言われている（『新修池田市史』第3巻）。

②豊能高等小学校の寄宿舎等の建築

◎『大阪毎日新聞』明治22年7月31日

●豊能高等校の建築　府下豊島、能勢郡役所に於ては豊能高等校経費議定の為め、去る廿六日より池田町に於て旧池田村外百十八ヶ村の聯合会を開き、翌廿七日閉場せり、元来同校には寄宿生徒九十名ばかりありて、其賄費は村費より半額以上を補助し来りし処、尚引続補助することに決せり、其本年度の予算は金二千廿四円二十五銭なりし、又今般大阪府告示第八十号地方別途金千五百七十九円余割戻に対する処分をも併て議せしに、同部内には従来会議場の完全せるものなきに、郡制の発布も遠きに非ざるを推測し且つ高等校生徒も追々入学多く、兼て校舎も狭隘を告げ居るにより、五百七十九円余を支出し、其他池田町より四百円余寄付するに付き、併せて建築に着手し、会議の節には之を議場に使用するの見込みなるよし、尤も池田町の寄附に就ては、同町長岡崎氏及び有志者福田熊吉・山岡藤兵衛・清瀧徳兵衛・久保太兵衛・永田定次郎・森万次郎・西尾庄太郎の諸氏が大に尽力せられ、別途残金一千円は両郡の基本財産として駅逓局へ預入する事になりたり、又右建築に付き、聯合会議員中より三名の委員を挙げて之に従事せしむる筈にて、其委員には細河村森秀次、池田町福田熊吉、東郷村岩田泰市の三氏が選ばれたりと云ふ

生徒寄宿舎への期待　ここには明治22年度の学校運営の実情が示されている。①の記事にも記されていたところであるが、なにしろ能勢郡・豊島郡合せて１１９箇町村にわたる広い範囲から年齢10歳から13歳までの児童を集めている。子供を毎日通わせることはとうてい不可能である。その対策として考え出されたのが寄宿であったが、80人とか90人とかという人数に膨れ上がり、それにかかる経費は容易なことではなかったようである。それでも、高等小学校の経営には両郡の住民から広く支援があり、中でも学校が所在した池田住民の支援は大きかったと述べられている。豊能高等小学校は豊島・能勢両郡民の希望であるとの社会的合意が以上の経費負担等を支えていたのである。記事中名前の挙がった支援者は、豊能郡中でも池田とその周辺地域及び能勢郡内の有志者ということになる。

《高等小学校支援についての感想》

中世以来、池田の町の人びとは文化の活動に金をかけ、力を入れる土地柄として知られていた。近代に入っても、その伝統は生きていたのであり、公的な学校教育以外にもさまざまな伝統的私塾の活動があり、それが公的な教育行政への協力となり、またそのなかで高等小学校に対する支援に結びついていたことは考慮しておくべき

であろう。と同時に、池田の町のみならず、能勢郡内から豊島郡内に広くその機運が醸成されていたことも考えておきたい。大阪府当局にとって、こうした地域の有力な人びとは、みずからの行政を実施するうえで実にありがたい存在ではなかったかと思う。地域に行政を支援する人がおり、協力的であるということは、池田にますます重要な施設をつくることを促進し、それはまた町の景観を華やかなものに変えていったのである。

③池田小学校で改良幻燈会

◎『東雲新聞』明治22年6月27日

●改良幻燈会　南区鰻谷東の町の住友吉右衛門氏ハ改良幻燈会の幹事高松衛氏を招き、今廿七日午後八時より同家に於て幻燈会を催ほし、又明二十八日にハ午後八時より東区第三高等小学校に於て教育会を開き幻燈を使用して教育上の演説を為すとのこと、来る三十日にハ能勢豊島郡長楠村多信氏及び学務課員の人々が池田小学校に於て教育幻燈会を催すよし

◎『東雲新聞』明治22年6月30日

訂正　改良幻燈会と題して去る廿七日の本紙に掲げ置きたる一項の雑報にハ事実相違の廉ありし、即ち池田小学校にての同会ハ郡長・学務委員などの催ほせしにハ非ずして、池田町長岡崎経充、豊能高等小学校の校長鳥居忠亮、池田尋常小学校の校長荒木宗太郎の三氏外有志の人々が催ほせし者なりと云ふ

やはり有志の活動　改良幻燈会というものは、おそらく、スライドを使った映写会で、強い光による大きな画像、しかも時間を置かない素早い画面転換などの方法によって、見る者に大きな印象を与える効果を狙ったものと思われる。この時期早くも学校等に進出していたものであった。池田小学校も池田の豊能高等小学校もその効果に

着目し、大阪市中に引き続いて実施に移している。新しい文明が学校を通して地方に広がる実例として貴重な史料と言えよう。なお、前半の記事中「住友吉右衛門」とあるのは「住友吉左衛門」の誤記。

④ 教育展覧会と運動会の実施

●展覧会と運動会　府下豊島、能勢両郡内教育有志者の発起にて近日豊島郡池田町に於て教育展覧会を開かんと目下手筈中のよし、又、豊島郡池田高等小学校及び同郡内各尋常小学校生徒凡そ七百余名は来る十三日を期し同郡北豊島村大字利倉と称ふる猪名川の河原に於て秋季大運動会を催ほすよし

◎『大阪毎日新聞』明治22年10月9日

●運動会　去る十三日豊島郡各小学校生徒秋季運動会を同郡南豊島村大字利倉猪名川原に開きしが、当日来会の生徒に豊能高等小学校男女百一人、及び各尋常・簡易小学校より五百有余人にして、高等生の中隊運動・野外演習、尋常生の軽体操・兵式体操等をなし、又女生徒の豆袋遊戯・唱歌、男生の競走・旗奪ひ等最も目覚ましく、且つ号砲を発して其順序を別ち、余興として有志者より煙火三十余、軽気球数十を打揚げ、授業者へは夫々商品として石盤画弁に墨を付与し、中々盛んなりしとぞ

◎『大阪毎日新聞』明治22年10月16日

●豊島郡教育支会　同支会に於て来る廿日より一週間教育品展覧会を開設する事は已に記載を経しが、去る十四日より予期の如く夫々審査委員も到着し、池田郡役所内に於て出品の審査に着手し、来る廿四日に褒賞授与式を執行すべき筈なり、尤出品の多数は大阪中学校・師範学校・高等女学校其他郡役所等にして、又同会審査員の姓名を聞くに、当府学務属木村知治、同尋常中学校教諭吉見経綸、同尋常師範学校教諭正木章太郎、同

◎『大阪朝日新聞』明治22年11月17日

校附属小学校長竹内佐一、仝高等女学校教員市川ミチ子の五氏なりと

◎『大阪毎日新聞』明治22年11月21日

●教育品々評会　当府下豊島郡池田町に於て催ほす教育品々評会は来る廿四日に其開会式を執行するにより、西村知事・阿部第二部長・浜野学務課長・木村属等は其前日即ち廿三日に何れも同地へ向けて出発する筈なり、又同出品物は此程来木村学務課員外四名にも予め品評せしか、其結果により同日賞状及び賞表を与へるは、豊島能勢両郡内の出品中一等賞五名、二等同十名、三等同二十名、四等同三十名、五等七十八名、合計百四十三名、又、右両郡外の出品中一等賞五名、二等同十名、三等同二十名、四等同三十名、五等四十五名、合計百七名にて、豊島・能勢両郡の出品中一・二等賞に当たるものは特に洋服一組づゝを与ふる都合なるよし

《右記事4点について》

右4点の記事は、明治22年10月13日の運動会と11月24日に開会式と賞状授与式を執行した教育品評会の準備と実施に関する記事である。それぞれ別に記事化されているから、つながりがわかりにくくなっているが、いずれも大阪府当局と豊能地区の関係者が共同して実施した大きな催しであった。なかでも小学校生徒と高等小学校生徒がすべて参加した猪名川原の運動会は、読むだけでも参加者を喜ばせる仕掛けに満ちており、後年の運動会の原景ともなったことがうかがわれる。

ちなみに、現在の池田市地域で一番古い運動会の記録は、明治20年3月27日、池田・細郷・市場の三小学校生が集まり、猪名川の兵庫県側にある小戸河原で開催されたものとされている（『新修池田市史』第3巻２５０ページ）。この新聞記事の運動会は、それがさらに拡大したものであった。

また、教育品評会の実態は、すべての記事を読む中で少しずつ明らかになり、豊島・能勢両郡関係生徒のみ

ならず大阪府下全域からの参加も呼び掛けている。その参加者数は賞状を授与した人数が両方合わせて２５０名に上るものであった。開会式には府知事以下の関係者が参列している。公教育の普及・充実に向けた関係者の創意・努力も大きかったことが見て取れる。明治期に出発した公教育体制も、ここにきてようやく住民の支持を受け、充実する方向を確定していくと見ていいだろう。

（c）伊丹の太田北山、生き方の探究

近代社会の展開するなか、人びとはいかなる価値観を持って生きていくべきか。北摂に生きた人びとの中においても、この問題に答えを求めようとした人々は少なくなかったのではなかろうか。ここでは、学者として知られた太田北山の行動に関する記事を紹介する。

①伊丹在住の太田北山、古賀謹堂先生の慰霊祭を計画

◎『朝日新聞』明治21年11月18日

●古賀謹堂先生の慰霊祭　古賀謹堂先生の学和洋漢を兼ね、時の碩儒たりしことハ人の知る所なり、即ち其門に出で前年来摂の伊丹に帷を下せし太田北山翁が祭主にて、同所の豪家小西桐軒氏ハ此挙を賛成して幹事となり、来廿三日をトし箕面山岩本坊に於て先生の慰霊祭を行ひ、猶新書画展観、囲碁、煎茶、揮毫等の設けもあるよしなるが、紅葉燦爛の好時節、一幅天然の活画境、定めし一層の盛会なるべし

幕末の経世家古賀謹堂を偲ぶ太田北山の視点　古賀謹堂は古賀謹一郎のこと。文化13年（１８１６）よく知ら

れた儒者の家系に生まれた（祖父に古賀精里）。漢籍・経典に通暁、昌平黌儒者となる。早くから洋学の必要を主張、老中阿部正弘の目にとまり、安政2年（1855）洋学所頭取に任ぜられる。勝麟太郎とともに草案を提出し、同4年蕃書調所設立とともに頭取に任命される。幕臣および各藩の俊才を広く集める。明治維新後は薩長主体の政府に仕えることをよしとせず、明治17年8月20日、67歳のとき東京で死去した。

この古賀謹堂の慰霊祭を提案したのは、明治17年伊丹に居を構えた太田北山であった。太田北山は肥前国小城藩の出身、古賀謹堂の門を出て、藩政改革に尽力した。明治17年小西家に招かれ伊丹に居を構え同地の小学校教育にも尽力したことが縁となり、伊丹等の人才に呼び掛け、古賀謹堂の五回忌に当たるとき慰霊祭を企画したのであろう。

慰霊祭は、伊丹やその周辺に住む多くの北山弟子に参加を呼び掛けたものと思われる。ここに江戸・東京の人と肥前の人とが、摂津国で結びつくこととなった。その思想的背景には、ときの権力に果敢に飛び込み、一定の成果を挙げながらも、その抱負の実現からは遠かった両者の思いを慰霊祭という形で吐露しようとするものであったと思う。また、そのきっかけとして伊丹の名士小西家の後援も大きかったに違いない。

実際の慰霊祭の中身はどんなものであったのか。新聞には新書画展観、囲碁、煎茶、揮毫等もあると記されている。ただしこれは、余録のようなもので、おそらくは、太田北山を中心に古賀謹堂の思想やひととなりを偲ぶ話が交わされたものと思う。美しい紅葉の景色とともに、学問研究のありかたやその実情についての意見が交換され、清雅な催しが展開したのであろう。なお、会場については、箕面岩本坊とある。第4章―2―（c）の記事を読まれる方には特別な想いが生まれるところかもしれない。

《公教育とは違う私的な学問の流れ》

明治の前期、大阪から離れた北摂における、こうした私的な経営にかかる学問の流れはどのように展開していたのか、またその内容はどのようなものであったのか、あらためて調べたくなってくるのではなかろうか。ここにおいては公立の教育体系とは違う流れが生きていたことの確認が大事となってくる。政治や経済への貢献、人の精神的自立が育まれた、儒学・漢学を主とする私的な教育体系の存在は大きかったに違いない。その他の動きとも併せ、改めて考察すべきではなかろうか。この点、『新修池田市史』第3巻223ページ以下が具体的な私塾を明示し、参考になる。太田北山についても立項されている。

3　産業創出をめぐって

産業の革新は、デフレ後の日本人の希求するところであった。それは、豊かに発展していた農業をもち、進歩した生産体系を持っていた先進地たる近畿地方一円の共通した願望であったともいえよう。北摂では、農業の新しい形態がめざされ、多田銀銅山の復興がめざされた。また、伝統的産業である酒造業界も復興への道をめざし始めていた。また、とくに注目すべきは、私設鉄道敷設への熱意の出現であろう。ここからは酒造業界や農業会社のうち、みずから新聞に広告記事を掲載したいくつかの会社については次の第4章でまとめて紹介していくこととし、本節ではそうした宣伝を行わなかった企業を中心に具体的に見ていくこととしたい。

(a) 伊丹・岡町・尼崎等での動き

大阪を離れた北摂の地で何事か事業を成し遂げようとした動きは6件集められた。それぞれの記事においては、みずからの事業経営に寄せる強い思いを見ていくことができるのではなかろうか。

① 小西家、陶器製造工業を計画

◎『日本立憲政党新聞』明治18年5月5日

○陶器製造所　兵庫県下播磨〔摂津の誤り〕国川辺郡伊丹の豪商小西新左〔右〕衛門氏ハ、同郡萩〔荻〕野村、

寺畑村等の土質の頗る陶器製造に適当するを以て、伊丹に陶器製造所を取設け、該村々の土を以て盛んに陶器を製造することとなさんと目下其計画中なりと

新しい投資分野を探る小西家　この記事は、小西家の新しい投資先が記されているものである。この陶器製造事業がどうなったかは、新聞で見る限り判然としないが、デフレ未収束の中、小西家が伊丹に止まらない広い地域へ目配せし、いろいろな方向に事業を展開しようとしていたことだけは明らかとなる。

進取の気性に富み、公共心に富んだ小西新右衛門家は、当時の新聞にとってまさに新時代の開明主義を体現した人物だった。小西家に対する批判が見られないことはこの時期の新聞を理解するうえで大きなカギを握っているともいえよう。同家は、この後、摂津馬車鉄道など、鉄道事業をも進めていくことはよく知られている。

②岡町での葡萄園計画

◎『大阪日報』明治20年11月26日

●岡町葡萄園　今度大坂の有志家が団結して豊島郡岡町村在来の葡萄園の外に新たに十二町歩余の園地を買ひ入れ旧大阪府農商課員松室茂氏を聘して園長となし、西洋諸国の良種を選び且つ播州の葡萄園と聯結して盛んに葡萄を培栽《ばいさい》する都合なりといふ

③桜塚での葡萄園計画

◎『朝日新聞』明治20年12月21日

●桜塚の葡萄園　大阪府農商課に於て府下各所に葡萄樹培養栽植を監督奨励する事及び各処葡萄園の模様

等は先号の紙上に記載せしが、斯《ここ》に亦南区安堂寺橋通二丁目長野吉兵衛・西川佐兵衛の二名は曽て豊島郡桜塚村四町歩余の地に葡萄樹を栽培せしに、其生育は好かりしかども種類の悪しかりしが為めに収穫も善からざりしより、此度之に改良を与へ、一層盛昌のものとなさんとし、該村に於て更に十町歩余の地を買入れ、之にも葡萄樹を再植する事と定め、元大阪府農商課員松室茂氏を聘し、其の培養を託せんとて、同氏に斯くと懇嘱せしに、同氏は該樹の栽培をして我国に盛昌ならしめ、此を以て大いに葡萄酒を醸造し、其輸入を防禦するの素志を抱く人なるが故に、直ちに右の聘に応じたりしに、同氏は元来播磨の葡萄園に在りて其栽培に従ひし事あるを以て、同園にても頗る桜塚の葡萄園に於ける此度の挙を賛助し、苗木、器械、園丁等皆同園より送来り、其を用ひて現今専ら園地の開墾をなし居る趣なるが、該処の地質地形等ハ太《はなは》だ葡萄樹培養に適するを以て、普通培養の外、仍（ママ）硝子室を設け、生にて食するに宜しき葡萄樹の苗をも栽培するの考案もあり、総て欧州の葡萄園に模倣する筈なりといふ、又該園は池田街道に沿ひし処にて交通も太だ便なるが上に、天然の景色も頗る佳なれば、園中別に一小亭を建置き、来客休憩の所となすとの事

《大阪におけるぶどう樹栽培――①②の記事から》

このふたつの記事は、我が国ぶどう樹栽培史の一こまを飾る史料ともなるもの、また日本のぶどう樹栽培史における大阪府の位置を知るうえでも無視できない記事であると思う。

現在、大阪府のぶどう作りは生産量で全国9位、山梨県などの陰に隠れているが、大事な地位を占めていることは間違いない。じつは、大阪府のぶどうの生産量は大正期から昭和初期にかけて全国トップクラスの位置を占めていた。その主な産地は柏原市・羽曳野市・交野市など中河内・南河内地区に広がり、現在でもその伝統は続いている。大阪ワイナリー協会設立時（２０１２年）の文章によれば明治11年ごろ、大阪府が沢田村（現藤井寺

市）に設けた指導園で育成した甲州ぶどうの苗木を堅下村平野（現柏原市）の中野喜兵衛が栽培に成功したのがきっかけとなって普及したと述べられている（大阪ワイナリー協会のホームページ）。この栽培成功は明治17年のことであったとの記述も別にある。

なお、右に述べられた「指導園」が沢田村にあったとしている点については、大阪府では、明治11年8月29日難波新地から今宮村に植物試験場を移したとする『明治前期大阪編年史綱文録』の記事との整合性をどう考えるかが問題となってくるだろう。もちろん、沢田村の「指導園」と今宮村の植物試験場とは場所が異なっているから、この両者を両立させようとすれば、実は、大阪府の植物試験場は府内各地に指導園を設置していたこと、沢田村の指導園もそのひとつであったことが実証されればいいということである。

野心的な施設　では、桜塚村に今回設置しようとするぶどう樹園もそうした指導樹園の一つと見ることができるのであろうか。結論から言えば、それは指導樹園というよりは、もっと独自性の強い、そして大きい野心を伴った施設だった可能性が大きい。こう考える理由は、まず桜塚村の葡萄樹園の規模が大きいことが第一。つぎに、長野吉兵衛・西川佐兵衛の両人がぶどう樹の栽培を委嘱したのが松室茂という元大阪府農商課員であり、大阪府農商課に依頼しているわけではないということである。おそらく、長野と西川が企画し、元農商課員の松室が乗り気となった本番の農園計画であったものだろう。ただし、長野・西川の両人は同時に大阪府の助力も願っていたのかもしれない。しかし、いずれの記事もここのところは記載していない。要するに、断定できない仮定である。

ところで、長野・西川の両人は都会地大阪の人間である（南区安堂寺橋通二丁目）。はたして農業あるいは果樹栽培の経験を持っていたのか。このあたり、第4章—2—（a）（b）で宝塚温泉開発に関わった人びとの大部分が、温泉経営の経験を持っていなかった大阪の人士であることとも共通している。大阪市中に住む人びとの希望が都会を離れた地方に向かっている事例でもある。

①の「岡町村」と②の「桜塚村」は基本的に同じ地域と考えてよい。岡町は桜塚村のうちで町場となっている地域、桜塚村は岡町を含む村である。だから、ここでは、大きく桜塚村としておけばいい。ちなみに、記事中に出てくる池田街道というのは能勢街道のこと。それは岡町を通っている。

この桜塚村岡町付近で大阪の二人の人物が新たに10町歩を超す面積の葡萄樹園経営を計画しているというのである。改めてその面積を確認しておけば、それは、元から開いていた4町歩のほかに、①では12町歩、②では10町歩を超える面積とされている。このように新聞によって数字は相違しているが、いずれにしても、当時農業の中心であった米つくりの常識から言って、この面積は破天荒な大計画であるとの感を与えるものであったことは間違いない。

播磨との関係　この面積をすべてぶどう樹園として整備していこうというのである。それも、かつて大阪府農商課で勤務していた松室茂という人物にぶどう樹の栽培を任せると言い、松室本人もたいへん乗り気となった。松室は、関係のある播磨でぶどう樹園の経験を積んでいる人物で、播磨のぶどう樹園の施設も利用できるとの見込みも書かれている。しかも、その計画は醸造酒の原料としてのぶどうの生産にとどまらず、果樹としてのぶどうの生産や観光施設としても利用できるようにするという多角的なものであった。新聞、なかでも『朝日新聞』がその意気込みを大きく報じたのも無理はなかったと思う。

消えたぶどう樹園　ただ、このぶどう樹園について、現在ではその存在を知る者がいない。『新修豊中市史』にも、なにも記述されていない。また、『朝日新聞』にしても『大阪日報』にしても、この後に続くべき記事を書いていない。

はたして、これは本当に実現した計画であったのか。肝腎のことが確定できない。ただ、土地を10町歩以上確保するのなら、この記事以外にもなにか記録は作成され、残されていてもおかしくはない。いずれ何かが、どこかから見つかるのを期待してもいいのではなかろうか。

知識の開放　最後に、ここで確認しておきたいことは、こうした計画が大阪府の元職とはいえ、技術家の力を借りようとしていた事実をどう評価するかについてである。

ここでは、官が蓄積した知識を民が自己の責任において積極的に取り込もうとしている姿がある。いいかえれば、当時確立しつつあった、国＝官は国民を指導するという思想が、主体的に行動しようとする国民によって逆手に取られ、積極的な国民を援助するのは国の責務という意味で解釈される可能性に道を開いていたということである。この当時、技術的な知識や経験は国家の有する秘密事項で、他には見せないなどといった閉鎖主義的な思想はなかったのかもしれない。

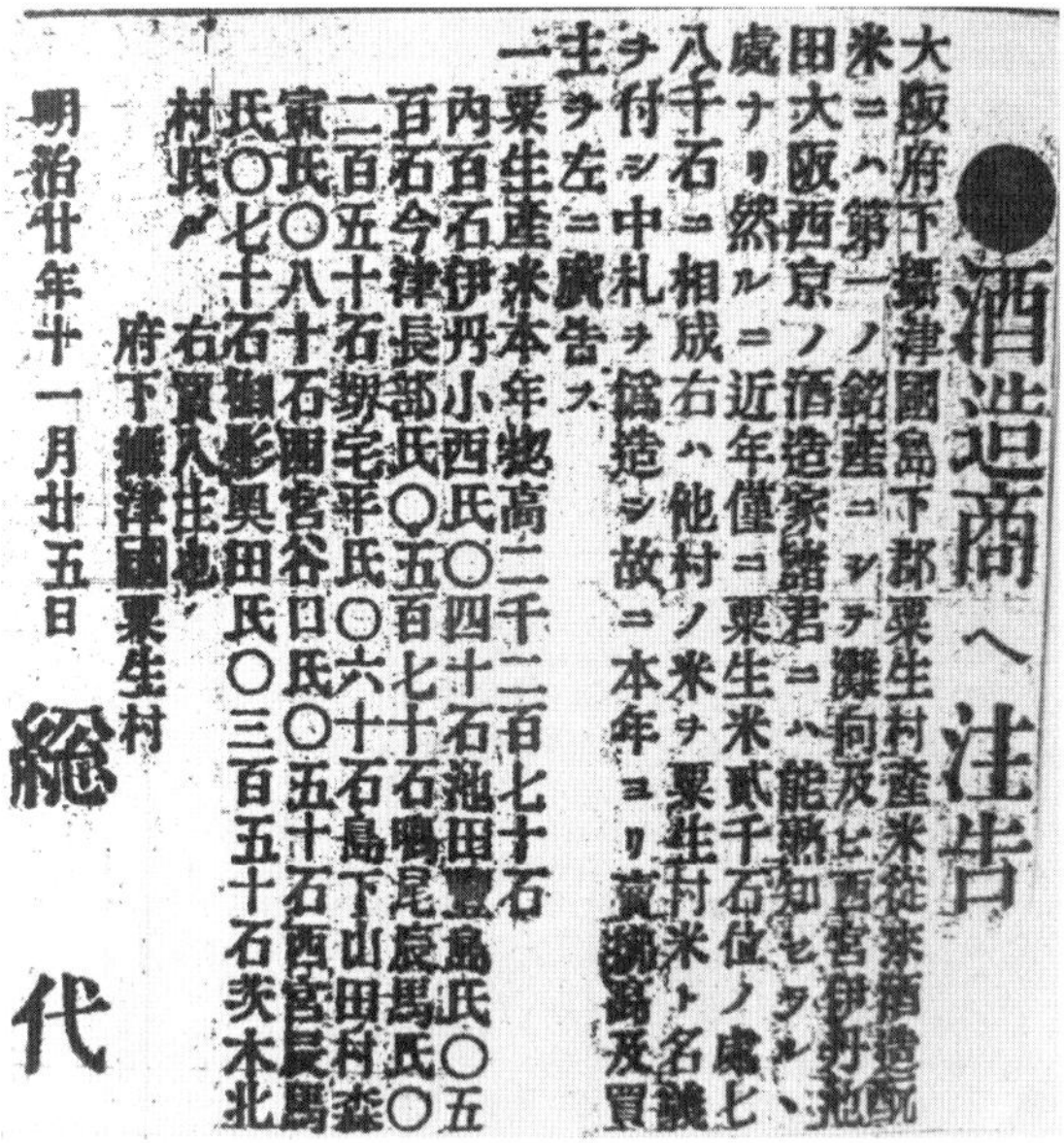
●酒造商へ注告
大阪府下摂津國島下郡粟生村産米従来酒造既米ニハ第一ノ銘産ニシテ灘向及ビ西宮伊丹池田大阪西京ノ酒造家諸君ニハ能ク熟知セラル、處ナリ然ルニ近年僅ニ粟生米貮千石位ノ處七八千石ニ相成右ハ他村ノ米ヲ粟生村米ト名義ヲ付シ中札ヲ偽造シ故ニ本年ヨリ竄濫及買主ヲ左ニ廣告ス
一粟生産米本年總高二千二百七十石
内百石伊丹小西氏〇四十石池田豊島氏〇五百石今津長部氏〇五百七十石鳴尾辰馬氏〇二百五十石郷宅平氏〇六十石島下山田村森寅氏〇八十石西宮谷口氏〇五十石西宮辰馬氏〇七十石御影奥田氏〇三百五十石茨木北村氏ノ右買入仕也
府下摂津國粟生村
明治廿年十一月廿五日　總代

④ **粟生村総代、酒造商に忠告**
◎『朝日新聞』明治20年11月26日

この新聞広告（上掲）は、酒造米として当時高名な産地であった粟生村（箕面市）総代の名前で、関西の酒造家に与えた警告である。

粟生村から酒造米として販売した実際の石数は2270石であったにもかかわらず、「粟生村産」と表示した酒が8000石にも上っているという事実を指摘して、不正な表示をやめさせようとするものである。不特定の読者にきちんと知らせることによって不当表示の抑止効果を上げようとしていることは一目瞭然であろう。これもまた、近代社会の中に生き、きちんと暮らしていこうとする者の知恵であった。

⑤ 小西製革場の広告

◎『大阪毎日新聞』明治21年12月15日

右広告に見る小西製革場の存在は『伊丹市史』第3巻88ページに掲載されている。それによると、工場主は小西新右衛門次男の小西壮二郎。操業開始は明治19年ということである。

小西家は、明治14年暮れごろから展開した松方デフレーションの中でそれによる清酒売り上げの減少への対応を迫られ、こうした業種に資本を投下したとされている。小西家がこの時期資本投下したのは、この製革場のほか小西興行場があり、こちらではランプ口金を製造し、日本では三つの会社のうちの一つとして事業を展開したとも記されている。しかし、小西新右衛門が進取の気性に富んでいたことをこれまで第1章などで確認してきたところから考えれば、後ろ向きの事業展開というよりも、何事か前向きの意義付けのもとに創業したことを見ておくべきかと考える。

⑥ 尼崎銀行創業へ

◎『東雲新聞』明治22年6月14日

●尼ケ崎銀行　兵庫県下川辺郡尼ケ崎町の渡辺宇平治氏外廿三名ハ今度資本金拾万円を以て同町二千二百七十三番屋敷に尼ケ崎銀行と云ふ私立銀行を設立するとの事なるが、十万円の内八万円は発起人に於て之を負担し、二万円ハ広く募集するとのこと、又一株を百円づゝとし、開業までに先づ二万円を募り、余ハ開業の後一ヶ年間に募集する由なるが、既に此程許可を得たるを以て不日開業する筈なりと

北摂における銀行業の創設状況　尼崎銀行は尼崎町で最初に創設された銀行。尼崎町最大の資産家・地主であった本咲利一郎や醤油醸造業の大塚茂十郎などの有力者が発起人となって創設されたと言われている（『尼崎地域史辞典』）。近隣の町における銀行の創設は、西宮恵美酒銀行が明治18年、摂州灘酒家興業銀行が明治21年、西宮銀行が明治24年、池田の摂池銀行が明治28年、伊丹銀行が明治29年であったから早い方に属すると言ってもいいと思う。ただし、明治6年からいくつかの有力銀行が創業する大阪と比べるといずれも十数年以上の遅れをとっており、そこに中心都市と違う地方都市の経済的状況が示されていたとみることもできるのではなかろうか。

これらの銀行は、それぞれの地方においていかなる役割を果たしていくのか。またどんな困難に遭遇するのか。この時期以降の新聞はそれらをどのように報じていくのか、その中でそれぞれの地域の経済的自立に向けた動きがどう報じられていくのか。本書の時期的な範囲を超えているが、ぜひ知っていきたいところである。一方、銀行の設立について地方の行政機関はどんな対応をとったのだろうか、また、反対に銀行側はそれら自治体にどんな援助を求めていったのだろうか。これらの問題についても、この後の時期にわたって調査していきたいところである。

(b) 多田銀銅山地帯の鉱山事業

歴史のある銀銅山　北摂における鉱山と言えば、それは基本的に兵庫県川西市・猪名川町・宝塚市、そして大阪府能勢町・豊能町・池田市にまたがる広大な広がりを有する多田銀銅山のいくつかの鉱脈に属するものである。ここでは通例に従い、それらを総称して多田銀銅山と呼んでおく。

多田銀銅山は、その開掘が平安時代の文献「百錬抄」に記録されているほど古い鉱山であって、戦国末期ごろからは山下吹・南蛮吹の名で全国に知られるようになった。また江戸時代にはそれを管理するために銀山町に幕府の役所が置かれた（末松早苗『日鑑』あさひ高速印刷出版部、２０１７年）。

記事件数の増大　多田銀銅山に関しては、すでに本章－2－（a）－⑤「川辺郡山下町からの発信」（明治21年3月3日）で、「大抵ハ皆な旧三菱会社岩崎氏の所有に属せざるものなく、就中此頃最も盛大を極るものは字銀山、改盛、柿木等の三ヶ処の鉱穴にして、尚ほ追ひ〱ハ新坑を発見し採鉱に係る由」と、その成長ぶりとそこにおける三菱系の勢力の増大振りが記載されていた。

実際、右の記事以外にも、多田銀銅山に関する記事は明治20年ごろ以降急速に増えている。そのほとんどは開掘あるいは所有権の移転に関するもので、右の記事を除き、気付いただけでもその件数は、明治19年に1件、20年に2件、21年に3件、そして22年には14件と増加し、合計は20件となる。ただし、明治22年の14件のうちには、同じ事件が別の新聞にも報じられている重複がかなり存在している。つまり、14件のうち9件は実際には4件の事件に集約されるのであって、明治22年の報道件数14件は、実際には合計9件となる。つまり、明治19年から22年までに紹介されたのは、以上を合計して15件となるわけである。ただし、一本の記事の中に2件取り扱われることもときにあるから、件数を数えるのはなかなか厄介なことである。

いずれにしても、多田銀銅山に関しては明治19年以後開掘等の件数が急増していたことは明らかであった。これは、この時期全国的な傾向でもあり、各府県当局は増える開掘・試掘の申請に対応が追われることとなっていた（明治24年以降は。鉱山監督署扱い）。

良鉱脈をめざして　この時期、鉱山の開掘はいい鉱脈に当たるかどうかが利益と直結しているとみなされ、よい鉱脈を見つける山師は一攫千金を夢見る「山師」という意を体する存在とみなされたことも事実であった。なかでも古河市兵衛が明治10年栃木県で入手した足尾銅山は、明治16年ごろから急激に産銅高を増やし、一躍日本第一の銅山となって古河家に多大の利益をもたらした。また日本にとって重視された外貨を稼ぐ大事な担い手ともなったことが知られるようになっていた。不況期を脱した明治19年ごろから各地で鉱山の開発ブームが起きていくこと、そして、それと同じ現象が北摂山地に広がる多田銀銅山にも見られたことは十分理解できることであった。

①下財村平安平太郎の開掘申請

◎『日本立憲政党新聞』明治19年9月4日

○銀鉱開掘願　今度大坂府下摂津国能勢郡吉川村の字花折山外七ケ所に発見したる銀鉱ハ頗る良質にして、其産出最も多き見込みなりとて昨日右発見人兵庫県下川辺郡下財村平安平太郎外両名の者ハ同鉱開掘の儀を其筋へ出願せしと

おざなりな記事化　この時期の鉱山開掘に関する新聞記事は、これが典型と言っていい。開発者の住所と名前・共同者の名前か人数、開発地点の名称、開発申請したかどうか、あるいはその他の願いなどの記述といった具合

である。記者はおそらく大阪の市中にいて、府庁から流された情報をそのまま記事にしていると見ていい。そこでは、鉱山開掘申請に伴う業者の負った条件、なかでも開掘に伴う鉱毒とか煙害とかに関する関係地地主等との契約条件等の問題は知らされなかったためか、一切記述されていない。

この記事に即していうならば、鉱山の開掘申請者平安平太郎は、現在川西市郷土資料館になっている「平安邸」の旧所有権者に連なる人物であり、当時も知られた存在であった。こうした人物についてもう少し何か書くことはあったと思うのだが、大阪で記事を作った記者にはその意識はなかったようである。その結果が上記のような素っ気ない記事となったのである。

さて、この時期の鉱山開掘に関する記事には、住所や関係者氏名に誤植がしばしばあり、事情が伝えられていない今日では理解に困難をもたらしている事例も少なくない。たとえば、次の記事を見てみよう。

②横路村の向井福松ほか一人、徳盛山の開掘を出願

◎『東雲新聞』明治21年5月16日

●借区願　摂津国川辺郡積路村の向井福松、能勢郡吉川村の上浦幾松の両氏ハ今度能勢郡字徳盛山に於て銀銅等の鉱脈を発見せしに付き、之を採掘するとの事にて昨日大阪府へ借区を願ひ出でたるよし、其の坪数ハ一千二百九坪一勺なりと云へり

あいまいな表記　この記事も、木で鼻をくくったような、素っ気ないもので、府庁で入手した情報をそのまま記事化したものであることは読んですぐわかる。この記事で厄介な問題というのは次の2点である。ひとつは、「能勢郡字徳盛山」という地名表記。字と来るのであれば、その前に何村と書いておかなければ、広い能勢郡のどこ

か特定できない。よほど能勢地域を知っていなければ場所を判明させるのは困難な課題である。もう一つは最初の箇所にある「川辺郡積路村」の表記。このような村は川辺郡で見たことがない。いろいろ考えているうちにこれは横路村の誤植でなかろうかと気が付く。運よく気付いたからいいが、わからなければずっと悩むことになっただろう。

こうした、単純と言えば単純な間違いが頻出するのが、鉱山開掘に関する新聞記事の特徴である。

③開掘一覧表と地図の作成

ということで、誤植等を正し、不備を補いつつ、全体を一覧できる表を作ってみた（154ページ）。記載に当たっては、要点記載にとどめたが、その開掘に関する一件の記事内容はすべて表記しつくす場合がほとんどであった。それだけ、当時の記者にとって山の中に展開する鉱山開掘の話は、詳細が理解できず、またその意義も語れなかったと感じた次第であった。

また、この表をもとに地図を作ってみた（155ページ）。

鉱山の開発者　銀山町（現猪名川町）にあった諸鉱山については、第2節（a）―⑤でも別に記載されているように明治21年ごろ以後は三菱系の資本が投下されていたようである。このことにも注意しながら全体について考えてみることとしたい。

第一に気が付くことは、一部の鉱山を除いて、そのほとんどが地元在住の人物による開発計画であったこと、またその規模もさほど大きくはなかったことである。たとえば、開発関係者が両地合せて3人数えられる兵庫県川辺郡山下町と下財《げざい》村（この両村は隣り合わせでほとんど境界の区別がわからない）については、大阪府能勢郡

表　多田銀銅山の開掘等報道一覧

位置番号	種類	場所	開発者あるいは事業主体	対応	面積	掲載紙	掲載年月日
①	銀鉱	能勢郡吉川村字花折山ほか７ヶ所	川辺郡下財村平安平太郎ほか両名	開掘出願		立憲政党	M19.9.4
②	鉱山	当港（神戸）関戸慶治所有の川辺郡銀山町瓢箪鉱その他	東京岩崎弥之助	一手譲渡照会中		大阪日報	M20.3.9
③	銀鉱	能勢郡平通村字南山の内	神戸北長狭通４　関戸慶治郎外１名	試掘出願		大阪日報	M20.12.21
④	銅鉱	豊島郡伏尾村字焼尾および能勢郡・豊島郡の間の字梅木谷	豊島郡伏尾村岡本武兵衛・能勢郡木代村大谷仙十郎・余野村小林新兵衛	借区願い		東雲か	M21.2.18
⑤	銅・銀	能勢郡吉川村字保原および卿内	川辺郡下財屋敷三好重平・喜合藤次郎、笹部村来田卯吉	借区増借願い	1847坪→さらに1942坪を	東雲	M21.4.11
⑥	銀銅	能勢郡字徳盛山	川辺郡積路村〔横路村カ〕向井福松、吉川村上浦幾松	借区願い	1209坪	東雲	M21.5.16
⑦	銀銅	能勢郡（吉川村カ）字川西	能勢郡古川〔吉川〕村土井伊三郎ほか４人から川辺郡中谷村大字猪渕新宅駒吉へ	譲渡出願	1498坪	大毎	M22.3.29
	銀銅鉱	能勢郡東谷村（吉川村カ）字川西山	同村（能勢郡東谷村大字吉川村）土井伊三郎外３人	借区願い	1500坪	大朝	M22.8.1
	銀銅鉱	能勢郡吉川村川西山字尻高山	能勢郡吉川村土井伊三郎外３人	借区願い	1498坪	東雲	M22.8.1
⑧	銀銅	豊島郡東青谷〔貝カ〕山	豊島郡上止々呂美村清水九郎右衛門外４人	借区願に許可	1407坪余	大毎	M22.5.2
⑨	銀銅鉱	能勢郡吉川村妙龍山西初谷	大和国吉野郡池〔十カ〕津川村林文平	借区願に許可	4451坪	大毎	M22.7.10
	銀銅鉱	能勢郡吉川村妙龍山西初谷	大和国吉野郡地〔十カ〕津川村林文平	借区願に許可	4451坪	東雲	M22.7.10
⑩	銀銅鉱	能勢郡吉川村字保原	川辺郡東谷村岸田岩吉外１名	借区願い	5500余坪	大朝	M22.8.1
	銀銅鉱	能勢郡吉川村	川辺郡東谷村大字山下町岸田岩吉外１名	借区願い	5508坪	東雲	M22.8.1
⑪	銀銅鉱	能勢郡吉川村字保字原山	仲谷庄太郎ほか３名	借区仮券下付	2208坪	大毎	M22.10.5
⑫	銀銅鉱	能勢郡吉川村字保字原山	浮田岩吉外１名	借区仮券下付	2463坪	大毎	M22.10.5
⑬	事故	川辺郡中谷村銀山町字大金鉱	（土砂崩壊、即死者１名）			大毎	M22.11.17
⑭	銀銅鉱	豊島郡止々呂美村	豊島郡止々呂美村宮本清右衛門外６名	借区券下付	1770余坪	大毎	M22.11.21
⑮	銀銅鉱	能勢郡田尻村西山	能勢郡西郷村平通喜市外３人	借区願		大朝	M22.12.13
	銀銅鉱	能勢郡田尻村西山	能勢郡西郷村平通喜市外３人	借区願	1246坪	東雲	M22.12.13

(注1) 各新聞記事毎に１行を取ったが、同一の鉱区と考えられるものはそのすぐ下に続け、同一の番号を付した。
(注2) （　）および〔　〕を付したものは、筆者の校訂。（　）は補足、〔　〕は誤字等と認めたもので、正しい文字と思われるものを記した。
(注3) ⑬は開掘に関わる記録ではないが、記しておく。

明治19年～22年　多田銀銅山開発関係図

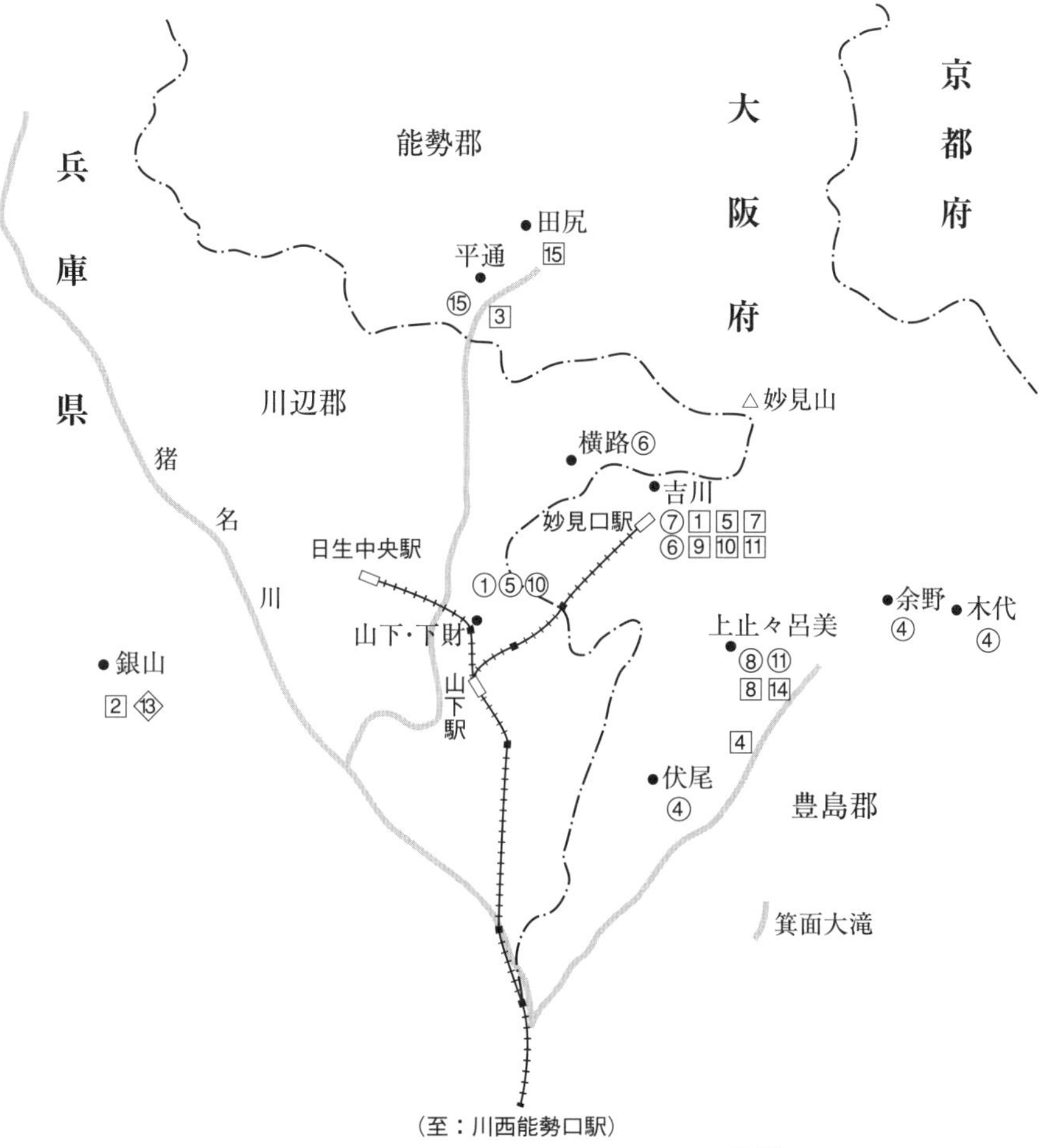

凡例
（番号は右表の位置番号に対応）

○開掘者居住地
②東京
③神戸
⑨奈良県十津川村
⑪⑫詳細不明
□鉱山
◇鉱山事故地

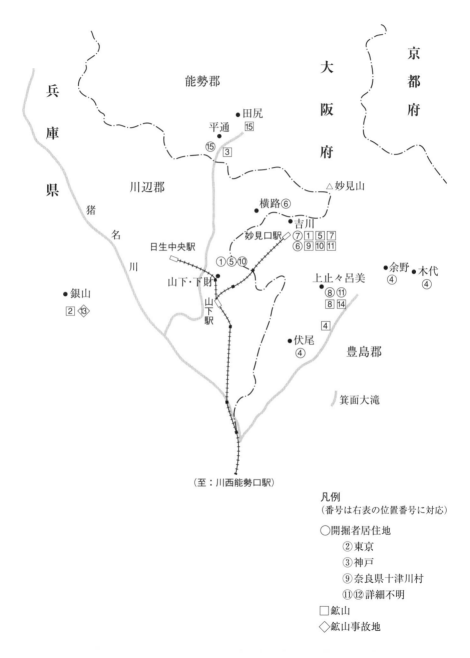

吉川村に集中して3ヶ所開掘している（①⑤⑩）。開掘者が2人いる吉川村では、同じ吉川村に1ヶ所（⑦）開掘している。なお、同じ吉川村と峠を北に越えた横路村の人物については、ふたり共同して字徳盛山に1ヶ所（⑥）開掘しているが、これは場所が特定できない。能勢郡平通村の人物は同じ郡内の田尻村に1ヶ所開掘している。豊島郡伏尾村の人物と能勢郡余野・木代両村の二人は共同で村境の地に1ヶ所といった感じで開掘に関わっていた。しかもその申請した開発面積は、広くて5千坪超、1千坪から2千坪超といった規模が多い。

鉱山ブームと諸問題　このような状況のなか、一部では大阪府外・兵庫県外の人物が開掘に従事するケースも見られる。優良鉱山の情報は、府県をまたいで知られていたことを示しているのであろう。

また、明治22年11月には銀山地区で鉱山の土砂が崩れて一人が即死するといった事故も起きている（⑬）。開掘には危険が伴っていたのである。ただし、この事件についての記述は、ここに記載した以上のことは書かれておらず、死亡者の氏名も、年齢も、男女の区別も、住所も何もわからない。

新聞報道は一件、一件についてはこのようなものであったが、多田銀銅山は、明治20年ごろ以降急に活発な様相を呈していたことは明らかであった。そして、これもまたこの時期に見られる住民の積極性の現出であったと言っていい。この動きは、やがて関係する土地の所有者、あるいは鉱毒が流れ出る下流の農地所有者やその耕作者と深刻な対立を生み出すこととなる。行政は、この問題にまもなく本気で取り組まなければならない状況に直面する（あるいはもう直面し始めていたのかもしれない）が、新聞報道では、そうした予見はまだなにも記載されていない。

いずれにしても、多田銀銅山は、全国的な鉱山ブームとともに近代以降の新たな歴史を刻み始めた。その歴史は、昭和40年代ごろまで続いた。その中で開掘・精錬などの在り方にはどんな変化があり、またいかなる問題に直面していったのだろうか。

(c) 川辺馬車鉄道の計画

ローカルな小規模鉄道　川辺馬車鉄道は、明治20年4月伊丹町の小西壮二郎、尼崎町の伊達尊信・梶原左衛門など、猪名川右岸でかつ伊丹以南の有力者の名前で出願した。計画から創設時にかけて事業を支えたのは小西壮二郎の父小西新右衛門と今津の大酒造家鷲尾久太郎等であった。本社は伊丹に置かれ、24年9月に尼崎—伊丹間が開通した。開通後の翌25年には、資本金の増額（10万円から24万円へ）および馬車から蒸気機関車への変更が実施に移され、26年12月には池田駅（現川西市小戸）まで延長して摂津鉄道となった。なお、同時に計画されていた伊丹—生瀬間の分岐路線は工事が進まず、工事は、現在のJR福知山線の前身にあたる阪鶴鉄道会社ができたとき、引き継がれることとなった。川辺馬車鉄道とその後身摂津鉄道は、猪名川左岸の池田周辺から右岸地域の人々の期待を集めて北摂を南北に結んだ初めての私設鉄道であった（『伊丹市史』第3巻・『かわにし』第3巻など）。

混乱する情報　しかし、川辺馬車鉄道の構想は、なかなか実現に至らなかった。主な原因は神戸～大阪～京都間を走る官設鉄道の線路を横切ることを必須の条件とした神崎～尼崎間の鉄道計画にあった。すなわち、この横断を官がなかなか認可しなかったのである。この間、伊丹以北の線路計画についても池田までの計画が浮上しては消えるなど、複雑な情報の混迷があり、原則的には一度しかあるはずのない工事着手の報も何度か記されている。本項では、大阪で発行されていた諸新聞に掲載された関係記事を読みながら、そこから見えてくるこのローカルな鉄道事業の実現過程をめぐる情報の混迷ぶりを見直していこうと思う。

①小西新右衛門の鉄道敷設計画

◉鉄道敷設　兵庫県下摂津国伊丹の豪商小西新右衛門氏の発企にて今度神崎停車場より伊丹町へ私費にて鉄道線路を布設し、貨物運輸の便利を謀らんと、目下その目論見中なりといふ

◎『大阪日報』明治19年5月11日

計画開始は明治19年かそれ以前　川辺馬車鉄道を構想した中心人物が伊丹の酒造家小西新右衛門であったことは、前記の市史類も含め、いろいろな解説書に書かれている。この記事は、今まで必ずしも明瞭でなかったその構想の始まりが、遅くとも明治19年5月にまでさかのぼれることを明らかにしている。また、その計画においては城下町だった尼崎あるいは尼崎港までは延びておらず、官設鉄道の神崎駅（現在のJR尼崎駅）までにとどまっていること、貨物輸送の便は語られているが、乗客のことに触れられていないこと、そして鉄道とは書かれているが、馬車のことに触れられていないことなど、実際にできる鉄道とは随分違っていた。

小西新右衛門のねらい　そもそも、小西新右衛門は、何を求めていたのだろうか。官設鉄道の神戸—大阪（梅田）の開通は明治7年のことであり、それが京都まで伸びるのは明治10年、さらに大津へ伸び、琵琶湖を船で渡って長浜に着き、長浜から敦賀へ行くコースが出来上がるのは明治16年のことであった。東海道線もやがて全通することが見込まれていた。このような大きな交通体系の変革を見つめる中、伊丹発の貨物、それはおそらく酒であろうが、その酒を尼崎港まで運ぶのではなく、神崎から官線を使って大阪・京都さらには東京へ輸送する新しい路線を開発しようとするものであったと考えることはできないであろうか。

ちなみに、『伊丹市史』第3巻（247ページ）では、神戸—大阪さらには京都への官設鉄道の開通以後、京都—神戸間の最短道路であった西国街道の賑わいが消失し、伊丹もさびれてきた。その賑わいを取り返すために

この鉄道計画が打ち出されたと述べられている。しかし、なぜこの計画が官設鉄道開通直後の明治10年から10年近くも経った明治19年という時期に打ち出されたのか。疑問は消えない。むしろ、こうした日本全国に及ぶ交通環境の変化を眼前にするなかで、積極的にそれを利用する何事かを考えていた中で生まれたと考えることはできないのであろうか。

②川辺郡長の検討

◎『朝日新聞』明治20年4月28日

●馬車鉄道　府下豊島郡池田より伊丹を経て神崎停車場《ステーション》に通ずるの馬車鉄道を設け、両郡の炭・凍瓊《かんてん》脂幷に伊丹の酒を阪地に運搬するの利便を開かんと、兵庫県川辺郡長佐藤正克氏は曾て地方の有志者と謀る所ありしが、此頃粗《ほぼ》設置する事に決定したりといふ

多様な計画の主導者と鉄道開設の目的　簡単な記事ではあるが、ここでは佐藤正克川辺郡長が「地方の有志」と相談し「馬車鉄道」を計画していたこと、路線は池田から伊丹へ、そして伊丹から神崎ステーションまでと報道されている。ここでは池田までの延伸が考えられたが、神崎ステーションから南へ行かねばならない尼崎港までの路線はまだ意識されていない。川辺郡長のねらいは、豊島郡池田に集まる奥川辺や能勢郡の炭・寒天さらには伊丹の酒などの大阪への輸送であった。

さて、これが事実であれば、ここにいくつかの疑問が浮かんでくる。一つは、川辺郡長の企図がどのようにして生み出されたのかである。言いかえると、伊丹の小西新右衛門の考えとどう関係していたのかという疑問である。後掲する⑧の記事では、明治22年2月認可を受けたのは小西壮二郎等を出資者とする川辺馬車会社のみだと

強調されているが、発起の時点ではもっと多様な人びとだった可能性が高いのではなかろうか。また、線路計画はいつ尼崎港（官線を越えねば行けない）までとされたのか、そこにこの鉄道計画のねらいの変更はなかったのかどうか。さらに、なぜ馬車だったのかというところも気になってくる。

とりあえず、ここでは川辺馬車鉄道会社が認可されるまでに報道された連絡鉄道に関する新聞とその発行年月日をすべて列記しておこう。つぎのように8件となる。ただしそのうちイとロの2件はすでに紹介済みである。

イ　大阪日報　明治19年5月11日（前掲①）　ロ　朝日新聞　明治20年4月28日（前掲②）
ハ　東雲新聞　明治21年5月24日（後掲③）　ニ　朝日新聞　明治21年10月24日（後掲④）
ホ　東雲新聞　明治22年1月10日（後掲⑤）　ヘ　東雲新聞　明治22年3月31日（後掲⑥）
ト　東雲新聞　明治22年3月31日（後掲⑦）　チ　東雲新聞　明治22年4月5日（後掲⑧）

まずは、それぞれの記事を紹介し、きちんと読んでおきたい。

③伊丹～神崎の鉄道馬車、工事に着手とか

◎『東雲新聞』明治21年5月24日

●伊丹神崎間の鉄道馬車　兵庫県下川辺郡伊丹より神崎までの間に鉄道馬車を布設することは兼てより伊丹の有志者が計画し居たる処なるが、右ハ愈々其の目算も立ち、昨日より工事に着手したりと

ここでは、計画は「伊丹の有志者」で、路線は伊丹～神崎間となっている。また、その計画に基づく工事に「昨日」着手したとも記されている。素直に読めば、①の記事で示された小西新右衛門の計画が実行に移されたと読めるのではなかろうか。

④尼崎～池田の馬車鉄道、工事に着手へ

◎『朝日新聞』明治21年10月24日

●馬車鉄道布設工事　曾て本紙上に記載せし事ありし兵庫県川辺郡尼ケ崎より阪神間鉄道線路を横断し、兵庫県川辺郡伊丹を経て池田に達する馬車鉄道布設の工事は目下愈起工する事となり、就ては先づ右鉄道線路を横断する所より着手する筈にて、即ち昨夜よりその事に取掛り、若し同夜雨天なれば、今廿四日夜より着手する旨鉄道局へ紹介ありたる趣なるが、その場所は神崎停車場踏切道《ステーションクロッシング》の西即ち同停車場《ステーション》より凡そ五鎖《チエン》の所なりと云ふ

官線横断の計画と工事の開始　ここで神崎にて官線を横断する計画が初めて登場する。しかも伊丹よりも北の池田からの鉄道計画である。また、天候さえ問題なければ線路の工事に10月24日夜、すなわちこの記事の出る日には官線を横断する所から取り掛かっているはずだとされている。現在の常識では、間違いのない確報といってもいい記述であろう。ただし、この工事の主体は誰なのかが記されていない。5か月前の③でも「工事着手」が記載されているので、このふたつの「工事着手」の関係がわからない。あるいは、工事を願い出たのはそれとは別組だったのかとも考えられる。つまり、頭が混乱してくるのである。

⑤馬車鉄道計画、路線変更し、拡張へ

◎『東雲新聞』明治22年1月10日

●尼崎伊丹間の鉄道　先年来兵庫県下川辺郡伊丹町の豪商何某が発起にて神崎停車場より伊丹町まで馬車

鉄道を設けんとの計画ある由なりしが、其后此計画を一層拡張して同郡尼ケ崎より伊丹迄一線路の鉄道を敷設し、伊丹より以東《北か》は二線路に分ち、一線路ハ有馬郡生瀬村に、一線路ハ当府下豊島郡池田村に通せしめんと既に其筋へ出願に及びしが、右線路中尼ケ崎より神崎に通ずる分ハ阪神間なる官設鉄道線路を横断せざるを得ざるに依り鉄道局の許可を得ず、夫故未だ其の願意を達するの場合に至らざるよし

南北終点の変更が初めて報じられる　ここでは、新しい線路計画が詳しく紹介されている。その計画主体は「伊丹の豪商何某」である。たぶん、小西新右衛門であろう。彼はまだ官線横断工事の認可を得ていないとも記されている。後掲の⑧と照らし合わせたとき、この記事はおおむね正確といっていい。とすると、③と④の記事に記された計画はどう考えればいいのか。新たに悩むところとなってくる。

⑥官設鉄道横断で難航

◎『東雲新聞』明治22年3月31日

●馬車鉄道敷設　兵庫県川辺郡伊丹町の豪商小西新右衛門氏ハ同郡尼ケ崎より伊丹を経て有馬郡生瀬村までの間に汽車鉄道を布設せん事を思ひ立ち、予てより之が計画中なりし処、右ハ官設鉄道を横断せざる可からずして、到底許可されじとの事なるに付、今度資本金十五万円（一株五十円ヅヽ）を以て馬車鉄道を敷設する事になり、昨今株金募集中なりとぞ

趣旨不明の馬車鉄道計画と増資　ここでようやく小西新右衛門の名前が出てくる。コースは、尼崎〜伊丹〜生瀬とされ、⑤では書かれていた伊丹〜池田間が書かれていない。また、官設鉄道の横断工事が難物となっている

ことが記されている。しかし、そうだとして、認可の困難さがなぜ馬車鉄道の計画と結びつくのか。横断する官設鉄道のレールなどの傷みを軽重量への変更で防ぐためなのか。ここには、前後説明不足の感は大きい。

⑦池田の有志、神崎～池田に鉄道を計画

◎『東雲新聞』明治22年3月31日

●神崎池田間の鉄道　摂州豊嶋郡池田地方の有志者ハ兵庫県下川辺郡神崎より池田なる呉服《くれは》橋までの間に鉄道を布設せんと予《かね》てより之が計画をなし居りしが、右ハ愈々明一日より工事に着手することに決したるよし、又其の落成の期ハ本年八月三十一日の筈なりと

「池田の有志」が登場　ここでは「池田地方の有志者」が登場する。コースは神崎と池田の間である。神崎～尼崎間の計画が消え、伊丹～生瀬間の計画も記されていない。小西新右衛門の計画とはどんな関係であったのか。ただ、「明一日より工事に着手、八月三十一日落成」との予定も記されている。いったいいかなる役所の認可を得たというのであろうか。

⑧川辺馬車鉄道会社、『東雲新聞』記事の誤りを正す

◎『東雲新聞』明治22年4月5日

●正誤　左の通り正誤文の掲載を求められしに付き、その全文を掲げて茲に正誤す

貴社新聞第三百六十二号雑報欄内に馬車鉄道と題する項中事実誤謬不少に付、左の廉々正誤有之度、則ち本会社布設に係る馬車鉄道ハ、川辺郡尼崎港より官設鉄道を横断、伊丹町を経て豊島郡池田村に至るの間、及伊丹

町より分岐し有馬郡生瀬村に至るの間にして、右発起人ハ伊丹町小西壮二郎外十二名、資本金ハ拾万円に有之、既に本年二月十六日夫々聴許を経、目下実測着手、工事設計取調中にして、官設鉄道許可せられじ等の事ハ事実無之義に候間、此全文を掲げ至急正誤有之度候也、但し、仝号雑報欄内第二頁第二欄中池田神崎間鉄道云々登記有之、右ハ本文の鉄道布設の事を誤聞せしならん、他に右等計画し居る事実更らに無之、此段併せて正誤有之度候也

川辺郡伊丹町　川辺馬車鉄道会社

明治廿二年四月二日

大阪東雲新聞社御中

正式の報告と誤報の訂正　この文は、「記事の正誤」と控えめながら、川辺馬車鉄道会社が、その名において行った正式の報告に匹敵するものとみるべきものであろう。ここに述べられていることを整理すれば、川辺馬車鉄道は明治22年2月16日、出資者（伊丹町小西壮二郎ほか12名）・資本金（10万円）そして路線（①川辺郡尼崎港～伊丹～豊島郡池田村、②川辺郡伊丹～有馬郡生瀬町）ともに官の認可を得たこと、4月2日の時点では実測着手中で、工事設計も調査中であった。

ここでは、多くの誤謬報道があるので注意してほしいとも述べ、とくに、この路線において馬車鉄道の布設認可を得ているのは川辺馬車鉄道会社だけであると断言している。おそらく念頭に置かれた記事は⑥であろうと推測できる。ただし、⑦の記述も、「池田地方の有志者」云々も含めて誤聞であるとされたことは間違いない。一方、「誤聞」と名指された『東雲新聞』明治22年3月31日付二つの記事について、肝腎の『東雲新聞』ではこれを受けた検証作業を自身の記事中では行っていない。ゆえに、「正誤」文の掲載をもって誤りであったことを認めたもの

と思われる。

以上、検討した結果、川辺馬車鉄道の計画は伊丹の小西家が中心となり、川辺郡長も関わっていた可能性が高かったことが見えてくる。様々な記事でさまざまなことが報じられているが、誤りも多かったということで解釈するのが正しいのかもしれない。

しかし、鉄道計画を考えたのは小西新右衛門がすべてだと最終的に断定することができないことも併せて確認しておきたい。すなわち、⑦の記事は、⑧の文章で「誤報」とされているが、そのキーワード「池田の有志」がもっと以前に何かを計画していた可能性を示唆する別の新聞記事があるのである。とりあえず、次の記事を見ていただきたい。

⑨池田—舞鶴間道路改修・軽便鉄道布設の計画

◎『大阪毎日新聞』明治22年2月8日

●軽便鉄道布設の発起者　府下豊島郡池田村より京都府下丹後国舞鶴港へ達する道路を改修し、追ては同線路へ軽便鉄道を敷設するの見込みなりとの事に付、右鉄道布設の発起者は、池田村にありては福田熊吉・喜多村吉次郎・岸上善五郎・豊島禄所・久保太平の諸氏、又同村に接近せる丹波国多紀郡福澄村にありては樋口市左衛門・中村伊助の両氏にて、其余舞鶴港にも数名の同志者あり、且つ楠村池田郡長も大に此の事に熱心の由なれば、近日発起者の集会を催ほし、前途の計画上に付て協議をなす由

「誤報」の背景　これは舞鶴〜池田間の道路計画である。内容が具体的で、まず大きな誤りはないと判断される。明治19年軍港設置が決まった舞鶴について、大阪と舞鶴との間の連絡が問題となっていたのである。おそらくは

人力車あるいは荷車が自由に移動できる道路の改修が求められ、さらにはその道路を基礎に軽便鉄道を敷く計画も立ち上がっていたのであろう。その計画の中心に池田の有力者たちが具体的な名前まで挙げられて紹介されている。ここに、「軽便鉄道」および「池田」という意識上の連携が生み出され、⑦の記事となったとしても無理はないだろう。

この軽便鉄道については『大阪毎日新聞』明治22年3月9日紙上で再度登場する。

⑩池田～舞鶴間道路工事の下見

◎『大阪毎日新聞』明治22年3月9日

○府下豊島郡池田より丹後舞鶴に通ずべき道路を開修し、追々軽便鉄道をも布設せんとするの計画ある由は嘗て本紙上に記せしが、右の道路実視の為め本府野尻技師は土木課員と共に目下同線路を巡回中なるが、尚ほ同地方の有力者岡崎経充、奥野熊一郎、山中六兵衛の三氏も、近日より同道路を巡見せらるゝ筈なりとぞ

誤報の重なりと真実確定まで

おそらく、こうした流れの中で、『東雲新聞』明治22年3月31日の「誤報」⑦も生まれたのかもしれない。川辺馬車鉄道の計画も、小西家と並んでいろいろな主体がそれに類した計画に取り組み、そうした情報がよく調べられないままに報じられたのではなかろうか。

では、これ以外の各々の誤報は、どのようにして記事化されていったのだろうか。④には記事中、「伊丹を経て池田へ」とあり、あわせて官設鉄道線路横断が指摘されている。⑤では南の終点は官線の神崎ステーションのままで、そこからさらに南進して尼崎港までの延伸は記載されていない。『東雲新聞』はいつ尼崎港までの延伸計画をつかんだのか。尼崎港への延伸が同紙に掲載されるのは⑥で、そこでは官設鉄道の横断が難しいとの記事

が記載されている。したがって、『東雲新聞』は、明治22年3月末日までには尼崎港までの延伸をつかんでいたとみなければならない。これについては、先ほどの⑧において、それは明治22年2月16日聴許を得ていると報告されていることと比べてみると、『東雲新聞』は、この情報を何らかの取材で3月末日までにつかみ、あわせて、官線側の意向も取材していたのであろう。それをもとに書いたのが明治22年3月31日の記事（⑥）であったと言っていい。真実を知るための新聞の努力もまた確認できるのである。ただ、新聞は事実を知るために努力したが、なかなか事実にはたどりつけなかったのも事実であった。

新聞報道を見る目　もちろん、新聞の記事はあてにならないと言えばあてにできないものである。なんだか、核心をつかまないまま記事化していたものも多かったのかもしれない。したがって、新聞記事をいつもそのまま正確な情報とみなすことはできない。しかし、大きな流れの中で揺れ動いていることも確認しておきたい。要するに、正確な歴史を確認するためには、いくつかの記事をよく見極めること、記事は往々にして誤るものであることを念頭にとり組まねばならないということであろう。

ところで、新聞が出来事を記事化することで、川辺馬車鉄道について多くの読者にさまざまなイメージを与えていったことも厳然たる事実である。誤った情報は、イメージを混乱させたという意味で、間違いは指摘しておかねばならない。われわれは、記事どうしの矛盾をしっかり把握し、そこから見えてくる「事実」を確定しつつ、そのときどきにおける新聞の影響についても検討していくべきであろう。

なお、こうした新聞記事でついに解明されない大事な事実も残ること、たとえば、川辺馬車会社についていえば、なぜ明治21年なかばごろ以降になって尼崎までの延伸にこだわったのか、その決定にはどのような認識が存在したからなのか、またそれは誰の主導でだったのか、ついにわからないままであることを押さえておきたい。

(d) 舞鶴延長線の浮上

舞鶴連絡線をめぐる競争へ 当時大阪で発行された諸新聞の報道の様子では、当初のローカル鉄道としての川辺馬車鉄道の時期には、その報道は通常の報道姿勢の枠内に収まっていたように見える。ところが、明治22年4月以降舞鶴への鉄道連絡がブームとなる中では、その実現を謳う多数の会社が出現し、認可競争となり、新聞各社も記事化を争うという状況を呈するようになっている。

川辺馬車鉄道の建設を推進した伊丹・尼崎あるいは今津を中心とする有力者たちについていえば、彼らは大阪財界の有力者たちの計画には乗らず、別に多額の資本を集めて独自の連絡線を計画し、明治22年4月26日には摂丹鉄道会社を設立、その競争の中に飛び込んでいった。在阪各紙の報道には、思い違いや取材不足のため、さまざまな誤報があり、事実確定においては混乱をもたらす場面も多かった。

本項では、当初ローカルな鉄道計画であった川辺馬車鉄道が、舞鶴連絡鉄道計画の認可をめぐる大競争に巻き込まれる流れを追いつつ、その間の変遷を確定するとともに、当時の鉄道をめぐる新聞報道を点検していくこととしたい。

① 藤田伝三郎等、舞鶴連絡鉄道線を計画

◎『東雲新聞』明治22年4月9日

●鉄道布設の計画　当地の藤田伝三郎氏外数名ハ、大阪より京都府下丹後国舞鶴港まで鉄道を布設せんと予てより種々計画中なるが、昨今ハ右布設後の利害得失等に付き専《もっぱ》ら取調べ中なりといふ

記事化競争の始まり　この記事が出されたのは明治22年4月9日のことである。（c）－⑧で川辺馬車鉄道会社が「正誤」の掲載を請求したのが4月2日だったから、わずかにその7日後のことである。舞鶴連絡鉄道は、資本規模が10万円前後の川辺馬車鉄道会社の30倍にもなるという大規模な鉄道計画であった。普通ならば相互に関係なく事業計画を進めるものであったはずだが、偶然というべきか、必然というべきか、川辺馬車鉄道が計画していた路線は、その大きな幹線の一部と重なり合うものであった。川辺馬車鉄道会社はこの後深くかかわらざるを得なくなっていくのである。

この時期、大阪・京都等の経済界を牛耳る財界人らは、大阪・京都あるいは播州と舞鶴との間を結ぶ鉄道計画を次々と練っていたのである。私設鉄道とはいえ、関西の主要都市と日本海の軍港、また有力な商業港である舞鶴を結ぶ幹線となる鉄道計画である。官設での建設が確実な東京―神戸間は別として、鉄道は規模の大きい投資であり、投機の対象としても有望であることが日本鉄道（上野～青森）・山陽鉄道（神戸～下関）あるいは九州鉄道（小倉～鹿児島）などの成功で、多くの人びとに期待を持たせるものとなっていた。その計画が打ち上げられるたびに大阪に拠点を置いた新聞もまた、争ってその記事化を図るようになっていくのである。右の記事はまさにその競争の開始を告げるものであった。

舞鶴までの鉄道線布設計画が注目を受けた理由について、『大阪毎日新聞』は次のような記事を掲載している。

②大阪の有力者、大阪―舞鶴鉄道の意義等を語る

◎『大阪毎日新聞』明治22年4月23日

●大阪舞鶴間の鉄道　当地の有力者中客歳以来大阪より丹波国を経て丹後国舞鶴に至る延長凡二十五里間に鉄道を布《し》き汽車を通ぜんとするの企あり、其趣意は舞鶴の湾たる海底深く、大船と雖も容易に繋泊するを得、

且港内宛《あたか》も屏風を併立せし如く山を以て囲たれば、風波の憂なく、北海無比の良港なるは之を第四海軍区の軍港とし、鎮守府を斯《ここ》に建築するの予定あるを見ても明《あきらか》なり、而して其湾内は自《おのず》から二港を成し、東の方は軍港として戦艦を繋留し、西の方は貿易港として船を碇泊せしむるに宜し、故に、大阪・舞鶴間に鉄道を布くに於ては従来北海道筋、奥羽、三越、加、能、若、丹、因、伯、雲、石の諸国と大阪との間に運貨する船にして途《みち》に西の方馬関を経、凡三百里余の迂回をなしたるものは皆此湾に争入り、汽車の便に由りて大阪と貨物を取引すべき事、同湾は魯領烏拉西保斯徳克《ウラジホストック》港と殆ど相対し、烏港発の汽船は一昼二夜を全く費さずして已に同湾に着すべく、其上に魯国は聖彼得斯堡《セントピータースバーグ》より西比里亜《シベリヤ》を経て烏港に至る延長我二千里余の鉄道を布く筈にて起工近きにあり、此線路の開通せば日本より欧洲に航するものは復印度洋、地中海を過ぎ大西洋に出で、数十日を費すを要せず、僅々十余日間に能く欧洲に至るべく、即ち我が三十里未満の舞鶴鉄道は彼二千里余の鉄道を利用するを得て、従来横浜、神戸、長崎の出入旅人・貨物中幾分は舞鶴に廻り、従つて我屈指の市場となるべき事、商事に考へて已に右の通なるが、之を軍事に察する時は、我国若し此烏港の陸上に兵営、水上に軍艦を備へ、西比里亜鉄道に由りて意のまゝに兵馬糧杖を取寄得る所の魯国と一朝軍を啓くに及び、吾師団も砲兵工廠もある大阪と舞鶴を連絡せしめば、通常三日余を要する路程も僅々三四時間にして達すべく、実に我国軍事に緊急の関係あるものにて一日も起工を緩くし難かるべき事、及び沿道地方の製産は之に拠りて振興すべき事、等にあり、偖《さて》其計画漸く熟したれば、此程相談会を開きし処、夫の河辺馬車鉄道会社の中途より汽車鉄道に変更し、之を舞鶴に達せしめんとの計画にて、即ち略《ほぼ》同様の目的ある由なるが、幸に未だ起工せざるを以て双方相合して此事業を大成せんといふの説出で、遂に其言の可決せられ、藤田鹿太郎、土井通夫、松本幹一の三氏選ばれて協議委員となり、数日に渉りて協議を遂げしも、結局其事の成らざりしかば、遂に独立して為すことゝ定まり、一昨二十一日の夜更に平野町の堺卯楼に相談会を開き、同会にて会社は舞鶴鉄道会社と称し、之を大阪に置き、創立委員には土井通夫・藤田鹿太郎・最上五郎・熊谷辰太郎、田中市兵衛、西田永助、小林八郎兵衛の七氏が選ばれ、資本は金三百万円とし、其三分の二を発起人にて受持つ事となり、出願委員は不日願書に西村大阪府知事の副書を請ひ、直ちに上京すること、なしたる由

大阪財界のグループと川辺馬車鉄道会社側の人びと　右の記事には、土井通夫・藤田鹿太郎など大阪財界のグループによる舞鶴鉄道に関する検討内容、川辺馬車鉄道との相談結果、またその相談不調を受けての行動方針などが詳しく記載されている。たぶん、中心人物の誰か（単数か複数かは不詳）から直接に聞いて記事化したものであると思われる。舞鶴連絡鉄道の効果について広い視野から整理されているところなど、さすが当時の大阪財界のグループと感心する。

大阪財界のグループは、川辺馬車鉄道会社を呑み込みたかったと思われる。彼らは、川辺馬車鉄道側に事業の共同実施を提案し、強くその実現を迫ったようである。しかし、結局それは4月21日よりも前の時点で失敗が明らかとなった。すなわち、小西新右衛門や鷲尾松三郎らは、4月21日大阪市内の静観楼において舞鶴連絡鉄道の会社設立発起人会を開き、もとの馬車鉄道の資本金10万円に２７０万円を追加し、合計２８０万円の資本金を準備し、独自に連絡鉄道を建設する意思を示したのである。馬車は汽車に変更し、4月26日には会社名を摂丹鉄道会社とも定めている。なお、川辺馬車鉄道の事務所は従来のままとすることも決めている（以上、『東雲新聞』明治22年4月24日、同28日）。

次の新聞記事は、土井らの失敗について、小西新右衛門らの見解を述べるものである。

③合併しない理由

●合併せざる理由　当地の土井通夫、田中市兵衛、最上五郎氏らを始めとして数十名の人々が発起人となり、今度大阪・舞鶴間に汽車鉄道を敷設するに就てハ右に先立ちて神崎・舞鶴間に鉄道を布設せん事を企だて居る伊丹の小西新右衛門、鷲尾松二郎の諸氏に向つて頻りに合同を促したれど、元来小西氏等の方ハ郡部の豪農等がその重なる株主にして、世事に慣れざる者のみなるに、一方土井氏らの方ハ或る四五名を除くの外ハ余り金満家にも非ずして、所謂仕事師の方多ければバ、斯る人々と共に事業を起してハ将来も案じらる可しと応ぜずして退けしより、斯くハ俄かに反対に出で、舞鶴鉄道会社と云ふを創立するに至りしものなりとぞ

◎『東雲新聞』明治22年4月25日

翻弄された川辺馬車鉄道会社　川辺馬車鉄道会社にとって舞鶴連絡鉄道は攪乱要因にほかならないものだったと思われる。本項ではもはや紹介は略するが、従来の馬車鉄道を汽車鉄道に変更することもそうだったが、新たに資本金280万円の摂丹鉄道会社を創設するに至ったのも、降ってわいたような舞鶴連絡鉄道ブームの引き起こしたものであった。『東雲新聞』明治22年6月23日には、神崎から池田に向けて馬車鉄道を建設することは無益だとの意見が出たこと、レール幅を3フィート6インチに復し、将来に備えるべきだとの意見も出ている。川辺馬車鉄道会社は、土井や藤田らの攻勢に対応する中で上記の会社設立を打ち出したのであった。おそらく内部では様々な意見が交換されたものと思う。ただし、結局、それらは政府によってすべて破棄されて消えていった（『伊丹市史』第3巻）。こののちは、阪鶴鉄道会社が成立するなか、川辺馬車鉄道の跡を引き継ぐ摂津鉄道も同会社に吸収されて行くこととなる（『伊丹市史』第3巻 254～261ページ）。これらの動きについては、別の機会を得て、改めて解明していくこととしたい。

第4章

新聞広告が広げた北摂の世界

《広告への注目》

明治19年ごろ以降、新聞は、深刻なデフレーションの終息、新たな社会構造の出現に対応して、理念的にも経営的にも新聞を支えてくれる社会的な存在を探すようになっていく。

ここに掲出する表を見てほしい。これは、『明治前期大阪編年史綱文録』のデータから、大阪で新聞の発刊された明治5年以降22年に至るまでの広告に関する統計的な数字を記入したものである。この表で「大阪」としているのは、当時の中心街区である大阪四区（東区・西区・北区・南区）を中心に見たものという意味である。もちろん、これは時代を理解するうえで重要と考えた広告で、かつ同一の広告は最初のものに限り、しかもデータの検索においては便宜上綱文に明確に「広告」の文字を記したものだけに限定した。したがって、実数はこの数字よりはるかに大きくなる。統計としての妥当性には若干の課題を残すが、それにしても、明治19年以後新聞広告掲載数の激増ぶりには目を見張るものがあった。

広告主の広告出稿回数表

	大阪	北摂	主要掲載紙
明治5年	12		大阪新聞
明治6年	15		大阪新聞
明治7年			発行なし
明治8年			発行なし
明治9年	4		浪花新聞、大阪日報
明治10年	10	0	浪花新聞、大阪日報
明治11年	15	0	大阪日報、大阪新聞
明治12年	9	0	大阪日報、大阪新聞、朝日新聞
明治13年	16	0	大阪日報、大阪新聞、朝日新聞
明治14年	15	1	大阪日報、大阪新聞、朝日新聞
明治15年	14	0	日本立憲政党新聞、大阪新聞、朝日新聞
明治16年	15	0	日本立憲政党新聞、大阪新聞、朝日新聞
明治17年	16	0	日本立憲政党新聞、大阪新聞、朝日新聞
明治18年	12	1	日本立憲政党新聞、大阪新聞、朝日新聞
明治19年	43	0	大阪日報、朝日新聞
明治20年	145	6	大阪日報、朝日新聞、東雲新聞
明治21年	149	9	大阪毎日新聞、朝日新聞、東雲新聞
明治22年	101	10	大阪毎日新聞、大阪朝日新聞、東雲新聞

*「大阪」の欄は『明治前期大阪編年史綱文』より「広告」の文字で検索し作成。「北摂」の欄は筆者が調査した記事をもとに作成。

一方、この表の「北摂」欄には大阪の北部及び兵庫県東南部にかけて広がる、現在のいわゆる「北摂地域」あるいは「西摂地域」の広告についても集計した数字を掲載しておいた。もちろん、あまり厳格な地域概念ではない。しかし、それでも明治20年を境に広告数が急増する点では、大阪四区と同じ現象が生じていた。その数字は、「大阪」に比してはるかに規模の小さいものであったが、それでも、大阪周辺地域における新しい傾向の出現を示している。

新聞は、デフレ終息後の時期を迎え、大都市以外の地方をどう見ようとしていたのであろうか。また、反対に地方を拠点に経済活動を展開している人びとは大阪発行の新聞をどう利用できると考えていたのか。先ほどの表で見た、地方に関する新聞広告数の顕著な動きは、この問題の解明に大きな手掛かりを与えてくれるのではなかろうかと思う。試みに、「北摂」地域に関わって検出された広告を、その広告主を中心に年毎に列記すると次のようになる。

明治14年　6月　小西本家
明治18年　5月　能勢妙見山
明治20年　3月　摂州灘酒家興業会社、平野鉱泉
　　　　　4月　産樹会社
　　　　　9月　宝塚保生会社
　　　　　11月　箕面山、栗生村総代
明治21年　1月　日本産牛会社、大阪馬車会社
　　　　　2月　大日本顯道学会
　　　　　6月　ランバス、有馬温泉
　　　　　9月　岸本庄平

11月　豊島能勢有志総代、箕面山岩本楼
12月　小西製革場
明治22年
2月　能勢郡岐尼庄倶楽部、公文正誤
4月　宝塚ラムネ
5月　妙見山、力士国米、分銅屋
6月　岸田覚助、弁天楼、宝塚温泉場
8月　宝楽家小梅

新聞広告の分野は実にさまざまであった。生産・販売会社の広告、運輸に関する広告、保養地・景観地に関する広告、さらにさまざまな意見広告あるいは正誤に関する広告もある。産業活動について言えば、江戸時代以来の酒造業など伝統を受け継いだ事業主体の動きが目につくし、農業に関わる会社ができていたことも興味を引く。一方、宝塚温泉などの新興地も含めた景勝地・保養地などの案内が多かったことにも注意しておきたい。

これら新聞広告は、関連する新聞記事と相俟ってその地域や経済主体に対して一つのイメージを作り出し、一方、地方を拠点に活動する人や会社等は、自己の活動を広げるうえで新聞広告の作り出すイメージの価値を理解し始めていった。ここに両者の相乗作用が生じていたのである。

本章では、意見広告は他の章でのそれぞれの記述に譲ることとし、それ以外、様々な広告主の行動を追跡し、それが当該の広告主や関連地域についてどのようなイメージを生み出していったかを見ていくこととする。

1　生産・販売等に関わる広告

新聞広告、その価値の発見　都市大阪の北部周辺地域（大阪府のみならず兵庫県も含む）に関わる個人や団体等で、産業活動に関わる広告を最初に出したのは伊丹の小西本家である。それは、銘酒白雪と味醂を瓶詰で販売するとの宣伝であった〔『大阪日報』明治14年6月28日付。第1章―3―(b)―①〕。

生産品・販売品等を宣伝する広告は、たしかに大勢の読者を有する新聞に適合していたものと思われる。ただ、当時は消費社会と評されるほどの大衆的消費社会でもなく、商品広告が販売上に占める価値は強く認識されなかったのかもしれない。実際の販売効果がどんなものであったのかも不明なまま、これに続く動きはしばらく見られなかった。

その状況に大きな変化があらわれるのが、明治20年のことであった。すでに扉裏の記述で確認しているところではあるが、この年3月には摂州灘酒家興業会社と平野鉱泉の広告が現れ、4月には産樹会社、続いて明治22年までで見れば、日本産牛会社・小西製革所・宝塚ラムネと続いていく。なお、その取扱人には神戸の商人が多く関係していた。それら商品の販売先として外国人の需要を特に意識していたことを示しているのではないかという点。また、もう一つは、もし、そうだとすれば、そうした商品の生産地の人びとは、自己の位置をどう理解しようとしていたのかという点である。商品や会社の広告は、その販売あるいは取り扱いを通して事業体と事業体、そして地域を結び付ける。また、その中で新しい地域イメージを語り始める。

本節では、広告をその掲載主体別に分け、さらに、掲載された年月日順に従って具体的に検討していくこととする。個別の会社解説という側面も強まるが、あくまでもそれが地域の有様を示すところの活動主体の代表として位置づけていきたい。また、必要な限りで関係する新聞記事と照合させることとした。なお、本章では新聞広告を、そのまま掲載することとした。掲載主体たる企業などが自己の思いを文字だけの組み合わせで視覚的に構成しているもので、それを文字だけ書き写したとき、その史料価値は半減すると考えるからである。

(a) 摂州灘酒家興業会社

有限会社摂州灘酒家興業会社に関する新聞広告は、内容的に見ると明治20年から22年までの3年間で5件を数える。ただし、この会社の所在する地域は、現在では基本的に灘地方に属する動きとすべきであって、「阪神間」と唱える方が適切なのかもしれない。

しかし、このいわゆる「阪神間」という地域概念についても、「北摂」と同じくその形成には歴史があったことを見落としてはならない。近世中期ごろからは、この両地のつながりの意識は酒造や農産品の販売等を通して強まっていたが、いま、「北摂」と「阪神間」は、何となく結び付きが薄く感じられる。では、その原因はどこにあったのか。いつからそうなっていくのか。そのことも気にかけながら見ていくこととする。

① 会社設立の案内

◎『朝日新聞』明治20年3月24日

読者に訴える広告　はじめにお断わりしておくが、本節では翻刻文をつけない。活字は洗練され、文字は基本的に読み解けるようになっているし、さらに、活字の大きさ、配置など視覚的に訴える形をそのまま伝えること

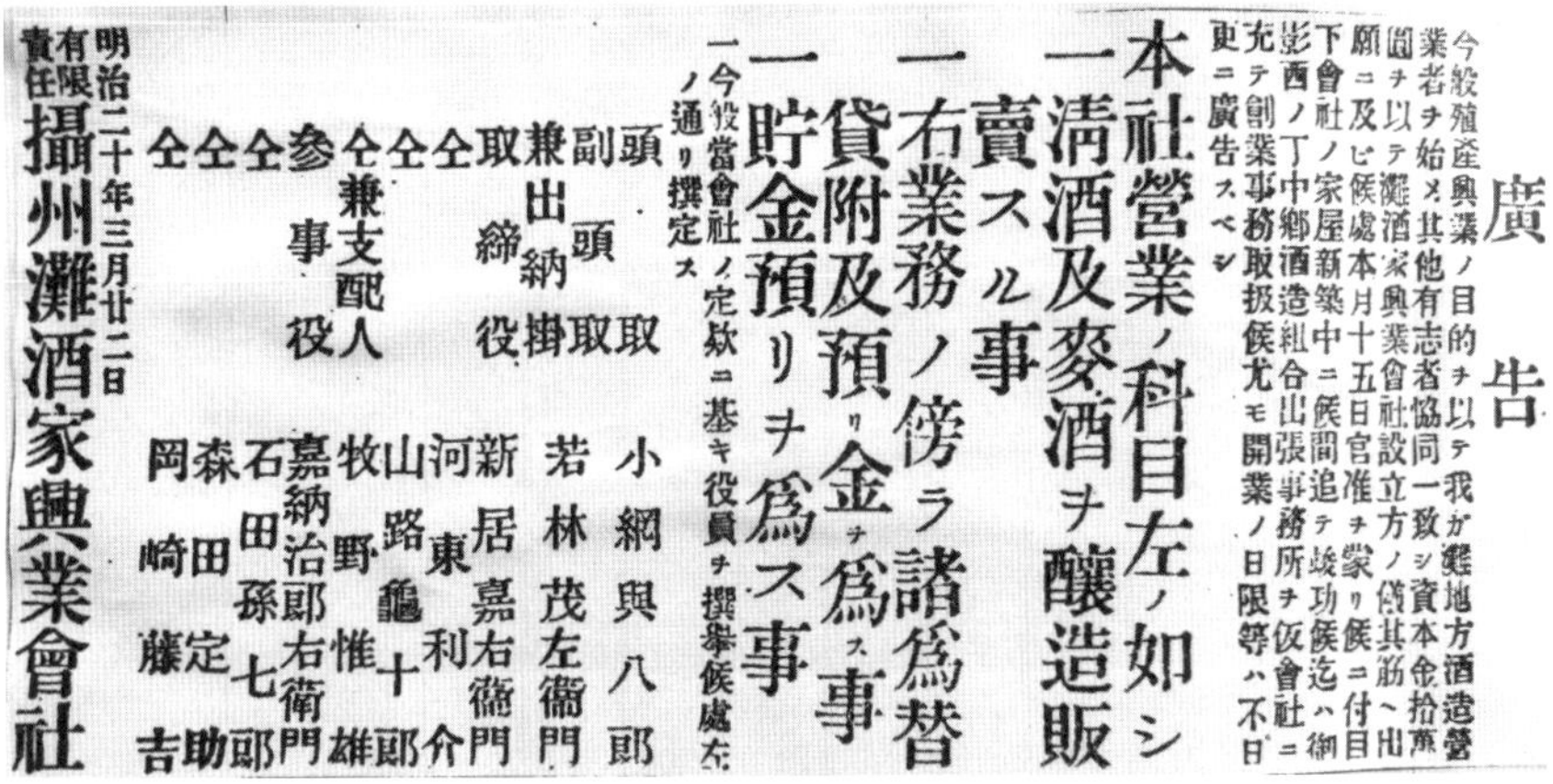

が大事と考えるからである。

さて、この「広告」の目的は何であろうか。いわゆる商品の宣伝でないことはひと目ですぐに判明する。じつは、これは、灘地方酒造営業者をはじめその他有志者が力を合わせ「有限会社摂州灘酒家興業会社」なるものを起ち上げたという、どちらかと言えば挨拶あるいは自己紹介的な「広告」というべきものであろう。

しかし、この「広告」は、時代に切り込んでいこうとしている当該会社の動きとやる気を強く感じさせるものとなっている。広告を見る当時の読者にとって、これはどんな会社なのだろうという興味が湧くように作られているのである。活字の大きさ・配置などに込められた種々の工夫を感じてほしい。すると、広告文中には、有限会社摂州灘酒家興業会社は、大きく言って、①清酒・ビールの醸造販売、②為替貸付及び預り金、③貯金の預かりという三つの業務を実行するということが謳われ、しかも、そのことは3月15日官許を得たということも表明されている。そして、いまは開業に向けた準備に取り組んでいるので期待しておいていただきたいとの意思まで広く知らせている。

会社の設立を支えたもの　この広告で味噌となるところは、資本金が10万円になると明記して大規模な事業体であることを知らせていること、第二には後半部に列記している役職者人名である。この人名のうち、頭取小網与八郎は御影・石屋・東明の諸村を合称して言われる中郷（灘五郷の一）の中心的酒造家であり、また若林・新居・嘉納・河東・牧野など同郷の有力酒造家も名を連ねている。さらに、今津の山路亀十郎など、周辺地域からの参加も確認できる。

ここまで見れば、読者の意識は、いったい、この有限会社摂州灘酒家興業会社というのは何がきっかけでつくられたのかとなっていくはずである。さて、ここに過去にさかのぼる一つの新聞記事がある。それは『日本立憲政党新聞』明治17年7月24日の記事である。そこでは、当時の大蔵卿松方正義が灘の酒造家を神戸諏訪山常盤台に集めて、灘等の酒造家が販売先の東京から販売代金を確実に、かつ早く入手するための方法を提案し、要点として金融業の協力を求めることだと示唆していたことが語られている。記事では、集められた酒造家は、大蔵卿の話が意想外であったこともあったためか、大蔵卿が場を去ってから顔を見合わせるばかりであったとも記されているが、この摂州灘酒家興業会社は酒造と並んで金融業を行うと述べていることのなかに、何か歴史的な背景があったことが示されているのではなかろうか。

そうすると、広告では、会社設立について政府の許可を得ているとあるが、むしろ、政府の方から勧めて起ち上げた会社であった可能性もある。ただし、政府の提案は、まずそのままの形で実現したものでもなかったようであるし、参加した酒造家も中郷を中心とし、それ以外にはあまり広がらなかった可能性も示している。

なお、これに関し、『日本立憲政党新聞』明治19年5月12日の記事に、「酒造家会議」との題をつけて、「摂州灘、伊丹の酒造家が清酒会社を設立せんとの計画ある事ハ前号に記せしが」として、「右ハ来る廿四五日ごろより武庫郡なる御影小学校の楼上に於て聯合酒造会議を開き、清酒輸出、造酒事務取扱、諸雑費定額、造酒の衰退を挽回するの方法と清酒会社設立の可否を併せて審議し、閉会の上ハ其可決せし事項を印刷に附し、全国一般の各酒造人へ配分する都合なりといへり」と報じていることに注目しておきたい。ここでは伊丹の酒造家の参加も予定されていた可能性が示されている。ただし、伊丹の酒造家（おそらく小西本家）は最後の段階で結局参加しなかった（『大阪日報』明治20年4月29日）。会社名が「摂州灘」となっていることは、伊丹の参加がなかったためかもしれない。もし参加していたら会社名はどうしたのだろう。

灘酒造界に大きな一石　それからもう一つ、よくわからないことは、このような醸造会社を新規に起ち上げるとして、その出資者となる個々の酒造家は、自己の酒造業との関係をどうしたのだろうかということである。広告では、この問題に対する解答を何ら与えていないが、「日本醸造沿革誌（二）」（『日本醸造協会雑誌』53巻5号、１９５８年）には、「中郷　摂津国菟原郡」の名簿の中に「興業株式会社」として年間の造石高２８９０石余の数値が示されると同時に、この会社に参加した酒造家の醸造高も別にそれぞれ記されている。

いずれにしても、これは灘の酒造界に波紋を引き起こす大きな一石であったことは間違いなかった。以下、会社事業の進展に合わせて掲載された広告をそのままの形で紹介し、この会社が急速に事業を前に進めていたことを確認することとしたい。なお、これらの広告によって、この会社の名義、資本金等、正確に確認していくことも可能となる。

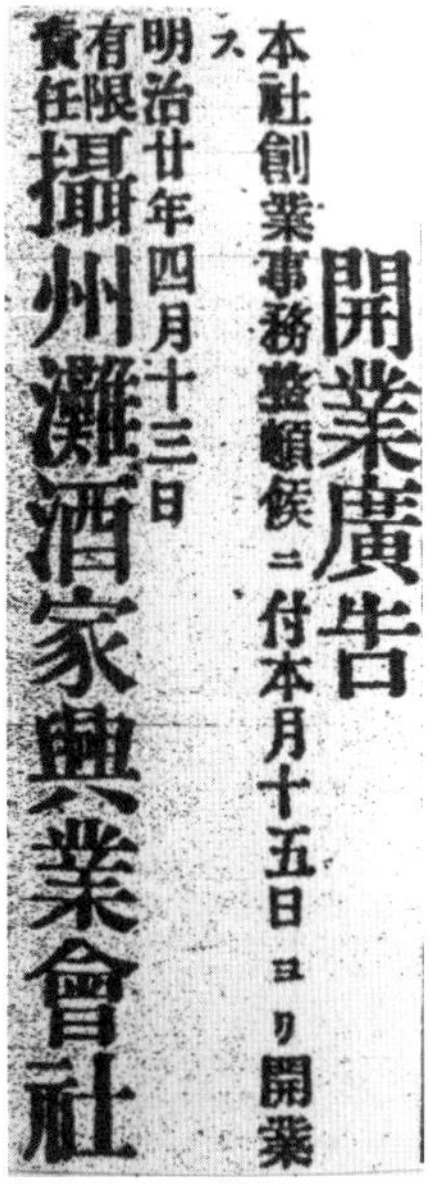
開業廣告
本社創業事務整頓候ニ付本月十五日ヨリ開業ス
明治廿年四月十三日
有限責任攝州灘酒家興業會社

② 開業広告　◎『朝日新聞』明治20年4月17日

この広告は、会社が明治20年4月15日から正式に開業したことを自ら報じている。前回の広告から一か月もたっていない。まずは順調な出発を遂げたというべきか。なお、会社名は従前のままである。

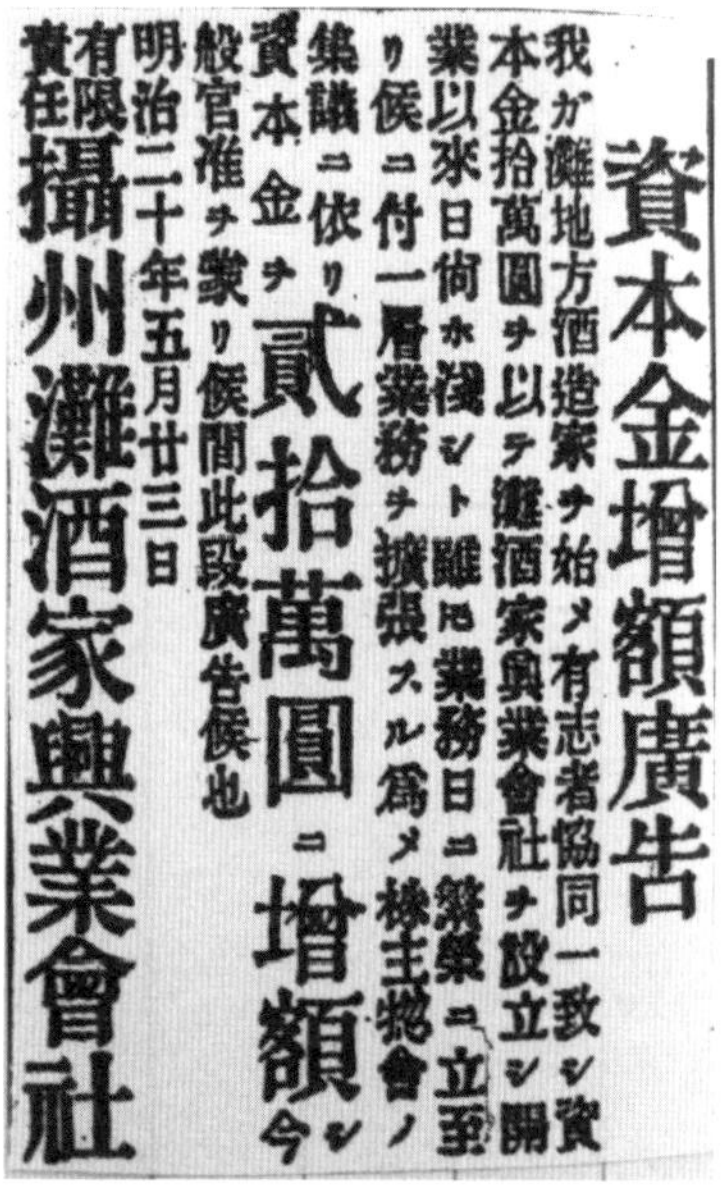
資本金増額廣告
我ガ灘地方酒造家ヲ始メ有志者協同一致シ資本金拾萬圓ヲ以テ灘酒家興業會社ヲ設立シ開業以來日尚ホ淺シト雖モ業務日ニ繁榮ニ立至リ候ニ付一層業務ヲ擴張スル爲メ株主總會ノ集議ニ依リ
資本金ヲ貳拾萬圓ニ増額シ今般官准ヲ蒙リ候間此段廣告候也
明治二十年五月廿三日
有限責任 攝州灘酒家興業會社

③ 資本金倍増の広告

◎『朝日新聞』明治20年5月31日

この広告は、会社が早くも資本金を20万円に倍増していることを告げている。すなわち、醸造と金融を中心とする事業が軌道に乗り、順調に成長していたことを謳っているのである。ただし、その内実をうかがうことはできない。実際にどんな状況が生じたので増資をしたのかはわからないということである。事業の内実を語る新聞記事も別に作成されていないようである。ただし、会社名はここでも変更していない。

④ 銀行と会社分離の広告

◎『朝日新聞』明治21年2月7日

酒造業者と金融事業の連携　③の解説において、会社の増資背景がわからないと述べておいたが、ここでは、醸造事業も金融事業も順調であることが強調されている。そして、その流れの中で金融事業を独立させること、その名称を「摂州灘酒家興業銀行」とすること、またその資本金は醸造事業の2倍の20万円とすることも決議したことを告げている。

ここにきて、この会社設立の狙いは、やはり酒造家が独自の金融機関を持つことであったことを示しているのではなかろうか。ただし、役員の名前が当初のものをほぼ踏襲するなか、灘西郷の有力者若井源左衛門を取締役

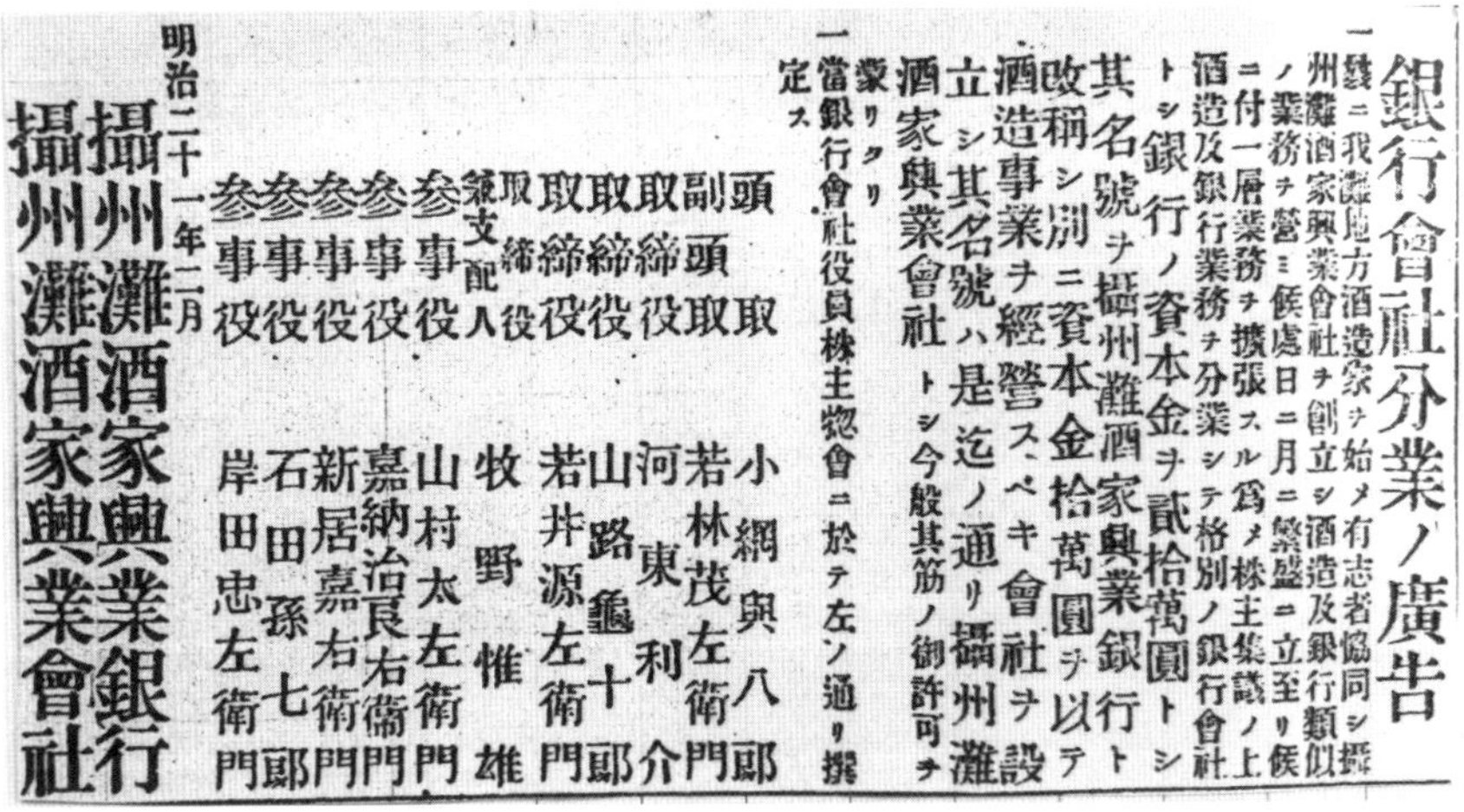

銀行會社分業ノ廣告

一曩ニ我灘地方酒造家ヲ始メ有志者協同シ攝州灘酒家興業會社ヲ創立シ酒造及銀行類似ノ業務ヲ營ミ候處日ニ月ニ繁盛ニ立至リ候ニ付一層業務ヲ擴張スル爲メ株主集議ノ上酒造及銀行業務ヲ分業シテ格別ノ銀行會社トシ銀行ノ資本金ヲ貳拾萬圓トシ其名號ヲ攝州灘酒家興業銀行ト改稱シ別ニ資本金拾萬圓ヲ以テ酒造事業ヲ經營スベキ會社ヲ設立シ其名號ハ是迄ノ通リ攝州灘酒家興業會社トシ今般其筋ノ御許可ヲ蒙リタリ

一當銀行會社役員株主總會ニ於テ左ノ通リ撰定ス

頭取　小網與八郎
副頭取　若林茂左衛門
取締役　河東利介
取締役　山路龜十郎
取締役　若井源左衛門
取締役兼支配人　牧野惟雄
参事役　山村太左衛門
参事役　嘉納治良右衛門
参事役　新居嘉右衛門
参事役　石田孫七郎
参事役　岸田忠左衛門

明治二十一年二月

攝州灘酒家興業銀行
攝州灘酒家興業會社

に、また今津郷の山村太左衛門を参事役に据えていることも、この会社が灘五郷の中に基盤を広げ、定着し始めていることを物語っている。伊丹の参加を得て、もっと事業基盤を広げることはもはや意識されることはなかったのであろう。

◎『朝日新聞』明治22年7月26日

⑤ 海運業開始の広告

広がる活動分野　金融業を分離独立させた摂州灘酒家興業会社は、明治22年7月に至り専用船（「第一摂州丸」）を購入し、神戸兵庫・横浜・東京を往復させることとしたようである。国際的に有名で、信用のあるロイドと保険契約を結んだことを告げ、他の醸造業者あるいはその他の事業者にも荷物の委託を呼びかけている。もっとも、「回漕課」というのがその時できたものかどうかは判明しない。

いずれにしても会社は、ここに自前での海運事業への進出を果たしたのである。この決断の背景には何があったのか、知りたいところであるが、新聞広告は結果を知らせるだけで、それ以上のことには踏み込んだ解説を行っていない。なお、ウィキペディアでは当時清酒の輸送に進出していた日本郵船への対抗であると解説している。ただし、この解説では、この対抗が摂州灘酒家興業会社設立のねらいでもあるように記述されているのはいかがなものであろうか。醸造事業のことも金融事業のことも書かれていないことには大きな問題を感じるし、設立時期の記述も明治21年となっていて誤っている。

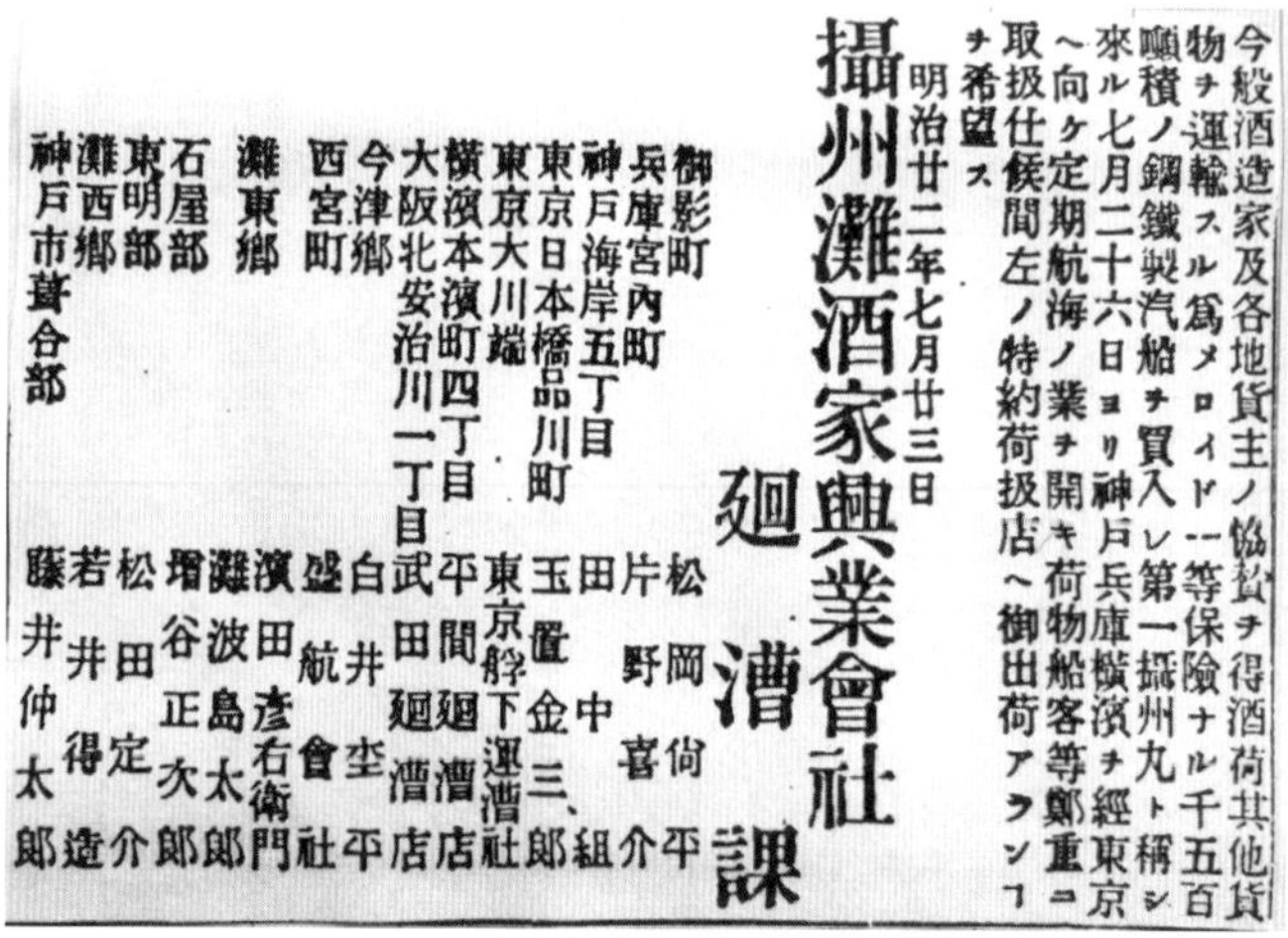
今般酒造家及各地貨主ノ協議ヲ得酒荷其他貨物ヲ運輸スル爲メロイド一等保險ナル千五百噸積ノ鋼鐵製汽船ヲ買入レ第一攝州丸ト稱シ來ル七月二十六日ヨリ神戸兵庫横濱ヲ經東京ヘ向ケ定期航海ノ業ヲ開キ荷物船客等鄭重ニ取扱仕候間左ノ特約荷扱店ヘ御出荷アランコヲ希望ス

明治廿二年七月廿三日

攝州灘酒家興業會社　廻漕課

御影町　松岡倘平
兵庫宮内町　片野喜介
神戸海岸五丁目　田中組
東京日本橋品川町　玉置金三郎
東京大川端　東京艀下運漕社
横濱本濱町四丁目　平間廻漕店
大阪北安治川一丁目　武田廻漕店
今津郷　白井杢平
西宮町　盛航會社
灘東郷　濱田彦右衛門
　　　　灘波島太郎
石屋部　増谷正次郎
東明部　松田定介
灘西郷　若井得造
神戸市葺合部　藤井仲太郎

（b）平野鉱泉

「平野鉱泉」は、「平野水」と同じである。もちろん、川辺郡平野村から採取された鉱水であった。新聞広告では明治21年までは「平野鉱泉」、22年以後は「平野水」となっている。

平野鉱泉（平野水）の販売は、『かわにし（川西市史）』第3巻215ページに詳しい。この鉱水にはじめて飲料用として評価を与えたのは明治14年、外国人接待用のミネラルウォーターを探していたイギリス人ガランであるとされる。また、明治17年には三菱合資会社によってわが国最初の飲料水工場が平野の地に設立され、「平野水」の名で販売が開始されたともされている（ただし、根拠とする文献等の記載なし）。

平野水が明治30年、皇太子（大正天皇）の御料品指定を受けたことはよく知られている。当初はそれほどの需要が得られなかったが、明治38年7月東京市麹町区の醤油商中谷整治に権利が売り渡されてから製造所の増設も図られた。明治40年ごろの生産高は、4ダース入り箱10万箱、山形・米沢・福島・郡山・足利・宇都宮・沼津・

熊本などからの注文が多かったとのことである。

なお、『かわにし（川西市史）』第6巻には明治21年から採酌事業を始めた石道鉱泉についての記録も掲載されている。石道は平野の北、それほどは離れていない。

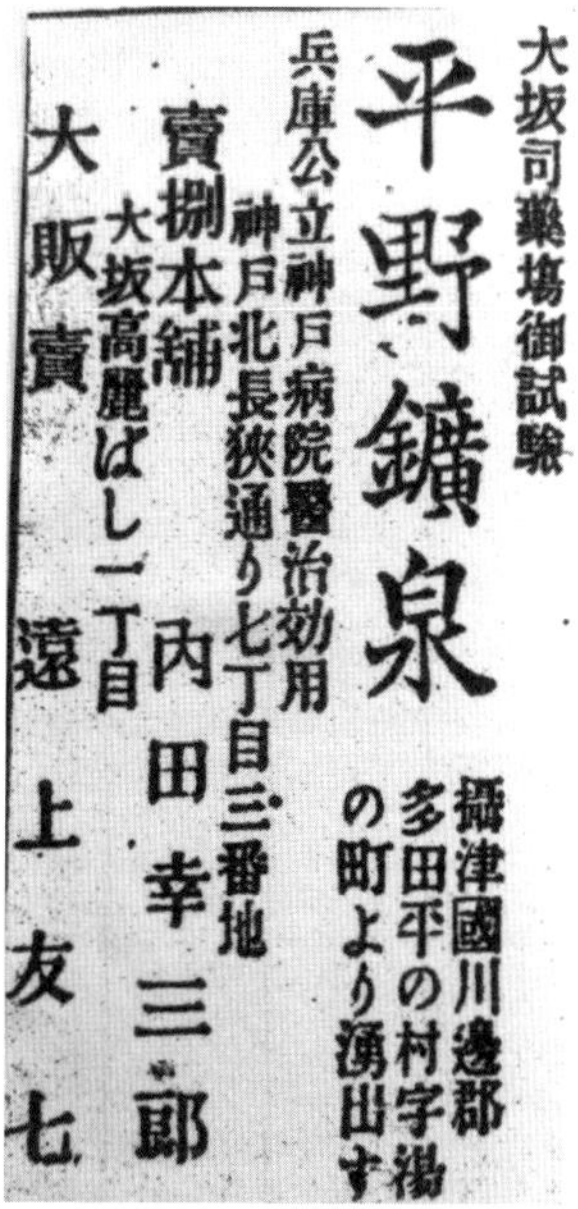

① 医薬効果のある飲料水としての広告

◎『朝日新聞』明治20年3月31日

最初の広告　平野《ひらの》鉱泉（平野水）に関する最初の新聞広告である。書き出し部分に「大坂司薬場御試験」と記されていること、また続けて「兵庫公立神戸病院医治効用」とも記されていること、いずれも、単なる飲用あるいは入浴用ではなく、医薬的効果の存在を強調していることが注目される。

「摂津国川辺郡多田平の村字湯の町より湧出す」との記述は、湧出地を示すもの。平の（平野）は江戸時代から温泉地としても知られていた。これを神戸北長狭通り七丁目三番地の内田幸三郎が売捌き本舗となり、また大阪高麗橋一丁目遠上友七が大阪売となって売り出すということである。ここに、川辺郡多田の平野村と神戸および大阪が結びついていたことが明瞭に示されている。購入者も神戸と大阪を中心とし、おそらくこの両人を通じて日本人の間でもその需要範囲を広めていくつもりであったものと思われる。

とくに、神戸の商人が大きく名前を書き上げていることに注意しておきたい。これは、当時平野鉱泉（平野水）が外国人の需要とより強く結びついていたことを暗示しているのではなかろうか。

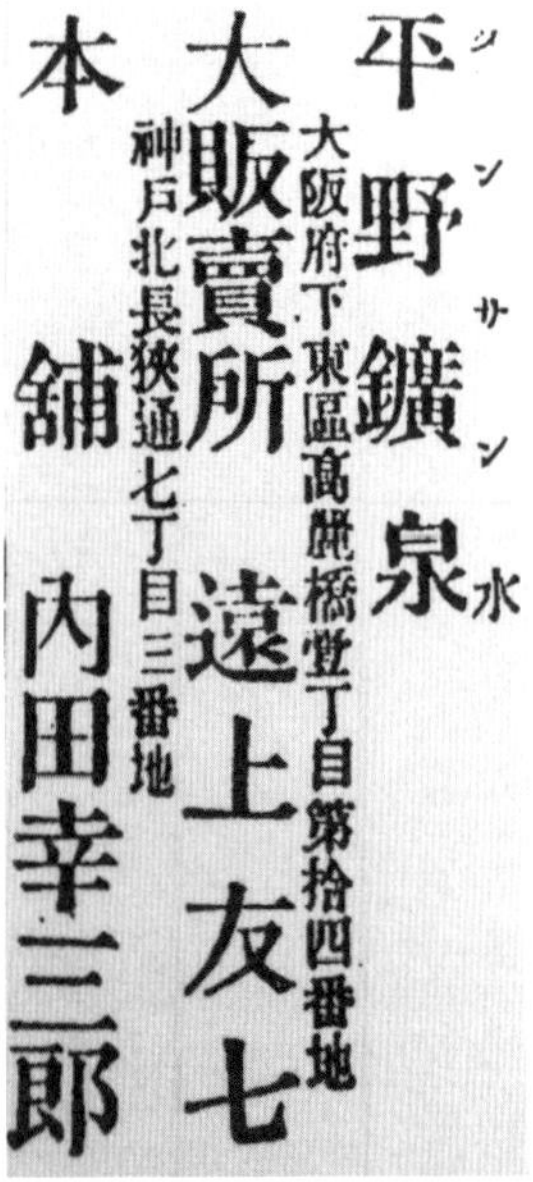

②タンサン水「平野鉱泉」の宣伝

◎『朝日新聞』明治21年5月10日

販売店は遠上友七・内田幸三郎。前回の広告に書かれていたものと表現に多少の違いはあるが、同一である。明治20年3月から21年5月まで、すくなくともこの1年あまりは関係が切れなかったことがわかる。ただ、商品の表記に変化が見える。まず「タンサン水」との肩書をつけて「平野鉱泉」としていることが注目される。

「タンサン水」は当時の日本人にはなじみがなかったという説もあるが、このように国内販売を志していたことは注目しておくべきであろう。ただし、神戸の販売所は外国人を主な需要者としていた可能性があったことも考えておくべきである。なお、「タンサン水」の表現は、すくなくとも最近注目され始めているところの、明治22年ウイルキンソンが宝塚温泉の泉源近くで汲み出し、商品として外国に売り出した際に使ったというのよりも時期が前であった。外国人には「平野鉱泉（平野水）」よりも「タンサン水」の方がよく通っていたのかもしれない。だから「タンサン水」を先に表示し、「平野鉱泉（平野水）」はそのタンサン水ですよと言おうとしているのかもしれないというわけである。

なお、薬治料としての「タンサン水」そのものへの注目は、「鉄砲水」としてすでに明治11年有馬温泉に関して大阪日報記者が新聞にその薬効を紹介していることも思い出してほしい（第1章―2―（a）―③）。

天然炭酸
平野水
大阪一手大賣捌
此炭酸水ハ従來内外國に聲名を博したる根
元の鑛泉也卽ち神戸居留地十四番館主が昨
年迄採酌して内外國ヱ賣捌きたるもの也
舶來セルベット
寶塚ラム子

酒類菓子
食料品
西洋
田野商店

③天然炭酸平野水の販売広告
◎『東雲新聞』明治22年6月21日

平野水と炭酸水の関係　ここでは、平野水すなわち炭酸水が「内外国」（日本と外国）に知られたものであったことが強調されている。その採取者は神戸居留地に住む人物（当然条約国国民）であるとも述べている。ただし、なぜかその人名は記されていない。広告は、これを日本人に買ってもらいたいというのである。

また、この販売者田野商店は「宝塚ラムネ」（2－（b）－⑨）の販売にも従事していることも記されている。田野商店は大阪市淀屋橋筋道修町角ということであるから、薬問屋に近いところに住む商人であったとも推測できるが、扱っているのは西洋酒類・菓子・食料品と記している。ここでも平野水を中心として、産地の川辺郡平野村、採酌人の神戸居留地十四番館館主の外国人、そして売捌き人として大阪の商人が関係を相互に結んでいる。

産出地平野村の平野水＝タンサン水＝外国人の好む飲み物＝といった概念の社会的形成が目論まれ、平野という地は、外国人が好むタンサン水を採取できる土地だと強調され、地域と商品名に関わるイメージの原型が出来上がっていく流れがつくられていると言えるのではなかろうか。

それにしても、こうした商店は、いったいどれほどの販売力を有していたのか。また、平野水の商品名の浸透力もどうだったのか、気にかかる。

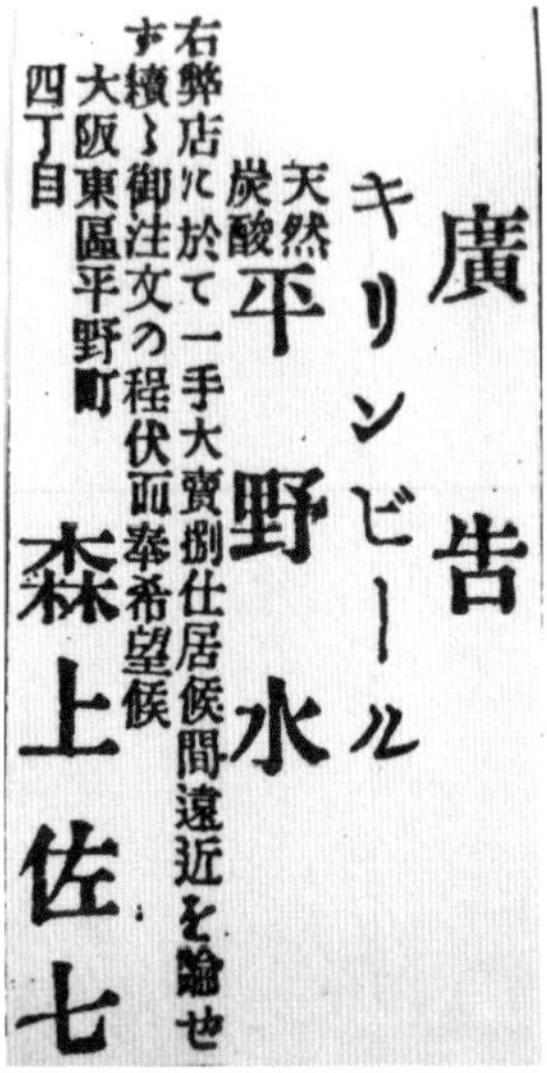

廣告
キリンビール
天然炭酸平野水
右弊店に於て一手大賣捌仕居候間遠近を論せず續〻御注文の程伏而奉希望候
大阪東區平野町四丁目
森上佐七

④キリンビールと天然炭酸平野水の宣伝

◎『大阪毎日新聞』明治22年8月27日

ここでは、平野水はキリンビールと組み合わさって販売されていることが目に付く。これもまた、洋風好みに求められるイメージを利用したものであろうか。なお、森上佐七と前の田野商店との関係はどうなっているのか。「平野水」のイメージはこの後どう変転していくのか。さらに調査を続ける必要を感じるところ大である。

(c) 川辺郡山本村の産樹会社

山本村に創設　「産樹会社」。会社成立後は大日本産樹会社と称しているが、ここではすべて「産樹会社」と表記する。産樹会社の本拠は川辺郡山本村（現宝塚市）。資本金は当初1万円をめざした。先に見た摂州灘酒家興業会社が10万円だったのと比べるとだいぶ規模は落ちる。それでも、一株10円で1千株の応募予定が6百株を超えたという報告がある（③）。会社は小規模ながら一定数以上の賛同者を集めることに成功しているのである。明治20年代の農業会社としてはそれなりの存在感を持っていたと考えるべきであろう。

ただし、この会社、今日ではまず人の記憶からも歴史の記録からも消えている。たとえば、『宝塚市史』（第3巻・第6巻）に一行も記載がない。資料が地元に残らず、調査に際しても気付かなかったからであろうか。しかし、明治維新からまだ20年ほどしかたっていないとき、水田や畑ではなく、植木産業に関わっていたとはいえ、個人

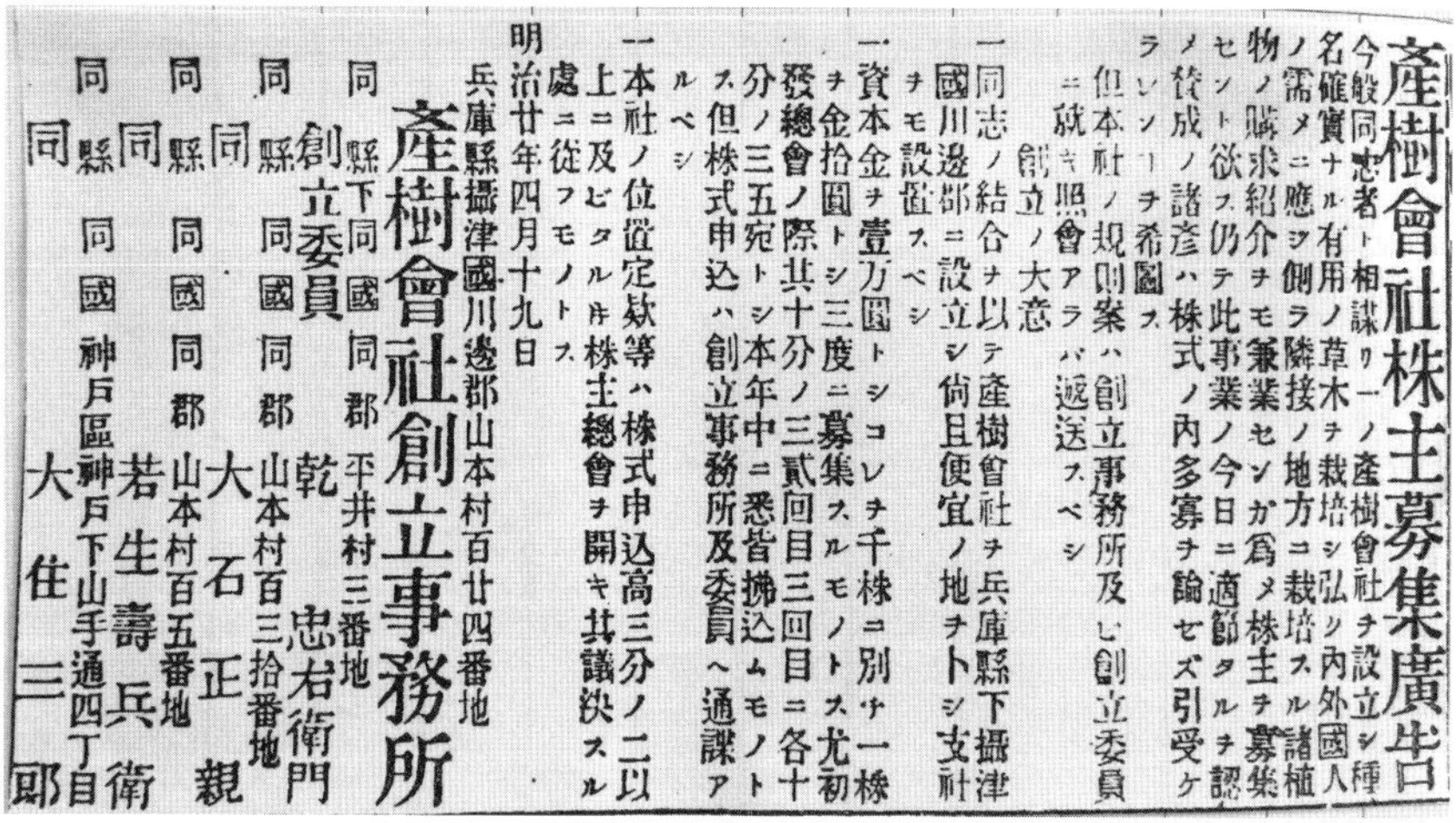

産樹會社株主募集廣告

今般同志者ト相謀リ一ノ産樹會社ヲ設立シ種名確實ナル有用ノ草木ヲ栽培シ弘ク内外國人ノ需メニ應シ側ラ隣接ノ地方ニ栽培スル諸植物ノ購求紹介ヲモ兼業セシカ爲メ株主ヲ募集セント欲ス仍テ此事業ノ今日ニ適節タルヲ認メ賛成ノ諸彦ハ株式ノ内多寡ヲ論セス引受ケラレンヿヲ希圖ス

但本社ノ規則案ハ創立事務所及ヒ創立委員ニ就キ照會アラバ遞送スベシ

創立ノ大意

一同志ノ結合ヲ以テ産樹會社ヲ兵庫縣下攝津國川邊郡ニ設立シ尚且便宜ノ地ヲトシ支社ヲモ設置スベシ

一資本金ヲ壹万圓トシコレヲ千株ニ別ケ一株ヲ金拾圓トシ三度ニ募集スルモノトス尤初發總會ノ際其十分ノ三貳回目三回目ニ各十分ノ三五宛トシ本年中ニ悉皆拂込ムモノトス但株式申込ハ創立事務所及委員ヘ通諜アルベシ

一本社ノ位置定欵等ハ株式申込高三分ノ二以上ニ及ビタル𪜈株主總會ヲ開キ其議決スル處ニ従フモノトス

明治廿年四月十九日

兵庫縣攝津國川邊郡山本村百廿四番地

産樹會社創立事務所

創立委員

同縣下同國同郡平井村三番地　乾忠右衛門

同縣同國同郡山本村百三拾番地　大石正親

同縣同國同郡山本村百五番地　若生壽兵衛

同縣同國神戸區神戸下山手通四丁目　大住三郎

経営ではなく、会社形態を志向したことの意味は大きいのではなかろうか。ちなみに、この時期、農業に関してそうした経営形態を志向したのは、この後に紹介する豊島郡桜塚村（現豊中市）に拠点を置いた産牛会社のほかに摂津国でどんな会社の名前を挙げることができるのだろうか。

ここに掲載する「広告」は、日本の農業経営史においても、また、当該地域の地域形成史を考える上でも貴重な歴史資料となる可能性を持っていると考える。

① 株主募集の広告

◎『朝日新聞』明治20年4月30日

植木業者の組織体　この広告（呼びかけ）によって、産樹会社が多数の植木業者による組織体として構成されようとしたものであることがわかる。その中心人物の住所が一人を除いて山本村とその東に位置する平井村であることから、事業の本拠もそこにあったと言っていいだろう。植木産業で村を維持してきた山本村と平井村では、デフレ終息後の新しい時代に関係事業者の協力体制をつくりあげ、植木産業の基盤を固めようとしていたことが考えられるのである。

産樹會社株主募集 廣告

本年四月三十日朝日新聞第二千四百六十號ヲ以株主募集ノ旨意ヲ廣告セシモ都合ニヨリ僅ニ一日ノ紙上ヲ假リタルノミナレハ弘ク各位ノ英眼ニ觸レザランヲ恐ル依テ委シクハ該日ノ廣告欄内熟覧セラレ速ニ加盟アランヿヲ併望ス

明治廿年五月

兵庫縣川邊郡山本村百廿四番地

産樹會社創立事務所

同感ノ諸君ニ告グ

本年四月三十日本紙第二千四百六十號廣告欄内ニ掲載セシ當會社設立ニ係ル株主募集之儀其後各地方同感諸君ヨリ續々申込アルモ未ダ千株ニ充テズ乍去豫定セシ六百株ニハ殆ンド超過セントスルヲ以テ來六月廿五日ヲ限リ日ヲトシ株主總會ヲ開キ營業ニ着手セントス乞過般來御請求ニヨリ定款草按送致セシモ未ダ何等ノ報知無之諸君及ビ更ニ御加盟セラレントスルノ諸君ハ該日迄ニ株數申込書御送致アランヿヲ

明治廿年五月

川邊郡山本村百廿四番地

川邊郡産樹會社創立事務所

創立委員敬白

ただし、神戸下山手通4丁目大住三郎なる人物も4人の創立委員の一人として参加していることを見落としてはならない。この人物はどのようにしてこの会社創立に参画したのだろうか。また、この会社創立と創立後の運営においてどんな役割を果たそうとしているのだろうか。ひとつ想像できるのは、神戸と言えば、外国人居留地があり、そこに住む外国人の嗜好に応じる計画の可能性であろう。植木産業における国際的視野の確立の課題であると言ってもい い。大住なる人物は、そうした視点を山本村にもちこんだ人物かもしれない。

②再度の株主募集、加盟の催促

◎『朝日新聞』明治20年5月11日

これは、読めばすぐにわかるように、二度目の株主応募の勧めである。いったい、ここまでの段階でどのような地域の人びとが株主に応募していたのであろうか。また、会社創設者たちは、これから先、どのような地域の人びととの参加を望んでいたのであろうか。すくなくとも新聞による情報の伝達を必要としない近隣の人々だけではなかったと思う。ちなみに、『朝日新聞』の読者は、すでに10万人の単位で関西一円に広がっていたことが知られている。

③「同感の諸君に告ぐ」（株式申込の催促）

◎『朝日新聞』明治20年5月26日

いよいよ創立総会の開催を6月25日と決めたことを広告するものである。千株には満たないが、6百株は超過したとある。創立委員の考えていたような参加者数が得られていたのかどうか、応募状況を記す文章は実に微妙な書き方をしている。しかし、次の広告を見ると創立には成功したと思われる。

④秋季諸苗売捌き値段の広告

◎『朝日新聞』明治20年10月13日

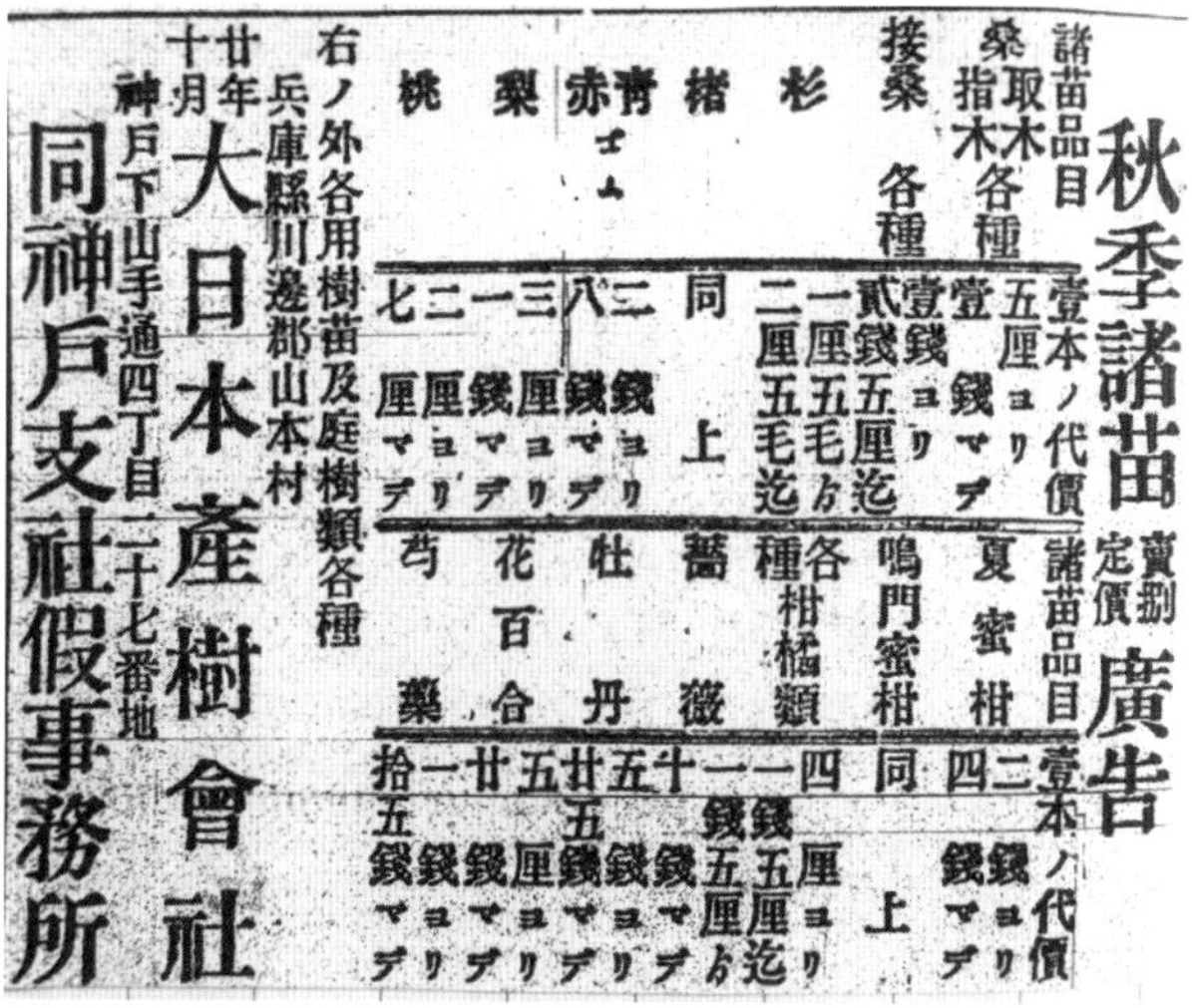

代価の書き上げ　ここから、会社名が大日本産樹会社となっていく。おそらく創立総会でそう決めたのであろう。大きな名をつけ、取引を広域なものにするという意識も存していたのかもしれない。この広告は、秋に売捌く各種樹木の名前とその苗木代価を書き上げている。

桑と接ぎ桑。これは、蚕のえさとなるもの、養蚕業との関係に注目していたことを見ておかねばならない。日本における養蚕業の広がりに産樹会社はどこまでの範囲で応えようとしていたのか。会社あるいは山本村の植木産業の広がりを知るうえで貴重な記述と言わねばならない。

杉。杉は建築素材か。

楮。これは製紙業への対応か。明治以降実は和紙生産は急速に増大していたのであって、これもまた紙の生産地との関係をうかがわせる。

ゴムの木。これは日本では現在まず見かけないが、この時代日本でも生産が目指されたとわかる。

梨《なし》・桃及び各種の蜜柑《みかん》。これらはくだもの。

バラ・ボタン・花ユリ・シャクヤク。いずれも高価な観賞用の花である。その値段が示されている。

産樹会社のねらいは、種の精選、値段の適正化などにおかれ、山本村などでの植木産業の質の向上を図ったと考えてもいい。なお、神戸支社仮事務所が置かれている。もちろん、神戸在住大住の活動拠点だろう。

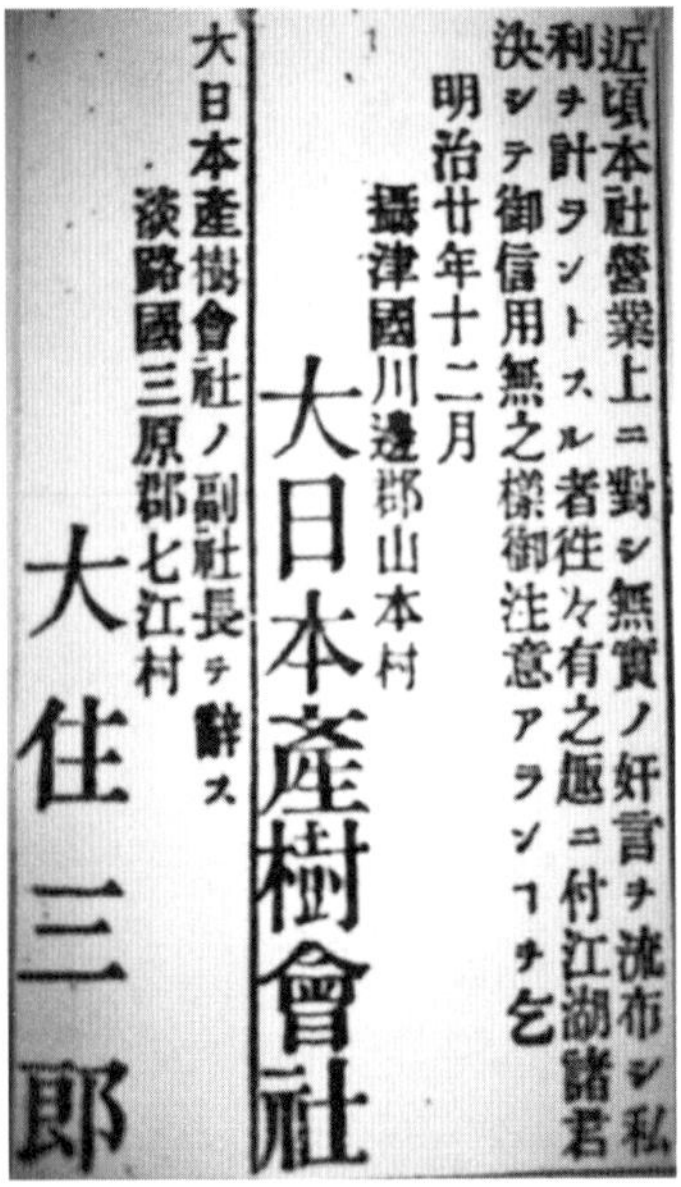

近頃本社營業上ニ對シ無實ノ奸言ヲ流布シ私利ヲ計ラントスル者往々有之趣ニ付江湖諸君決シテ御信用無之様御注意アランヿヲ乞

明治廿年十二月

攝津國川邊郡山本村

大日本産樹會社

大日本産樹會社ノ副社長ヲ辭ス

淡路國三原郡七江村

大住三郎

⑤会社に対する奸言に注意

◎『朝日新聞』明治20年12月16日

産樹会社の前途に暗雲　ここには、穏やかならない文言が躍っている。「無実の奸言」とは何だろう。大住が副社長辞任を宣言しているのも何か関係があるのかもしれない。なお、同人はこのとき淡路島に移っている。山本村とか平井村はそこまで連携を広げていたと言うことも出来そうである。しかし、ともかく産樹会社の前途危うしとの状況が出現したのであって、会社はこの広告をもって対抗しようとしている。

⑥諸樹苗および庭木販売の案内

●諸樹苗及庭木類各種
右特別廉價販賣ス但大坂府博物場ヘモ出品
攝津國河邊郡山本村
廿一年五月　大日本産樹會社

◎『朝日新聞』明治21年5月27日

前回の事件は解決していたのだろうか。いろいろな樹木の苗、庭木などの販売を宣伝している。大阪府博物場は明治8年11月の開場以来、物産の展示その他大阪市民の知識向上に大きな役割を果たしてきた施設で、そこへの出品も記載して、会社の信用増大と広告効果の重ね合わせを図っている。

⑦株式追加募集の広告

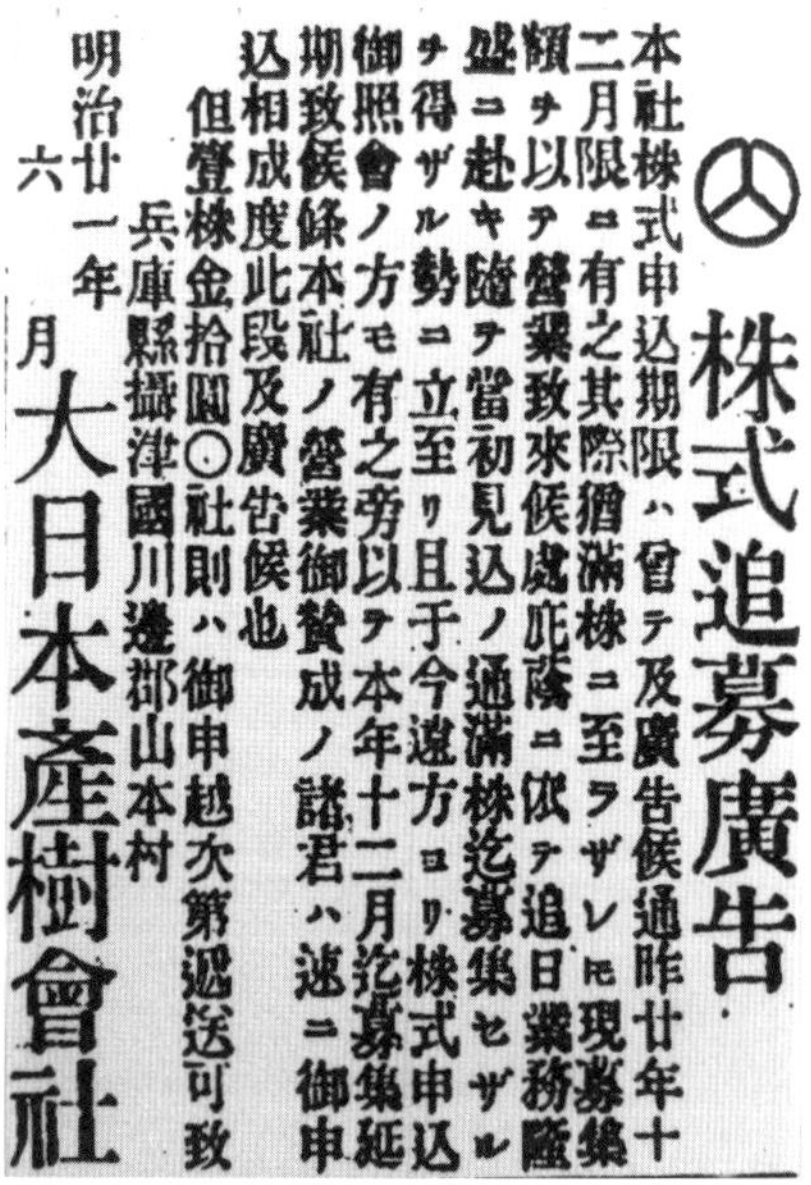

株式追募廣告
本社株式申込期限ハ曾テ及廣告候通昨廿年十二月限ニ有之其際猶滿株ニ至ラザレバ現募集額ヲ以テ營業致來候處庇蔭ニ依テ追日業務隆盛ニ赴キ隨テ當初見込ノ通滿株迄募集セザルヲ得ザル勢ニ立至リ且于今遠方ヨリ株式申込御照會ノ方モ有之旁以テ本年十二月迄募集延期致候條本社ノ營業御賛成ノ諸君ハ速ニ御申込相成度此段及廣告候也
但壹株金拾圓○社則ハ御申越次第遞送可致
兵庫縣攝津國川邊郡山本村
明治廿一年六月　大日本産樹會社

◎『朝日新聞』明治21年6月8日

産樹会社は、ともかく存続していたことは間違いなく、満額に満たない資本金の公募にとりかかっている。この後の記録がどうなるのか、知りたいところであるが、筆者が見たところでは、資料はここまでである。

（d）豊島郡桜塚村の産牛会社

産牛会社についても、今日語られることはない。①で豊島郡桜塚村〔現在は豊中市の一部〕に本拠を置いたと記載されるが、『新修豊中市史』のどこにも記載は見当たらない。すでに忘れられた存在となっているのであろう。しかし、産牛会社が、明治22年末までに大阪で刊行されていた新聞に掲載した広告は3件ある。また、こうした広告とは別に新聞記事中に動静記事が若干残されている。本稿では、それらを併せ見ながらこの会社に関する知識を整理していくこととしたい。

①株増募の広告

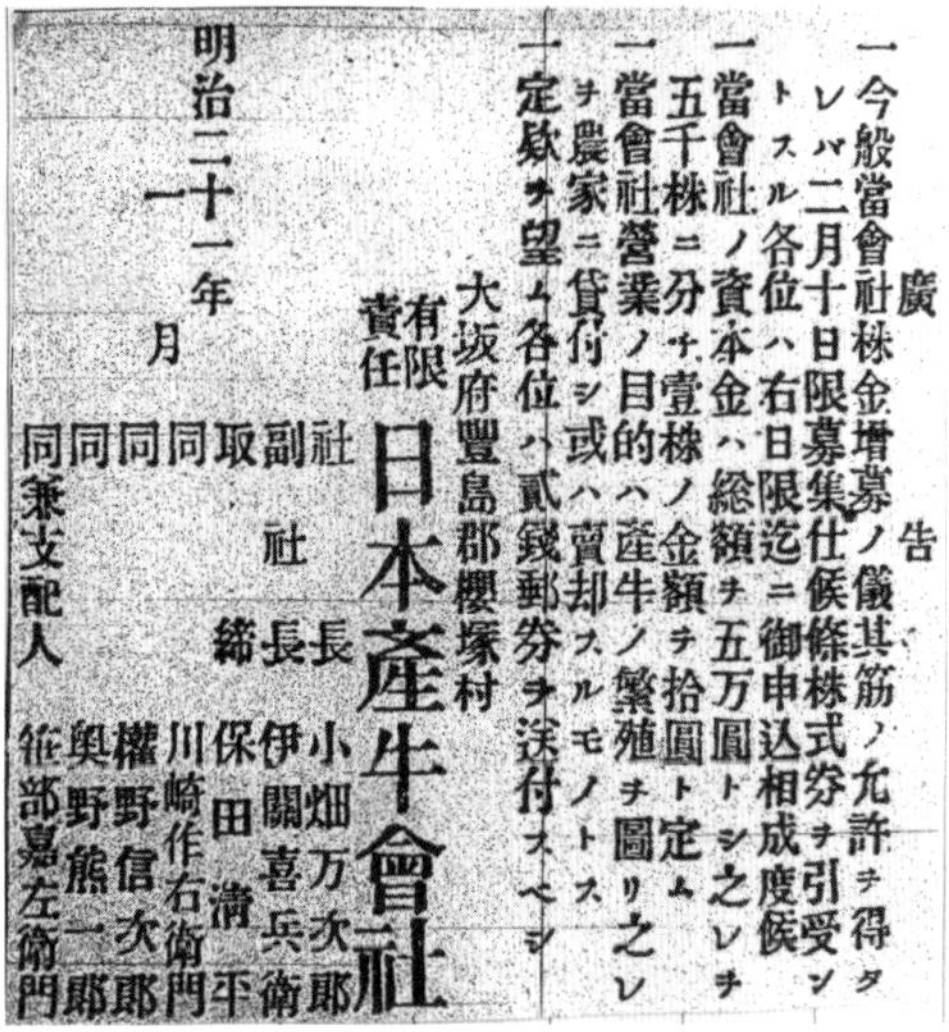
廣告
一今般當會社株金增募ノ儀其筋ノ允許ヲ得タレバ二月十日限募集仕候條株式劵ヲ引受ントスル各位ハ右日限迄ニ御申込相成度候
一當會社ノ資本金ハ總額ヲ五万圓トシ之レヲ五千株ニ分チ壹株ノ金額ヲ拾圓ト定ム
一當會社營業ノ目的ハ產牛ノ繁殖ヲ圖リ之レヲ農家ニ貸付シ或ハ賣却スルモノトス
一定款ヲ望ム各位ハ貳錢郵劵ヲ送付スベシ

大坂府豐島郡櫻塚村
有限責任 日本產牛會社

明治二十一年一月
社長 小畑万次郎
副社長 伊關喜兵衛
取締 保田清平
同 川崎作右衛門
同 權野信次郎
同 奥野熊一郎
同兼支配人 笹部嘉左衛門

◎『朝日新聞』明治21年1月24日

産牛の意味　これは、会社設立の要件を説明する広告となっている。まず、産牛会社の事業内容である。この文では、三点目でみずから「当会社営業ノ目的ハ産牛ノ繁殖ヲ図リ、之ヲ農家ニ貸付シ、或ハ売却スル」としている。問題はここでいうところの「産牛」とはなにかであろう。辞書的には「産牛」という言葉はないようで、国語辞書にも漢和辞書にも出てこない。広告文中に「産牛の繁殖を図る」、あるいは「産牛を農家に貸し付ける」とあるから、普通に考えれば、農耕牛のことであるとは推測できる。問題は、その産牛を繁殖させることが経営として成り立つのは、なぜかという点であろう。

おそらく、昔から農耕牛の生産・繁殖は個々の農家にとって容易な仕事ではなかったはずである。実際、ひとつの農村でいえば、そこに存在した農家の数に近い数をもって数えるのが農耕牛である。なかには飼育を苦手とする農家もいたはずである。この牛を個々の農家に代わって専門的に繁殖させ、個々の農家の需要に応じるというのであれば、経営的にも成り立つと考えても不自然ではない。しかも、つぎの②の解説記事中に紹介している『東雲新聞』記事中に、比較的おとなしい牝牛は農家に貸し与えるとしており、残り半分の雄牛は種牛とするものを除き、肉牛とすれば利益は少なくないものと推測できる。

こうして産牛会社は設立されたのであろう。会社の資本金は5万円、株の申込期日は明治21年2月15日、実際の送金期日は3月15日とされた。②は、送金期日の案内である。

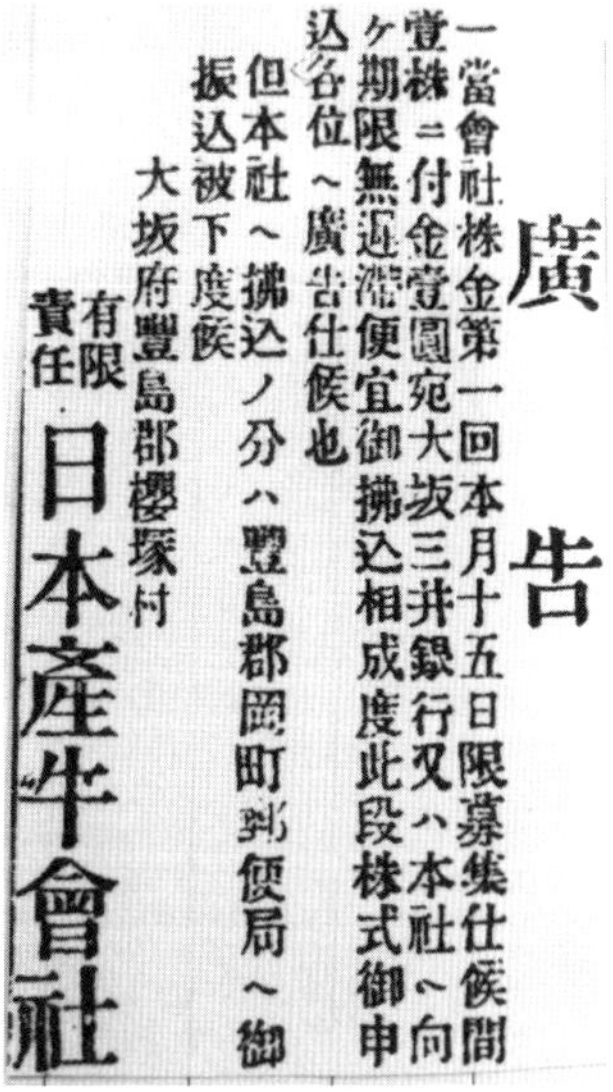
廣告

一當會社株金第一回本月十五日限募集仕候間壹株ニ付金壹圓宛大坂三井銀行又ハ本社ヘ向ケ期限無遅滯便宜御拂込相成度此段株式御申込各位ヘ廣告仕候也

但本社ヘ拂込ノ分ハ豊島郡岡町郵便局ヘ御振込被下度候

大坂府豊島郡櫻塚村

有限責任 日本産牛會社

② 株金払い込み期日の案内

◎『朝日新聞』明治21年3月14日

送金が済んでいない者に、1株につき1円の支払いを3月15日までに完了するよう催促する広告である。三井銀行の利用を述べていることに注目したい。いうまでもなく、三井銀行との取引ができることは、当時の社会認識としてその会社のステータスを表示するものであった。

産牛会社について、『大阪日報』明治21年5月3日には、大阪府が前途を嘱望している記事が次のように掲載されている。

●産牛会社　府下摂津国豊島郡桜塚村に設置したる日本産牛会社にてハ創立以来其需要次第に増加し、益々盛大に赴くの景況あるを以て、自今一層其業務を盛んにせんとて、目下地方の有力者に就き頻りに会社加入を勧誘し居り、現に東成郡蒲生村の秋岡誠一氏ハ同社補助員の依頼を受け昨今考慮中なりとのことなるが、尤も大阪府庁にても将来産牛を盛大にせんとの計画ありて、同社に対してハ相当の助成を与ふる由なれバ、同社が今回の目的を達するハ恐らく遠きにあらざるべしと言へり

産牛会社は、このように府からも期待され、また仲間を各地に広げはじめていたのである。産牛会社にとってあとは、繁殖に必要な草場とか飼育場の確保と、飼育技術の確保があればいいということになる。じつは、この問題についても、新聞には次のような記述があった（『東雲新聞』明治21年6月1日）。

●官林拝借願ひ　府下豊島郡桜塚村なる日本産牛会社と云ふハ、各農家に牝牛《めんぎゅう》を貸与へ、農家の便を計る為め昨年允許を得たる者なるが、同会社にてハ未だ放牛場の設け無かりし処、今度同村字五位塚なる官林八町三反六畝歩を一ヶ年十円三銭二厘の借地料にて五十ヶ月間借受け放牛場となし度旨社長小畑万次郎氏より昨日当府庁へ願ひ出でたり

まさしく、筆者が想定したとおりの業態であったことが書かれているだけでなく、その経営のために必要な草場あるいは飼育場の確保において大阪府庁の助けを借りようとしていたのである。

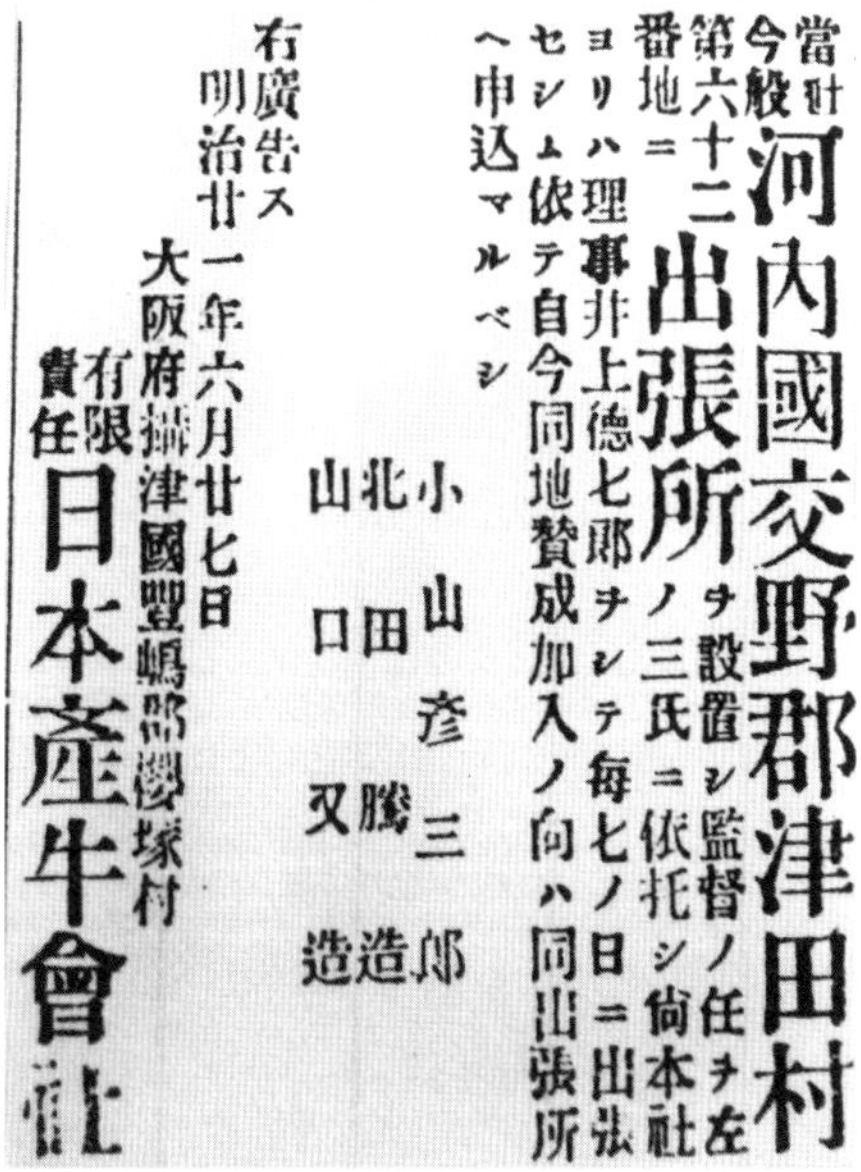
當社今般河内國交野郡津田村第六十二番地ニ出張所ヲ設置シ監督ノ任ヲ左ノ三氏ニ依托シ尚本社ヨリハ理事井上德七郎ヲシテ毎七ノ日ニ出張セシム依テ自今同地賛成加入ノ向ハ同出張所ヘ申込マルベシ

小山彦三郎
北田騰造
山口又造

右廣告ス
明治廿一年六月廿七日
大阪府攝津國豐嶋郡櫻塚村
有限責任 日本產牛會社

③ 交野郡津田村に出張所を設置　◎『朝日新聞』明治21年6月28日

「桜塚村は産牛の中心地」との期待　産牛会社は、河内国方面にも活動が広がっていった。こうした新聞記事や広告を見る人にとって、産牛会社は将来性を期待された会社であり、また第3章3－(a)で見た桜塚村ぶどう樹園前の山本村産樹会社のこととも合わせ、豊島郡桜塚村方面も大いに発展する可能性を持つ地域と認識するのは自然ではなかろうか。

次の記事は、そうした期待の意識がある中で出現した動きとしてみていくこともできる。これは、大阪北区堂島浜通りの士族が牧牛場経営を申し出たという記事である（『東雲新聞』明治21年8月11日）。秋月清十郎という士族は、いかなる人物か、いま明らかにしえないが、これも豊嶋郡長興寺村（ここも桜塚村の近く）に約2・5ヘクタールもの土地を借り受けたとあることに注目せざるを得ない。

●牧牛場を設置す　北区堂島浜通り二丁目十二番地士族秋月清十郎氏ハ府下豊嶋郡長興寺村所在字高広と唱ふる所の地所七千五百三十坪を借受け、一の牧牛場を設置し度き旨昨日大阪府に願出たり

《この節の小括》

以上、四つの会社・事業体の広告および関連記事についてみてきた。いずれもデフレーションで経済活動が委縮していた状況を乗り切った後の地域で、それまでの蓄積をもとに、その地域の関係者らが力を寄せ合い、新たな発展を目指して出発した事業体であった。他方、その事業にとって徐々に販売枚数を増やしつつあった新聞が大きな役割を果たしてきたことも明瞭な事実として確認できる。

こうした新しい産業の活動形態は、その経営主体の地域認識を大きく変化させ、広げていったことも大事なポイントであろう。それは、その後の地域の歴史を築く基礎となったものであり、また、それら事業体の基盤となった地域についての社会的イメージ形成に大きな役割を与えていった。地域は縮こまるのではなく、広く各地（時には世界の各地）と関係を結ぶべきことの意識が生じてきたことも大きな変化と考えるべきであろう。まさに、時代は大きく変わり始めていたのである。

2　保養地・景勝地に関わる広告

デフレの終息と保養地・景勝地への注目　明治19年から20年ごろデフレーションが社会の中で収まり始めると、再び保養地や景勝地を求める人の数も増えていった。新聞にも明治14年ごろから途絶えていた関連記事がわりと目につくようになる。第1章―2―（d）で紹介した榎本義路著『有馬温泉記』の刊行が報じられるのは明治18年7月のこと。多少流行に先立っていたが、経済の回復とともに人びとの心にも余裕が生じてきた証だった。

宝塚温泉地への注目　大阪北部に広がる景勝地や保養地は、従来から箕面・有馬といったところが知られていたが、この時期から新興の宝塚温泉地がにわかに注目を浴びていく。実際、この三ヶ所に関する記事と広告は、前節で見た生産・販売等に関わる広告の量と匹敵するようになっていく。都会人をはじめ、各地に暮らす多くの保養客を呼び込む手段として新聞広告等がこの方面でも大きな存在になっていったのである。ここでは、それぞれの広告を見、その地がどのようなイメージで語られていったのかを確認していきたい。なお、妙見山は基本的に信仰の対象であり、一口に勝地というわけにはいかないが、大勢の参拝者を集めるという点では共通点もあると考え、この節の（e）で取り扱った。

本節では、最初に、この時期急速にその名前が知られていった宝塚温泉を取り上げる。宝塚温泉の名付け、客の増加、温泉地としての評判があって今日の宝塚市につながる基礎ができたのであるとするならば、ここのところは史実を確定しつつ、できる限り丁寧に見ていかねばならない。とくに、新聞広告のみならず関連記事のなかで、そのすばらしさが、どのような人々や組織によって、どのように語られ、どのように関心を持つように仕向けられていったのかが課題となるだろう。

俗化の問題　つぎに、これは、宝塚温泉地に限ったことではないが、温泉地・保養地といったところにおける俗化の問題についても、それぞれの所について具体的に検討していきたい。温泉文化と俗化の問題。これは紅葉の美で知られた箕面についても共通する課題であった。また、新興の宝塚温泉と老舗の有馬温泉、この比較も興味が尽きない。

（a）宝塚温泉の開発と関わった人びと

知られていた泉源　確たる記録の残らない古代や中世の昔はさておき、塩尾寺谷《えんぺいじ》を流れる塩谷川が武庫川に合流するあたりに塩水の出る所があることは、『宝塚市史』第5巻326ページ掲載の「御巡見下絵図」（天明7年＝1787年7月作図）に描かれている。写真版の方では見難いが、解読版には、図面左上、岩塊のようなものが描かれているところに「塩水出ル所」と明瞭に表記されていることがわかるであろう。ここは、今の温泉の泉源地にほぼ該当すると見ていい。この絵図は、多数の用水施設がていねいに描かれているところから見て、用水をめぐる紛争地を確認するためのものだと思われる。

残念なことには、この泉源がいつから知られていたのか、またどのように村の生活と関わっていたのかについては記載されていない。ちなみに、明治3年差し出しの「伊孑志《いそし》村明細帳」（同書181ページ）には、右の「塩水出ル所」について記述はない。塩谷川も記載されていない。知っていたが記載しなかったのか、あるいは明治の初めには忘れられていたのだろうか。

この場所で改めて湧出量が最も豊富な泉源を苦心して見つけ出したのは当時武庫川の対岸川面村で山地を農地

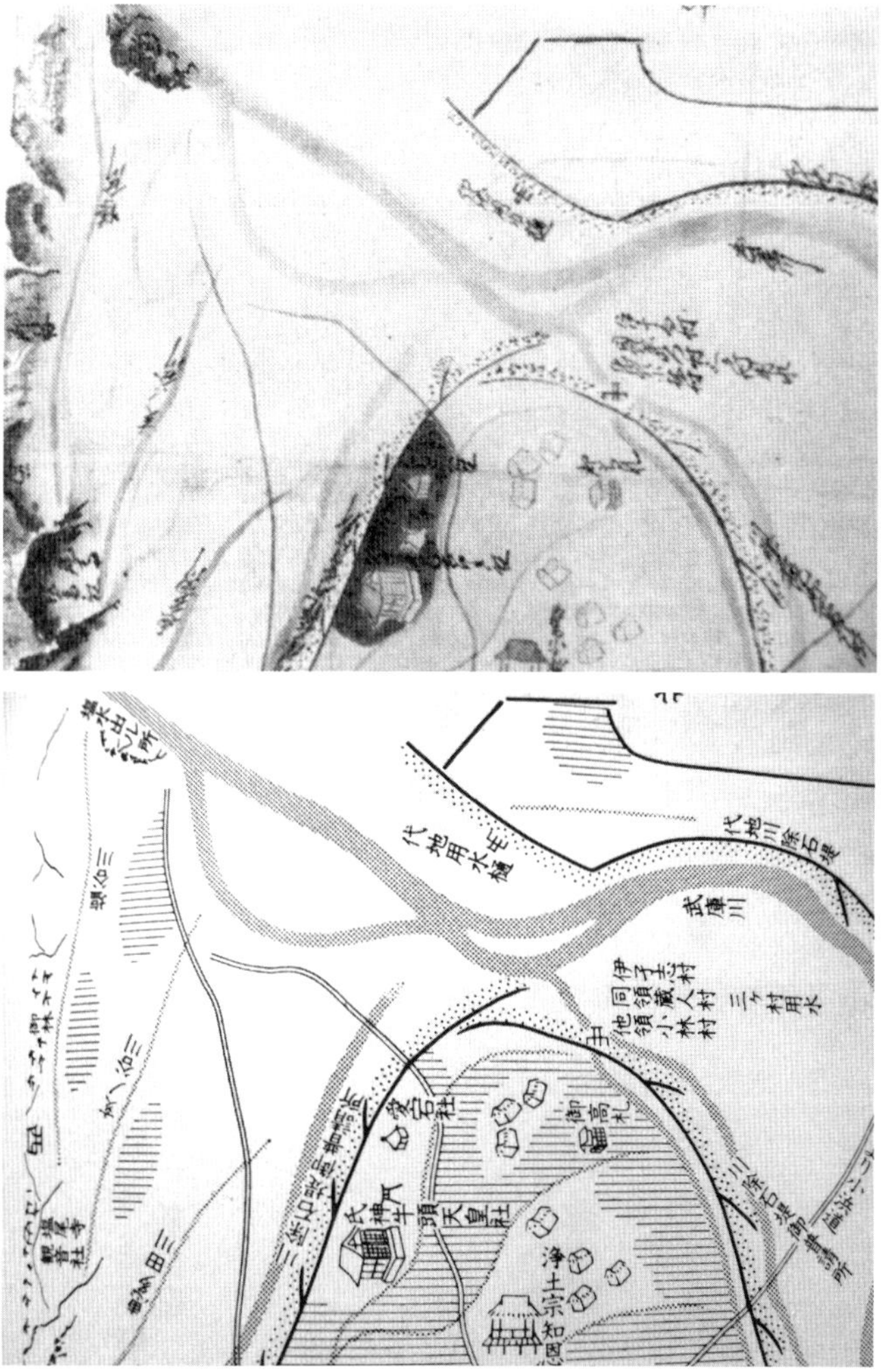

御巡見下絵図（『宝塚市史』第5巻）

に開発しようと努め、一説では、やがて搾乳業を経営したと言われる岡田武四郎であった（「宝塚の由来」「小浜村誌稿」、『宝塚市史』第6巻所収）。発見した時期は明確にはできないが、新聞記事から推測すれば明治19年1月ごろのことであった（①②。ただし、前掲「小浜村誌稿」では明治18年）。彼の功績は、もっとも豊かな泉源を見つけ出したこと、そしてその泉源地に温泉地を開こうと決意・努力したことであった。

岡田武四郎の目論見を支えたのは、大阪在住の「有志」すなわち搾乳の同業者延寿軒の小佐治豊三郎とか小亀（永七カ）などであった。彼らはともに温泉地建設に同意し邁進することとなる。当初はもちろん、温泉に関する新聞広告を進んで掲載することもしなかった。ただ、温泉の発見とそれを基礎とする温泉地形成に関する彼らの意思は、その情報とともに、まもなく新聞に記事として掲載されることとなった（①）。ということで、しばらくは、宝塚温泉の「発見」と温泉地建設の計画に関する新聞の記事を紹介していくこととしたい。

①温泉の発見と温泉場建設の見込み

◎『大阪日報』明治19年9月9日

●武庫山の温泉　兵庫県下武庫郡川西村岡田竹四郎氏は曩に同郡伊萬志村領武庫山字宝塚の荒地に於て一の温泉を発見し、其後衛生局大坂試験所の試験を受け有効との試験状を得しを以て、爾来温泉場建築の事に付同志募集中なりしが、既に大坂府下に於て数名の同志者を得たるにより、過日来右建築に着手し、浴客の二室は本月中旬までにハ落成の見込なりといふ

温泉発見、最初の記事　この記事が、おそらくは岡田武四郎の泉源発見と温泉場建築の希望とその見込みを述べた最初の新聞報道であるとみていいだろう。『大阪日報』の記者は、この話をどこで、また誰から聞いたのだろうか。きっかけはわからないが、記者が通常大阪で活動していることを考慮してみれば、この話も大阪で、しかも岡田武四郎本人か、彼に近い人物から聞いたと考えるのが自然と思う。

文字には誤りが多い。「川面村《かわも》」は「川西村」とされ、「武四郎」は「竹四郎」、「伊孑志村《いそし》」は「伊萬志村」とされている。要するに大阪の人間にはほとんどなじみのない地名や人名などで、誤記が出るのもやむを得ないことだったかと思う。ただし、大阪に関する事項になると、まず間違いは犯していない。たとえば「衛生局大阪試

験所」は、明治16年5月5日内務省所轄大阪司薬場を衛生局大阪試験所と名称を変更していたもので、正確な表記となっている。温泉はその試験で合格した。だから温泉場を公然と造りたいとの希望を岡田武四郎が持ち、それを当人か誰か代人のような人物が述べたというのである。

記事では、岡田武四郎の決意の背景、その経営的な見込みについてのコメントがない。記事は、かろうじて、温泉場開発の同志を大阪で集めることに成功していること、および近いうちに浴客の二室が完成するとの見込みに触れているが、ここのところでは、たとえば同志の名前・職業あるいは温泉場経営の方針、現在の問題点などをもう少し取材し、その可能性・有望性についても記述しておいてほしかったと思う。またそれを語ったのが誰だったのかについても明記してほしかった。

広められた「宝塚温泉」の名前 それから、もう一つ、温泉の名称とその所在地を、見出しで「武庫山の温泉」とし、所在地を「伊孑志村領武庫山字宝塚」としていることにも注目しておかねばならない。じつは、当時の伊孑志村に「宝塚」という字《あざ》あるいは小字は存在していない。『宝塚市史』第6巻586ページには明治10年ごろの「伊孑志村字限図」が掲載されているが、この図は当時の村々戸長たちが署名捺印して公的な図とされたものである。ここに「宝塚」という字《あざ》は存在していないことが

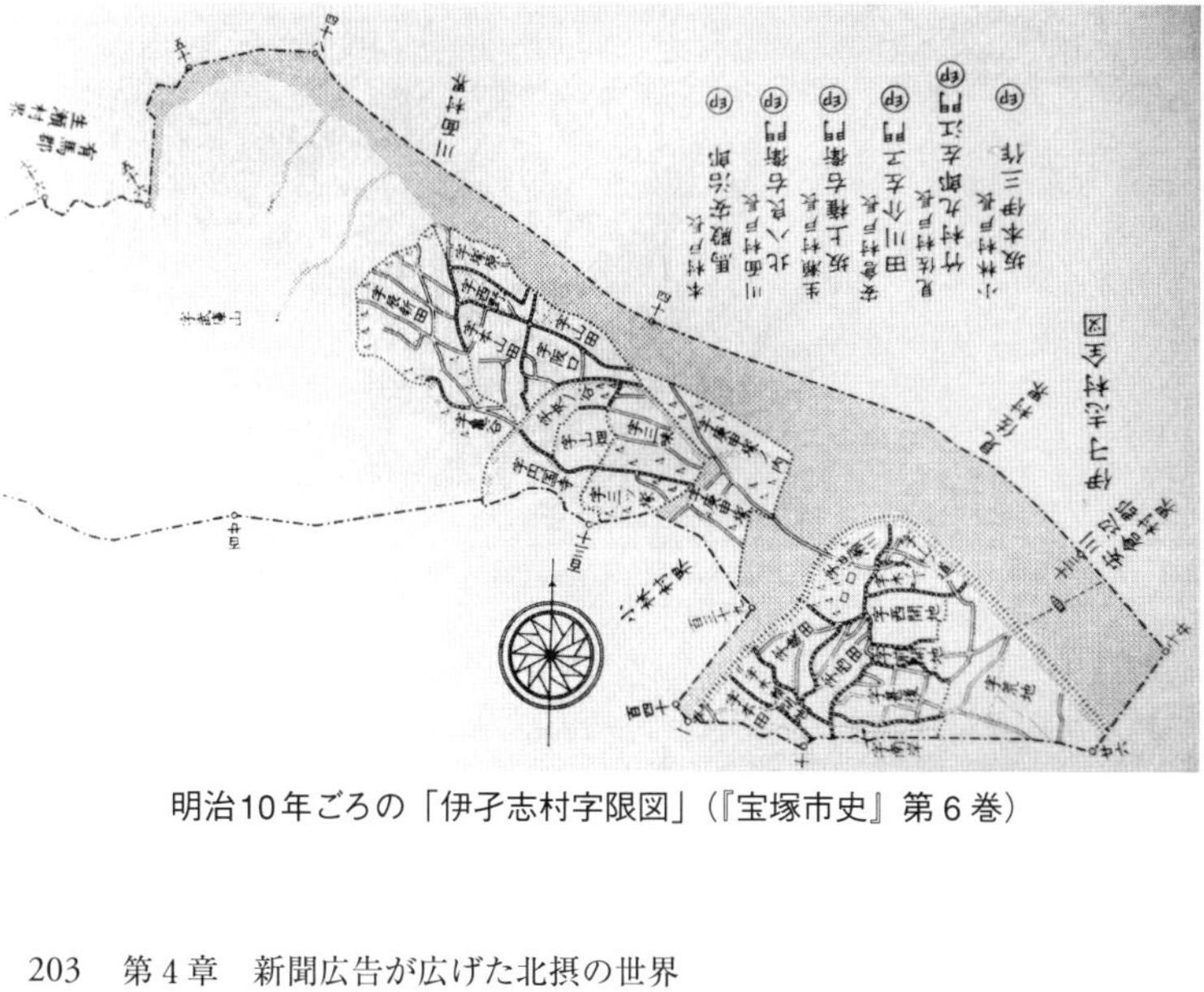

明治10年ごろの「伊孑志村字限図」(『宝塚市史』第6巻)

確認できるであろう。

しかし、この事情は記事にされることはなかった。遠く離れた大阪あるいは神戸などの人びとにとっては「宝塚」の地名が新聞の中で存在しているものとされれば、それはすなおに受け入れたと思う。そして、この名称は、この後の新聞記事において常に使われ、やがて人々の記憶にもしっかりとしみこんでいくものとなる。

ちなみに、この記事が出たのが明治19年9月9日、次の『朝日新聞』記事が同年12月3日、続く『大阪日報』の二つの記事がそれぞれ明治20年4月7日と6月28日、そして、初めての広告が『朝日新聞』明治20年9月16日、緒方病院の髑髏庵居士（この年4月に陸軍を辞して緒方病院を開設していた緒方惟準《これよし》であろう）の名による「宝塚温泉の記」の寄稿が同年11月13日のことであった。この間、1年と少しばかり。すごい勢いで「武庫郡伊子志村字宝塚」にある「宝塚温泉」の名前は広まったことが見て取れる。

宝塚温泉の開発業者は、この「宝塚という地名」を意識してあちこちで広めている。彼らは、地元の土地所有者との契約書においても「字宝塚」の名前を使った。『宝塚市史』第6巻所載の史料での記載例を見ると、年月日不詳（ただし明治19年と推定）の「地所貸渡料受領書」（326ページ）では

当村地内八百二十番字武庫山宝塚ニ接続、隣地三百弐番字三昧山林反別七畝拾五歩

と書き、明治20年7月15日の「温泉場区域確認書」（327ページ）では

武庫郡伊孑志村三百弐番字三昧ノ内及武庫山跨小唱宝塚

としている。

このように、温泉開発の業者たちは、様々な表現を駆使して「宝塚という字《あざ》」があるかの如くふるまっていった。その思いの強さが当初から新聞記者たちをして「宝塚」の名前を地名のごとく記事中に書かせる力となったのであろう。地元の伊孑志村側からしても、気にしない荒地であったことから、これを許容したのかもしれない。

では、そこまでしても存在することを装った「宝塚」の名前は、実際にはどこからきたものであったのか。前掲の「宝塚の由来」は、岡田武四郎が生活していた対岸川面村に存した「宝塚」の字名から採ったという。また、小佐治豊三郎の「宝塚温泉発見以来の顚末」では縁起の良い名をつけようと開発者の間で相談がまとまり、岡田武四郎の宗家田村善作の意見で伊孑志を宝塚とすることにしたと記している（『宝塚市史』第3巻）。要するに、宝塚温泉の名前は伊孑志村の字名《あざ》に由来するものとされたが、実はその「字名」は開発者の命名だったのである。

②宝塚温泉の評価が定まる

●炭酸と食塩の両泉　今年の一月摂津武庫郡伊孑志村の字宝塚に於て発見したる炭酸泉及び食塩泉は大坂司薬場の試験を受しに善良の質なりとの事なれば、目今同所に浴室と客舎を建築中なるが、去月廿八日兵庫県立神戸病院副長杉田雄氏及同院の医員が出張して実験ありしに、其鉱泉は至極良質にして且山水も秀美なる上に、同所を距る一町許の所に瀑布もありて避暑養痾に適したる地なりとて大に之を称賛して帰られたる由なり、因みに記す、同所の浴室客舎の工事は本年中に落成するを以て、来年一月中旬には盛なる開場式を挙行する計画なりといふ

◎『朝日新聞』明治19年12月3日

医学的評価の獲得と浴室の謎　右の記事が最も力を込めて述べていることは、宝塚の温泉は、炭酸泉と食塩泉との二種があり、そのいずれもが「善良の質」あるいは「至極良質」であること、しかも山水も秀美、かつ瀑布があって避暑・養痾《ようあ》〔病気の療養〕に適するとの判定が大阪司薬場以外にも、兵庫県立神戸病院副長の杉田雄氏と同じく同院の医師によって下ったという所である。

まさに宝塚温泉の評価が定まった記事というべきであろう。内務省大阪司薬場とか神戸の病院とか、公権力と新聞の力は実に大きいことを改めて確認できる。これを読んだ読者の中には明治20年の年明けにも開場式を見、入湯できるかもしれないという期待感を抱いた者もあったと思う。

さて、ここに工事中であると書かれている浴室客舎は予定通り完成したのだろうか。しかももう一つ疑問が生じる所は、①で明記されていた岡田武四郎に係る2室の浴室の存否である。この浴室は完成していたのだろうか。記事には何の手掛かりも記されていない。それはさておき、次の③では、「追々入浴に来れる者増加」と記されているからには、何か出来ていたことは明らかである。客はここに来て入浴し、新聞記事の内容を事実として確認して家路についたのではなかろうか。

しかし、宝塚温泉は冷泉であった。次の記事では、そのことが明かされ、同時にそれを克服したことも報じられる。翻刻文のみを掲載しておく。

③湯温上昇に技術的な見通し

◎『大阪日報』明治20年4月7日

●室〔宝〕塚の温泉　昨年中発見したる兵庫県下武庫郡室塚の温泉ハ地位最も佳絶にして、林泉の眺めに富めるより追々入浴に来れる者増加するにも拘ハらず、未だ旅店とてハ一軒もなく、其上湯の温度甚だ低く、華氏の九度位なれば、如何にもして是を高度にするの工風〔夫〕をせでハとて兼々有志の者が尽力し居たるも、釜を以てこれを沸す時ハ自然効験を減殺するの恐れもあり抔《など》種々考案を尽せし末、終に蒸気の仕掛けを以て天然底に温度を高くするの新発明をなし、既に両三日前に右の器械を据えたりと云ふ、又当地曽根崎村の清華楼主人ハ同地へ旅店兼料理亭を開設せんとて一昨日地所検定の為め該地へ赴きたり、又右温泉場ハ本月下旬か来

月上旬にハ是非とも開業する積りなりと云へり

開業へ、ふくらむ期待　宝塚温泉は泉質がよくて景色もいい。しかし温泉の温度が低いことは大きな悩みであったことが初めに指摘されている。そして同時に、もはやその問題は解決した。すなわち、最先端の蒸気技術をもって解決するのだ、宝塚温泉は、これから先いよいよ有望だと、明るい見通しが語られている。しかも、大阪人にとっては曽根崎村、梅田のステーション前に建つ権威のある料亭清華楼も進出を考えているとも記載され、いよいよ期待は膨らむのであった。

この記事が書かれたのは4月。そして、この4月か5月には待望の旅店も開業するとの予測が書かれている。これは、このの後宝塚温泉地の開業が5月5日とされていることと重なり合う情報とも考えることができよう。つまり、開業とは浴室客舎の完成ではなく、客が料理を楽しみ、一泊もできる温泉旅亭の開業であったと考えるべきかもしれない。

④温泉場発見者との紛議を解決

◎『大阪日報』明治20年6月28日

●温泉場の紛議　温泉の湧きだすやうに先繰《せんぐ》り紛議か湧いて出てハ蒼蠅《うるさ》い〳〵、客年発見せし兵庫県下武庫郡宝塚の温泉ハ府下平野町四丁目小泉永七外数十名の人達が互に資金（一株五十円）を持出して浴室と一軒旅店とを新築し既に落成せしにより、昨今当地及び神戸その他の地方より浴客続々到り、稍々繁昌の模様なるより、多くの持主等ハいづれも満足に思ひ、尚ほ同地に数軒の客舎、料理店等を設け、一層盛んにせんとのことにて、追々その運びのつきしを見込んでか、突然同所の発見者なる某より持主一同に対して数千円の謝金を請求せしを以て遂に一条の紛議となり容易に纏りのつかざりしが、仲裁する者ありて、右発見者某へ持主一同より数百円の金を与へ、尚ほ同人を持主の仲間として株券若干枚をも分与へ、茲に示談整ひ事済となりしに付、今度ハ持主の中に右渡し金の事にて不平を鳴すもの出来て、また〱紛議再発せしを以て、一昨日午前より東区久宝寺町一丁目第一楼に持主一同の集会を催し、昨今頻りに右の調停中なりといふ

温泉の発見者と持ち主　何と言っても、なぞは、ここに出てくる「同所（宝塚温泉）の発見者某」とはだれかという問題であろう。明治20年5月ごろには温泉旅亭が建ち、さらに数件の客舎・料理店等を設ける計画もたち、宝塚温泉は軌道に乗っていく時期であったが、それを見計らっていたように温泉の発見者が現れて数千円の謝金を数十人の持主に要求したというのである。この人物の名前はなぜか記事中には明かされていない。しかし、温泉地の権利者も彼に数百円の金を渡し、株券も渡している。つまり、彼の言う権利を認めているのである。

さて、この人物とはいったい誰のことであろうか。温泉の発見者で地元の人間と言えば、岡田武四郎か、あるいはその宗家田村善作の可能性が高いと言わざるを得ない。ただし、この二人のうち本当の発見者と言えば岡田武四郎であろう。とすれば、いったいこの二人、とりわけ岡田武四郎はこの間どうなっていたのであろうか。

宝塚温泉の経営は、泉源の権利維持と浴室客舎および温泉旅亭の経営ということになるであろう。その権利は、大阪の人々を中心に数十人に広がり、株を所有するようになっていたことが右の記事には示されている。また、曽根崎村の清華楼の進出が期待されているように、宝塚の温泉地開発は、この時期すでに大阪在住の人士の手中に握られていたようである。その中から発見者岡田武四郎あるいは田村善作はいつのころからかはじかれていたのかもしれない。とすれば、宝塚温泉は、岡田の経営行き詰まりを受け、大阪人士が代わって主導権を握っていくようになっていたとも考えられる。問題への対処を議した場所が大阪東区久宝寺町第一楼であったことも、こ

のことを物語っている。宝塚温泉と大阪との関係が深まっていることはもはやだれの目にも明らかであった。

(b) 広告に見る新興宝塚温泉地の姿

いよいよ新聞広告の紹介である。ここからは、温泉の経営関係者がどのように宝塚温泉の魅力をアピールするか、広告の形の変化も含めて楽しんでいくこととしよう。時々通常の記事も登場する。

① 宝塚温泉保生会社と3軒の旅亭、最初の広告

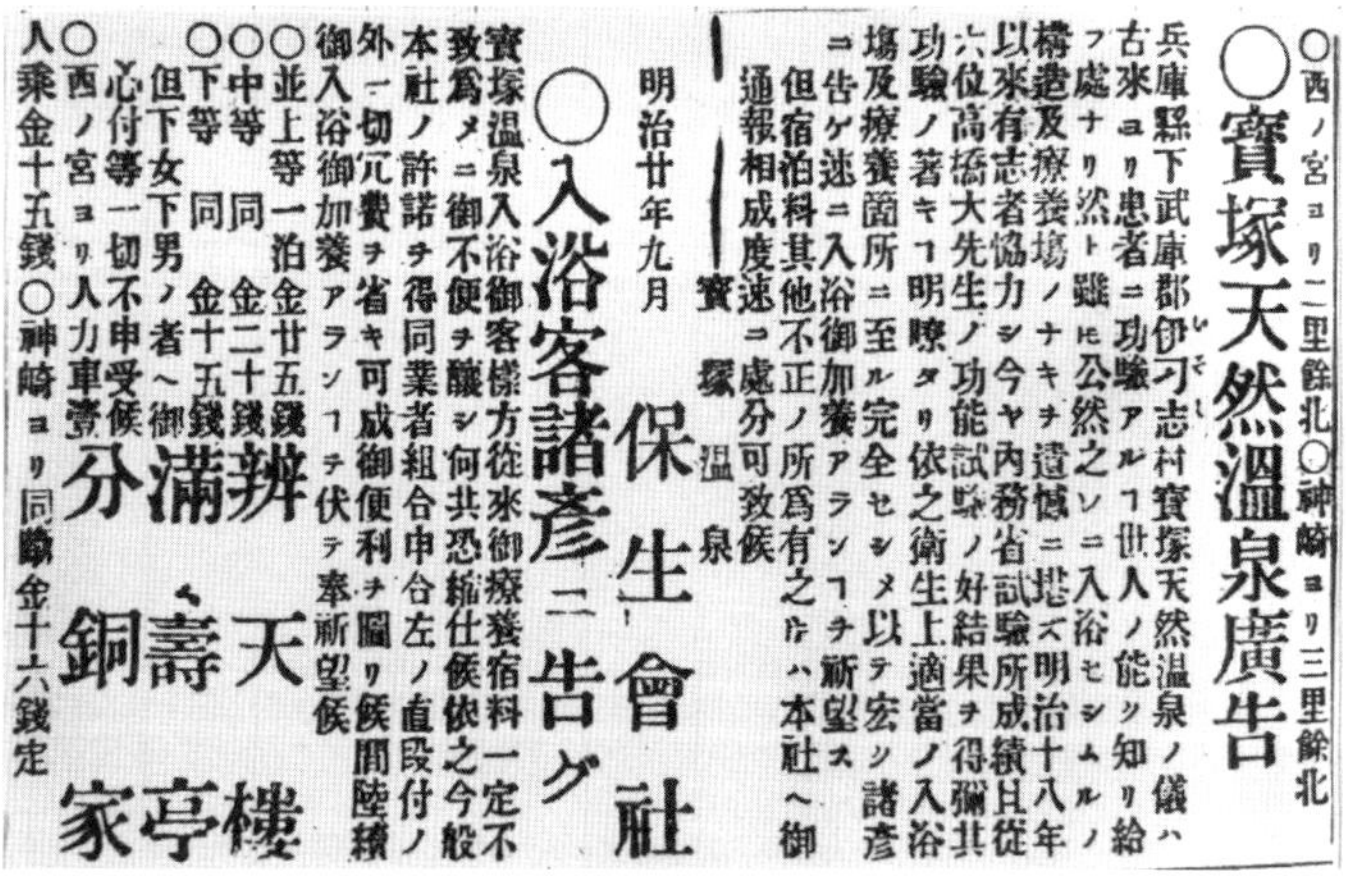

○西ノ宮ヨリ二里餘北○神崎ヨリ三里餘北

○寶塚天然溫泉廣告

兵庫縣下武庫郡伊孑志《いそし》村寶塚天然溫泉ノ儀ハ古來ヨリ患者ニ功驗アル事世人ノ能ク知リ給フ處ナリ然ト雖ヒ公然之レニ入浴セシムルノ構造及療養塲ノナキヲ遺憾ニ堪ズ明治十八年以來有志者協力シ今ヤ内務省試驗所成績且從六位高橋大先生ノ功能試驗ノ好結果ヲ得彌其功驗ノ著キ事明瞭タリ依之衛生上適當ノ入浴塲及療養箇所ニ至ル完全セシメ以テ宏ク諸彥ニ告ケ速ニ入浴御加養アラン事ヲ祈望ス

但宿泊料其他不正ノ所爲有之ニハ本社ヘ御通報相成度速ニ處分可致候

寶塚溫泉

明治廿年九月

保生會社

○入浴客諸彥ニ告グ

寶塚溫泉入浴御客樣方從來御療養宿料一定不致爲メニ御不便ヲ醸シ何共恐縮仕候依之今般本社ノ許諾ヲ得同業者組合中合左ノ直段付ノ外ハ一切冗費ヲ省キ可成御便利ヲ圖リ候間陸續御入浴御加養アラン事ヲ伏テ奉祈望候

○並上等一泊金廿五錢　辨天樓

○中等　同　金二十錢　滿壽亭

○下等　同　金十五錢　分銅家

但下女下男ノ者ヘ御心付等一切不申受候

○西ノ宮ヨリ人力車壹人乘金十五錢○神崎ヨリ同斷金十六錢定

◎『朝日新聞』明治20年9月16日

温泉地の経営形態　宝塚温泉保生会社というのは、この広告記述中、右側と左側、とりわけ旅亭の名前が記載された左側で「本社」と記されていることで、これら3つの旅亭を統括する会社であることがわかる。おそらく、宝塚温泉に関する権利を持つ者が共同して宝塚温泉保生会社を設立し、それを本社として、その下に個々の旅亭(弁天楼・満寿亭・分銅屋)が経営を認められているという形を取ったものであろう。温泉の宣伝は保生会社が行い、個々の旅亭は協力して入浴・保養のルールを守り、客をもてなすという役割分担を行っていたものであろう。

宣伝の文句にもそれがよく示されている。保生会社においては、宝塚温泉は療養に適していること、しかもその入浴場と療養箇所が完備していることをうまく書き連ねている。一方、各旅亭は連名で料金等に関する入浴客の不安を除去し、しかもサービスが行き届くことを謳う。そして、最後にこの宝塚温泉への交通についての案内も忘れない。鉄道は京都・大阪・神戸に限れば官線のみが走っていることを前提に、その停留所として西宮か神崎を紹介し、そこからの人力車代を記入している。おそらく、西宮は大阪・神戸からの旅客、神崎は大阪からの旅客を考えていたのであろう。もちろん、人力車の経営者側とは料金等で厳しく取り決めていたことを考えておかねばならない。宝塚温泉は大阪からだと有馬よりも近く、人力車代も有馬温泉よりも相当安いことが示されている。

②大阪緒方病院長の「宝塚温泉の記」

◎『朝日新聞』明治20年11月13日

寄　書

宝塚温泉の記

大阪緒方病院　髑髏庵居士

余曽て宝塚温泉の新設あるを聞き、一遊を試みんと欲するも、常に業務の為に未だ其意を果さゞりしが、頃日《このごろ》偶々《たまたま》一日の閑を得て二三の朋友と遊ぶことを得たり、聊か《いささか》浴場の景況を記して世人の参考に供せんとす宝塚温泉は兵庫県摂津国武庫郡伊孑志村六甲山の麓、生瀬川の南岸字宝塚にあり、土地高燥、気候温暖、風景頗ぶる可なり、神崎を距る《さ》四里、西の宮より凡そ二里、車馬の通路共に便なり、但、西の宮よりするときは一二の小阪・沙川《すながは》ありて、車を下る不便を感ずるのみ、人家十二戸にして其四は旅店也、而して最大なる者を北柳亭と云ふ、飲食物は多く伊孑志村より運搬し来り、魚類は鯉魚《こひ》多し、該温泉の淵源を探索するに昔時足利義晴の時代に村中一嫗《おうな》あり、悪瘡を病み平素尊信する所の観音の夢告に因て此泉を発見し、浴して病癒ゆ云々、日本鉱泉誌に見えたり、後士人汲取て自家の浴用に供すること久し、然るに昨年五月有志者相謀り茲に浴場を新設し普く浴客の便に供するに至れり、其浴所に三個の浴室あり、上中下の三等に区別す、各室に方形六尺、深さ三尺余の浴槽を設置し、槽《そう》に中隔《ちゅうかく》あり、男女浴槽を区別せり、上等室には子宮洗浄室あり、而して他の二等に之なきハ遺憾と云ふべし、山麓岩石の間より湧出《ゆうしゅつ》する所、泉水を蓄槽に満《みち》て之を浴槽に引き、蒸気鑵を以て温むる者にして、温度は大抵摂氏四十度内外にあり、其傍に冷浴室あり、又山麓の所々に於て炭酸水湧出し飲用に適す、泉質は内務省試験に拠れば炭酸泉にして食塩の多量なるが為め強鹹を有す、今成分を示せば左の如し

格魯児那篤僧母	一七、〇五九八九
炭酸那篤僧母	一、六八四一一
格魯児加僧母	一、一五三二
重炭酸加爾隻母	二、三二五四七
重炭酸麻倔涅隻母	〇、二九一〇九
珪酸	〇、〇八五三八
□酸	僅量
□土	〇、〇四五九三
格魯児	著明
重炭酸亜酸化鉄	微量
炭酸	多量

有機物　　　　少量

以上の分析表により考ふるときは、炭酸泉にして鉄分の量実に微量なり、然るに余輩が該温泉の模様を見るときは泉水涵濁、赤茶褐色を呈し恰も鉄泉の如き外観をなす、蓋し聞く所に拠れば泉源に多量の鉄粉を埋めしことありと、果して其説をして信ならしめば該温泉は天然鉱泉を変じて人工に含鉄炭酸泉となしたる者の如し、抑も温泉の効用たる泉質の化学的成分に基くことは甚だ鮮少にて、外物の関係、例令《たとえ》〔仮令〕ば浴客の旅行、居住の変換、浴場の模様等、多くは閑雅幽邃、樹木蒼鬱、新鮮の空気に浴し、自ら山水の景ありて精神を養はしむるにあり、然るに人工を以て泉質を変ずるが如きは天然の効用に戻《もと》るものと云はざるを得ず、然れども今

該温泉の効用を述ぶれば左の如し

（一）貧血、痔血、萎黄病、白血病、脾臓腫脹、壊血病（二）依卜昆裡《こんてり》里、歇《けりてり》利帝里、消化不良（三）胃痛、三叉神経痛及腰臀痛（四）未だ月経を見ざる婦人の鬱憂症、胃弱に因する全身疲労

（次号欠）

遠慮のない批評　この文の筆者は、みずから「大阪緒方病院髑髏庵居士」と記名している。これは、先にも記したが、おそらくこの年4月陸軍軍医学会長兼近衛軍医長の職を辞し大阪に戻って緒方病院を開設していた緒方惟準《これよし》のことを指すものであろう。緒方惟準は、明治18年には軍隊内の脚気対策として大阪鎮台にいた陸軍軍医監堀内利国の意見を支持して麦飯の給食を強く主張し、上層部と対立していたように、自己の意見を述べるときには、関係者への無用な忖度などはしない人物であったことが、この文章にもよく表れている。

筆者緒方惟準は、書き出しの所では、宝塚温泉の環境・施設について称賛の言葉を連ねているが、だんだんと批判精神が勝ってきたようである。2等・3等の女性用施設の不備を批判し、さらに、鉄分の量を人工的に増や

す仕組みを利用しているのなら、それは天然とは言えないとして、そもそも温泉の効用とは、自然の中で人間の心身が癒されるところにあることを述べ、厳しい批判を展開する。宝塚温泉の経営者にとっては思いもかけない文章だったと思うが、ただし、この続きの文章は見当たっていない。

緒方惟準の文章で注目すべきところとしては、この記事を書いた時期、すなわち明治20年11月には宝塚温泉地にある人家は12戸、そのうち旅店は4戸としているところ、そして、4戸の旅店のうち最大のものは北柳亭だとしているところである。思えば、明治20年5月にやっと1戸の旅店を建てたところから、同じ年の秋には早くも4戸の旅亭が並び建つ保養地が展開することになったのである。人々の関心が集まるのも当然といえよう。

なお、北柳亭というのは先ほど見た保生会社の旅亭にはなかった旅亭である。おそらく、少し前の記事で動向が記された大阪停車場（ステーション）前に建つ清華楼の出張店だったのではなかろうか。とすれば、宝塚の温泉街形成は保生会社だけでなく、いろいろな方面から競合することになっていたことを考えるべきなのである。北柳亭の料理には鯉が調理されていたとの記述も、この温泉場ではそれぞれしっかりした料理人を雇い、大阪仕込みの料理の腕に心を配ったことをうかがわせている。

③ 神戸病院の検査を出願

◎『大阪日報』明治20年11月18日

宝塚の温泉　県下摂津国武庫郡宝塚の温泉ハ発見以来日尚ほ浅けれども、追々繁盛に赴くよしなるが、同温泉ハ前きに大坂衛生試験所に於て試験を受けしに良好の結果を得たり、然るに今度又神戸病院の試験を出願せしに付、同院分析掛長長谷基一氏ハ明日同地へ出張する筈

検査の再依頼　これは、ひょっとすると先の②の寄書への対応として実現した検査の要請かもしれない。なにしろ、泉水の性質がいいことを売りにしていたのであるから、改めて権威ある病院に検査を依頼したのかもしれないということである。

④保生会社の山塩採酌

◎『東雲新聞』明治21年6月10日

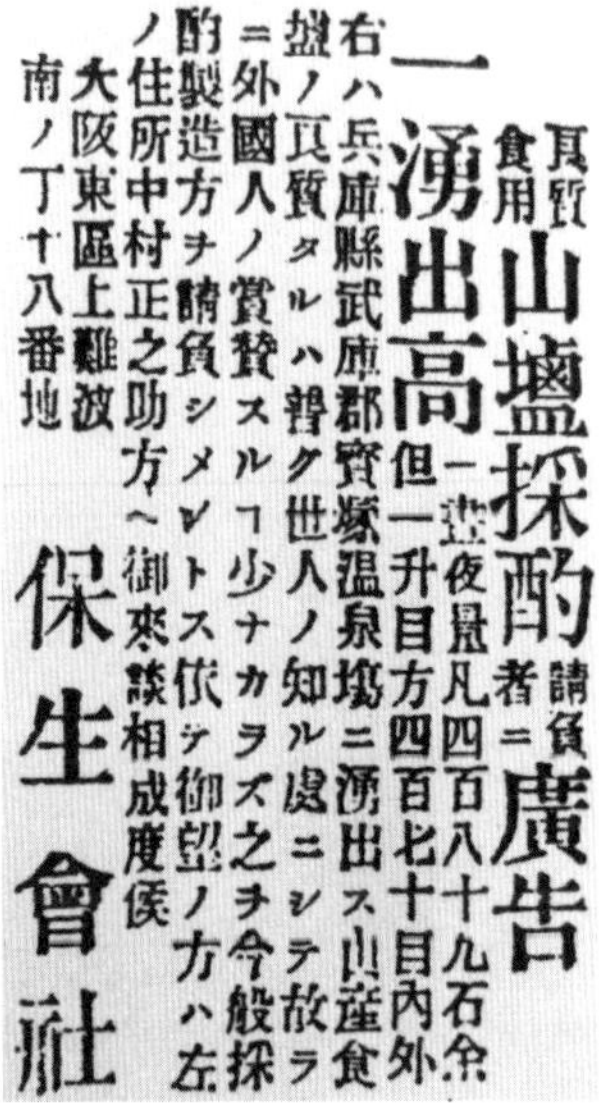

眞質食用山鹽採酌請負者ニ廣告

一湧出高　一晝夜量凡四百八十九石余　但一升目方四百七十目内外

右ハ兵庫縣武庫郡寶塚温泉場ニ湧出ス山産食鹽ノ眞質タルハ普ク世人ノ知ル處ニシテ故ラニ外國人ノ賞賛スルヿ少ナカラズ之ヲ今般採酌製造方ヲ請負シメントス依テ御望ノ方ハ左ノ住所中村正之助方ヘ御來談相成度候

大阪東區上難波南ノ丁十八番地

保生會社

保生会社は、宝塚温泉から産出する「山塩」に目をつけ、その効能を広めようとし始める。温泉は、入浴するだけでなく、飲用・食用にもいいものを持っていることに対し、人びとの目を集める広告である。とくに、「外国人ノ称賛スルコト少ナカラズ」とあるように、外国人が称賛していることを強調している。宝塚温泉が神戸の地を経由して外国人も知るようになっていたことを示している。なお、山塩とは、海の塩に対する山の塩、すなわち鹹《から》い水、おそらく食用の塩水だったのだろう。

⑤隣村の住職が宝塚八景を新撰

◎『大阪毎日新聞』明治21年12月10日

●宝塚温泉八景　兵庫県下武庫郡伊子志村字宝塚温泉は有馬温泉の泉脈なりとも云ひ、或は別に湧出するものなりとも云ひ伝え、従前は有馬温泉同様に浴客も多かりしが、故ありて一時埋没したるも、昨年再び浴場を開きしに、又昔日の観に復し、浴客も日々頻繁なるより自然一小村落をなすに至りしが、今度その隣村なる小森村宝寿寺の住職崇龍弁師が右温泉場の近傍にて八景を新撰したるは、中山秋月。蓬莱山暮雪。平林寺晩鐘。広田落雁。小浜夜雨。塩尾山晴嵐。武庫川帰帆。六甲山夕照なりとぞ

気になる記述　この記事は、ひとつには、「故ありて一時埋没したるも」と、おそらく明治20年正月前後のことか、宝塚温泉の出発点におけるもたつきを語っているところに興味が引かれる。もたつきとは、温泉の発見者岡田武四郎の事業がゆきづまっていたことか、その後のことを指すのか。前者とすれば、（a）－④の記事も理解できるヒントになるのかもしれない。

それから、もう一つ、隣村の「小森村」の宝寿寺住職が宝塚八景を新撰したという事実である。宝寿寺は小林《おばやし》に現存する寺であり、記事中にある「小森村」は小林村の誤記と思われる。ただここで重要なことは、宝塚温泉が地元でも大いに注目されてきたという事実である。宝塚の名前は温泉名としても、地名としても、近隣の人びとにも、その地域を理解するキーワードとして響き始めていたということである。

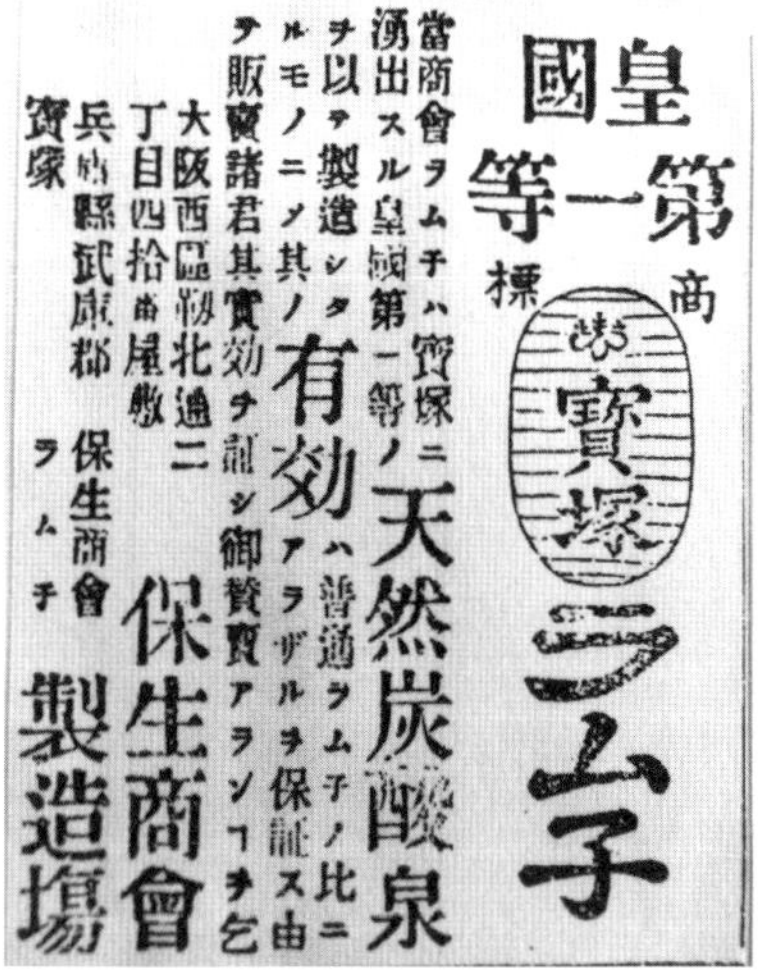

⑥保生商会、宝塚ラムネを売り出す

◎『東雲新聞』明治22年4月9日

宝塚は、やはり天然を第一に売り出そうとしたことがうかがえる。その商品が宝塚ラムネであり、宝塚に製造場も建てていることが記されている。ウイルキンソンが炭酸水を宝塚で採酌し、外国人に売り出すのも明治22年ごろのこととされている。だ

から、それとの対抗という意味合いもあったものか。ただし、保生商会（おそらく保生会社の社名変更であろう）は、このとき相変わらず本拠を大阪に置いていた。

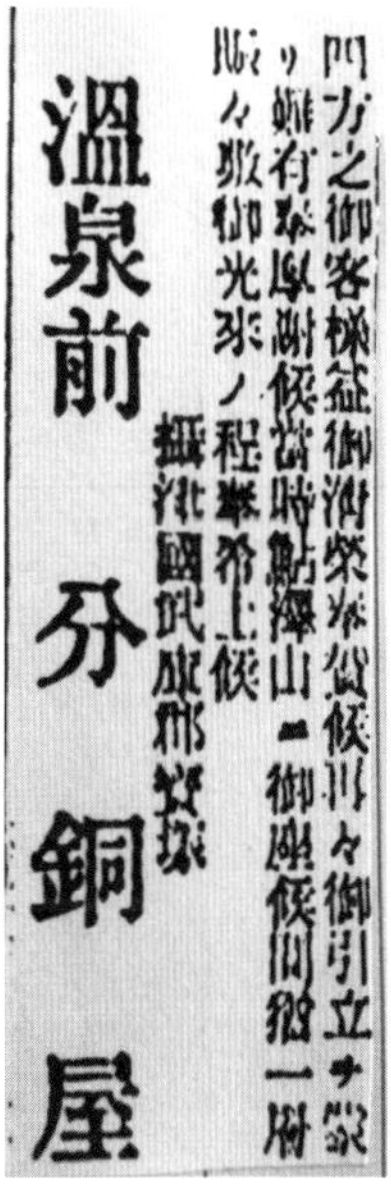
四方之御客様益御繁栄奉賀候再々御引立ヲ蒙リ難有奉厚謝候當時鮎澤山ニ御座候間猶一層賑々敷御光來ノ程奉希上候
摂津國武庫郡寳塚
温泉前　分銅屋

⑦分銅屋の宣伝

◎『大阪朝日新聞』明治22年5月30日

保生商会系の分銅屋は、季節の料理として鮎を売り出している。「武庫郡宝塚」の表現は相変わらず。そして「温泉前」との表示があるのも、温泉とは泉源を指すのだという意思を示し、保生会社系列が宝塚温泉の主流であることを主張しているようである。これは次の⑧も一緒である。

弊樓開業以來諸彦ノ御愛顧ヲ蒙リ茲ニ鳴謝ス尤弊樓儀カヂカヲ聞キ飛螢ヲ見ルニ便且ツ雅ナリ四方ノ各位御納涼旁御來宿アランコトヲ祈
寳塚温泉前　辨天樓　謹白

⑧弁天楼の宣伝

◎『大阪朝日新聞』明治22年6月20日

こちらは、カジカの鳴き声、ほたるの飛ぶ姿を魅力に売り出している。やはり、天然にこだわった宣伝というべきである。

⑨田野商店による宝塚ラムネの宣伝

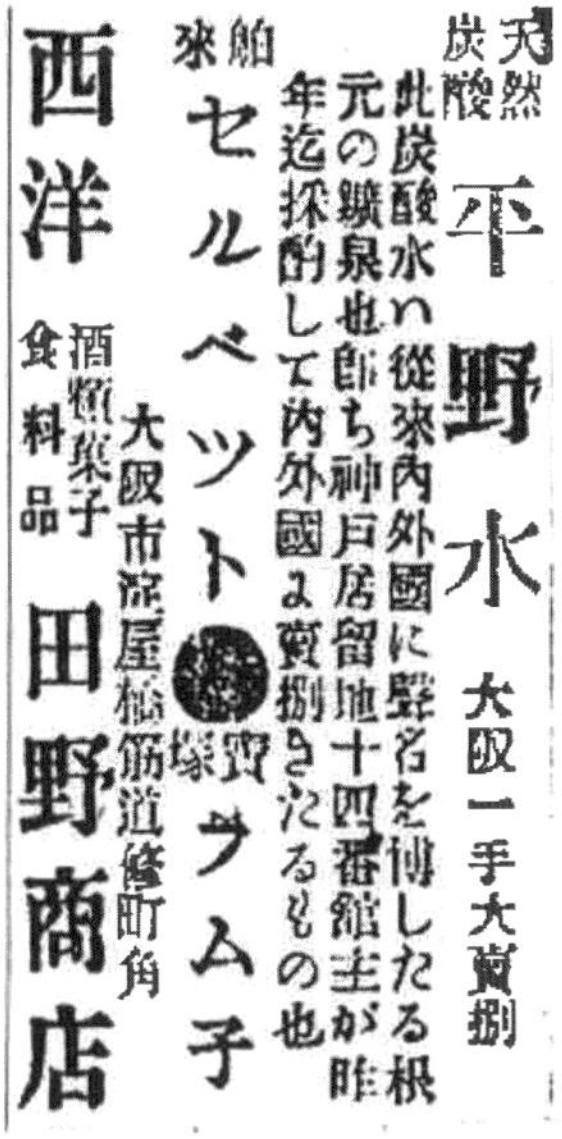

天然炭酸
平野水
大阪一手大賣捌
此炭酸水ハ從來内外國に聲名を博したる根元の鑛泉也即ち神戸居留地十四番館主が昨年迄採酌して内外國に賣捌きたるもの也
舶來
セルベット
寶塚ラムネ
大阪市淀屋橋筋道修町角
酒類菓子
食料品
西洋
田野商店

◎『東雲新聞』明治22年6月21日

この広告については、本章—1—（b）—③で掲出し、コメントしている。大阪の田野商店は、宝塚ラムネも一手で売り出すことを宣伝しているが、それは、平野水を第一とし、それから舶来セルベット（時計磨きの布）と並んで宝塚ラムネを位置づけている。興味深いのは、平野水については神戸居留地の外国人が昨年採酌したものとし、宝塚ラムネについては、そのことを何ら記載していないことである。宝塚ラムネは、やはり保生商会の単独商品であったものかと思う。

⑩ 宿屋貸席業増築計画と鮎の宣伝

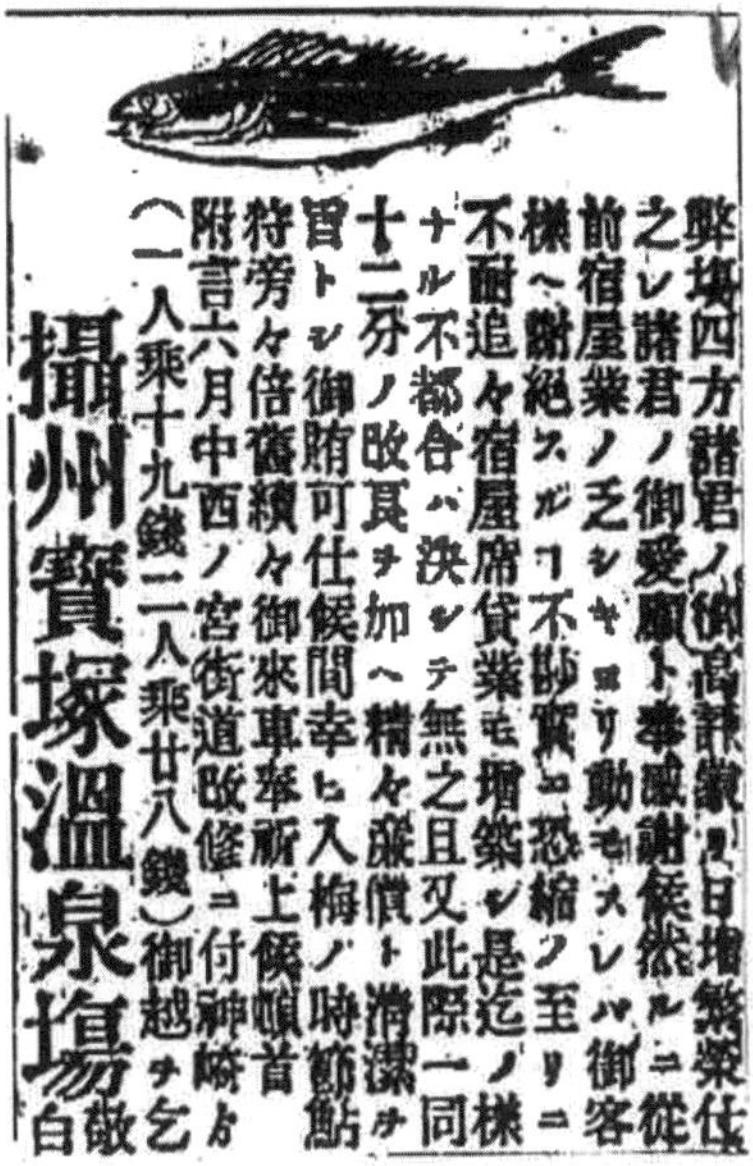

弊場四方諸君ノ御高評ヲ日増繁榮任
之レ諸君ノ御愛顧ト奉感謝候然ルニ從
前宿屋業ノ乏シキヨリ動モスレハ御客
様ヘ謝絶スルコ不勘實ニ恐縮ノ至リニ
不耐追々宿屋席貸業モ増築シ是迄ノ様
ナル不都合ハ決シテ無之且又此際一同
十二分ノ改良ヲ加ヘ精々廉價ト清潔ヲ
旨トシ御賄可仕候間幸ヒ入梅ノ時節鮎
狩旁々倍舊續々御來車奉祈上候頓首
附言六月中西ノ宮街道改修ニ付神崎ヨ
（一人乘十九錢二人乘廿八錢）御越ナ乞
攝州寶塚溫泉場
白敬

◎『大阪朝日新聞』明治22年6月21日

ついに絵が出てきた。鮎の絵で、イメージが急に具体的になってくる。おそらく保生商会系列の広告であろう。浴客の要望に十分対応できなかった宿屋席貸業を増築し、6月には西ノ宮街道の改修も進んでいることを宣伝している。

あいかわらず天然を売りにしつつも、大阪から近いことをアピールし、あわせて男性客の遊興の要素が強い席貸業といった施設の充実を図ろうとしていることも読み取っておきたい。しかし、神崎からの人力車代は16銭から19銭に値上がりしている。人力車業者の運賃値上げ要望を無視できなかったのであろう。

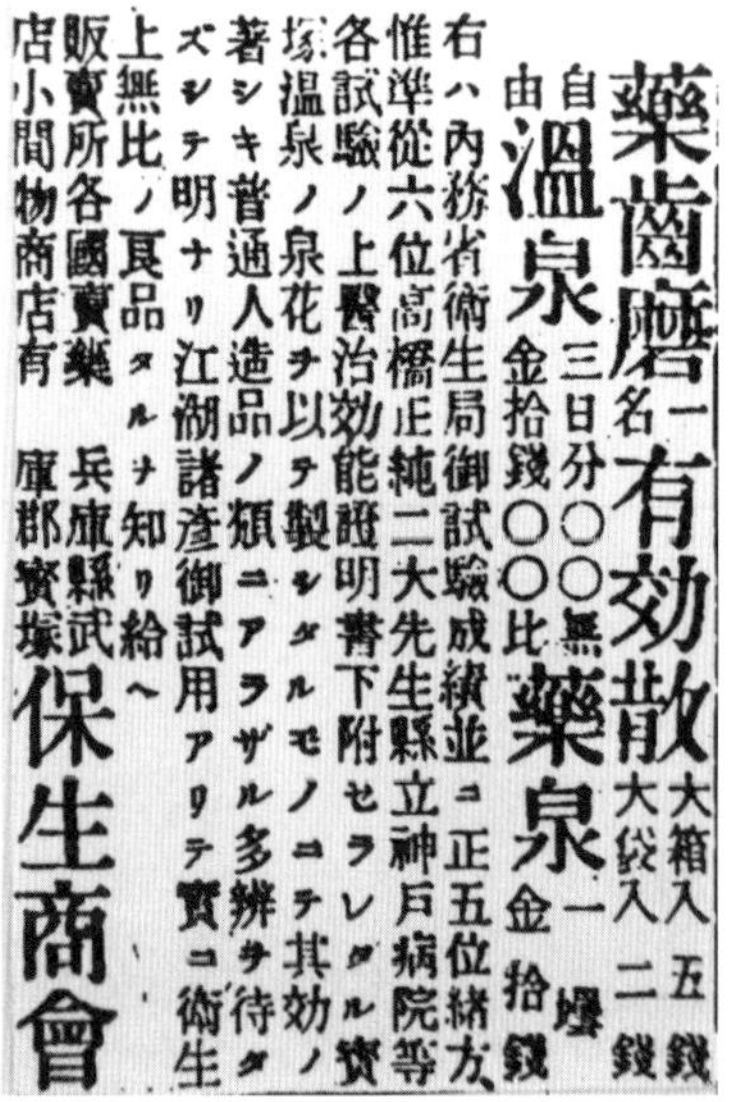

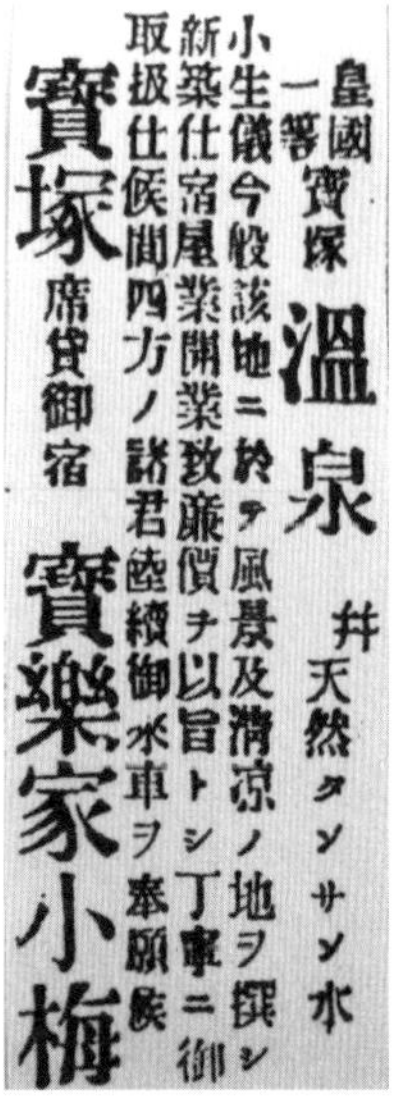

⑪ 保生商会の薬歯磨きの広告

◎『東雲新聞』明治22年6月21日

こんどは薬歯磨きの製造販売である。やはり天然の温泉利用を謳い、また、大阪にある権威ある医療機関1と有名医師2人の名前も挙げている。なお、そこには先の緒方医師の名も見える。神戸病院の泉質証明も挙げられている。

保生商会は、この間に大阪から宝塚に移ってきている。やはり地元に拠点を移すことの重要性を考えたのかもしれない。一方、各国の薬を売り出していることも興味深い。

⑫ 宝楽家小梅の宣伝

◎『東雲新聞』明治22年8月1日

広告主は宝楽家小梅とある。宝楽家小梅とは何者か。もっとも、最後の所で「席貸御宿」とあるところをみれば、芸妓遊び等を売りにする施設であり、それを取り仕切った人物

（女将）であることは間違いない。おそらく大阪で名を挙げていた女性であったのであろう。それが、宿屋を新築したとの広告である。宝塚温泉が、いよいよ男性遊客の娯楽の場としてその方向性を強めていく経過を示す広告と言っていい。ただし保生商会との関係は不詳で、ひょっとしたらその系列ではなかったのかも知れない。ここでは客に「タンサン水」を販売するとの宣伝も行われている。

寶塚人力車賃錢廣告
●神崎停止場迄●壹人乘拾九錢●貳人乘半倍夜且
●西ノ宮同 ●同 拾五錢●雨雪泥濘二割增
其他規定外賃錢不申受依テ淪位無懸念御乘車ヲ乞
寶塚溫泉人力車帳場
○寶塚溫泉
相變ズ御遊
來奉待候

⑬ 宝塚行人力車の料金広告
◎『大阪朝日新聞』明治22年10月2日

2回目の絵入り広告。こんどはマッタケ。やはり天然で売り出し。宝塚に人力車の帳場が設置されていたことがわかる。人力車のコースは神崎と西宮、値段もきっちり定められている。

●寶塚溫泉湯
眞盛ト相成候御遊
來奉待上

⑭ マッタケの広告
◎『東雲新聞』明治22年10月15日

⑬の絵を再利用している。秋はマッタケ料理という呼び込みである。この間の広告掲載頻度の向上には目を見張るものがある。

＊

宝塚温泉は、大阪・神戸を中心とする生活に余裕のある人々を主たるターゲットとして、当時考えられる限りの手を打って浴客の増大を図ったことがうかがわれるのではなかろうか。そのなかでは、温泉水の健康効果を宣伝するのみならず、だんだんと遊興的性格も強めていったことも事実であった。また、都市の人びとを呼び込むための道路改修にも力を注ぎ、人力車の活用を図っている。新聞記事と新聞広告を並べることによって、そのことが手に取るように再現されたのではないかと思う。新聞の主要な読者は、宝塚温泉の主要な浴客ともみなされていたことをここで確認しておきたい。温泉の相次ぐ広告は、まさにそのことを示しているように思われる。

なお、本稿が対象としている時期からは大きくずれるが、『宝塚市史』第3巻252ページに紹介されている、明治30年水害のあとの温泉地再興のための投資に応じた人について、ここで少しコメントしておきたい。ここではすべての人名は記載しないが、ただ、その中心人物清海復三郎は、じつは当時の大阪で知らない者はいない都市大地主であり、中谷徳恭は清海家の代理人であり府会議員でもあったという事実である。つまり、宝塚温泉は、まさしく大阪経済と政治を支える有力者によってその存続が望まれ、維持されていったことが確認できるのである。そして、そうした性格は、温泉設立当初の在り方と関わっていたというべきであった。

(c) 箕面の紅葉

箕面が紅葉の名所であったことは、古い時代から知られていた。それを新聞広告で知らせるのはどんな人たちだったのか。またどのような人々にそれを知らせようとしたのか。第1章－(2) で試みたが、ここで改めて考えてみたい。そこには先に検討した宝塚温泉の広告を評価する視点とも重なるものがあると思う。実は、ここで紹介する箕面の新聞広告や記事、全部で6件あるが、そこに箕面見物のもう一つの中心となるべき大瀧が出てこないことに気が付くのである。大瀧のことは広告の対象になっていないということである。それはいまさら新聞で言わなくともみんな知っているからと言って済ませられることなのだろうか。

明治20年代初頭のころ、保養地や景勝地への行楽を呼び掛ける新聞広告というのは、実際、どのような人を対象として考えていたのか。そこでは、必ずしも遊ぶ金を持たない大衆を目的とはしていなかった事実が見えてくるのではないか。紅葉の箕面を紹介する新聞広告を通して保養地新聞広告のありようを、前項に引き続き、さらに確認していきたい。

① 紅葉の箕面で手軽に魚料理を。金水の広告

◎『朝日新聞』明治20年11月19日

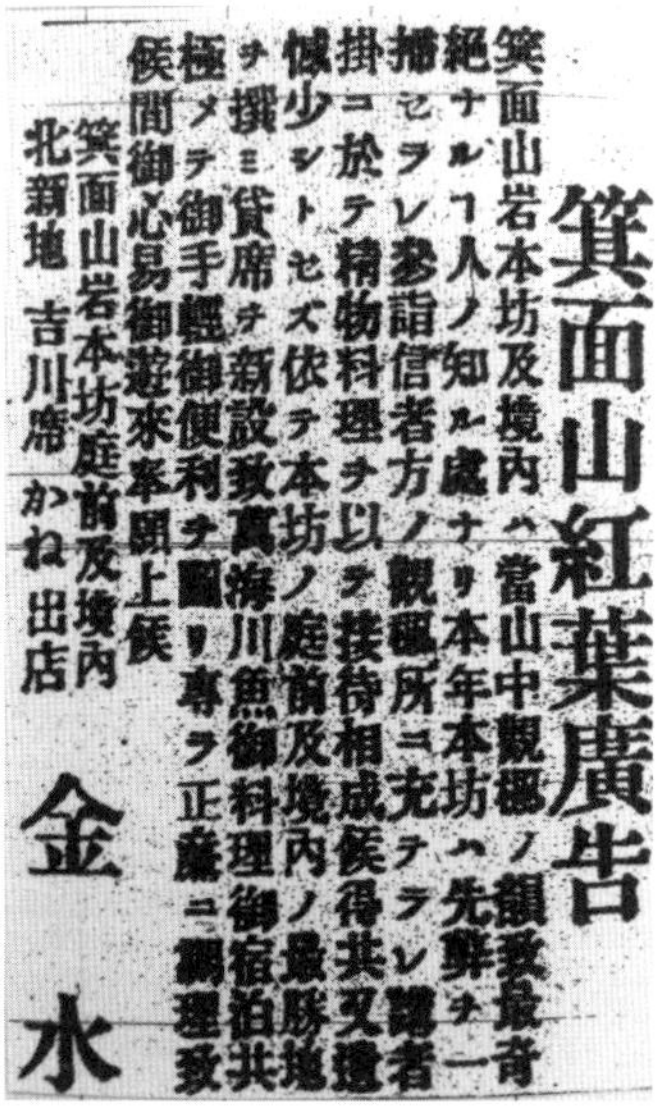

箕面山紅葉廣告
箕面山岩本坊及境内ハ當山中觀楓ノ額豪最奇
絶ナル一人ノ知ル處ナリ本年本坊ハ先輩ヲ一
掃セラレ參詣信者方ノ觀楓所ニ充テラレ諸者
掛ニ於テ精物料理ヲ以テ接待相成候得共又遺
憾少シトセズ依テ本坊ノ庭前及境内ノ最勝地
ヲ撰ミ貸席ヲ新設致萬海川魚御料理御宿泊共
極メテ御手輕御便利ヲ圖リ專ラ正廉ニ調理致
候間御心易御遊來奉願上候
箕面山岩本坊庭前及境内
北新地 吉川席かね出店
金水

箕面山岩本坊とは、箕面瀧安寺内にあった一坊であったが、現在では聞くこともない。消滅の経過はいま明らかにしえない。ただ、この広告では、観楓の名所として知られていたにもかかわらず、「精物料理」（いわゆる精進料理か）での接待（これはいまもやるとは述べている）に止めて、参詣者にはもう一つ評判がよくなかったとある。ここに記された「参詣信者方」というのがどのような人を指す言葉であったのか、改めて検討しなければならないが、今後はここに貸席を設けて、大阪北新地吉川席のかねが出店するというのである。宿泊も可ということ。精進料理ではなく海川料理も準備するということを述べ、急に俗っぽくなってきたことを告げている。新聞の読者には、だから気軽に来てほしいと呼びかけている。岩本坊は、ここに大きく変質したということが知らされているのである。

「かね」とはおそらく大阪北新地では知られた芸妓の名であろう。それが「金水」の名前で料理店を作ったという。つまり、私になじみのお客は箕面にも遊びに来てくださいねというお誘いであって、第1章―2―（c）で見た「箕面紀行」に書かれた最後の所、記者の目撃談を思い出す。

このころの観楓客のなかには、このような人、つまり金と時間を使い、料亭等での芸妓遊びを楽しむ人がけっこうな数でいたことを知って初めてこの広告の意味も分かってくるのではなかろうか。この広告は、そのような人を対象にしていることを見ておく必要があるだろう。精進潔斎を旨とした修験者の拠点岩本坊の理念は、北新地の料亭の攻勢の前にあえなく否定されたと言わなければならない。

② 御存じ岩本楼の広告

◎『東雲新聞』明治21年11月6日

箕面は、何と言っても紅葉が美しい場所、そこでおいしい料理を楽しむこと、人生の保養となるものだ、というお誘い。この広告の特徴は、昼食の種類が細かく書き上げられ、値段も記されていること、この点で①の広告で出てくる岩本坊ではなく、純粋に料亭の広告である。しかし、岩本楼については既述（第1章―2―（c））しているように、座敷に明治10年代初めのころから芸妓を呼ぶことが普通に行われていたことを思い出しておきたい。

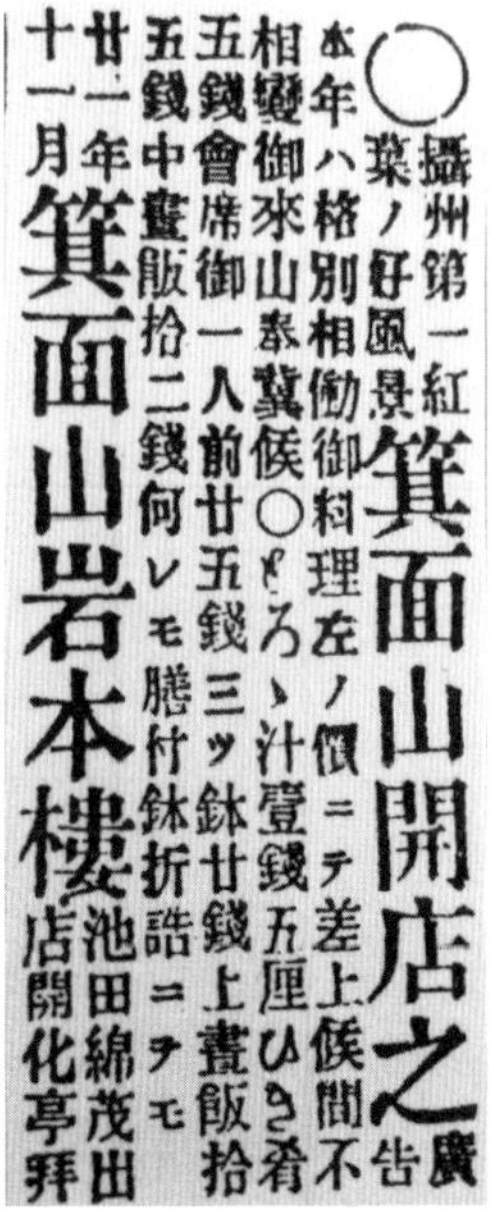

○攝州第一紅葉ノ好風景
箕面山開店之廣告
本年ハ格別相働御料理左ノ價ニテ差上候間不相變御來山奉冀候○とろゝ汁壹錢五厘ひき肴五錢會席御一人前廿五錢三ツ鉢廿錢上晝飯拾五錢中晝飯拾二錢何レモ膳付鉢折詰ニテモ
廿一年十一月
箕面山岩本樓
池田綿茂出店開化亭拜

③ またまた岩本樓の広告

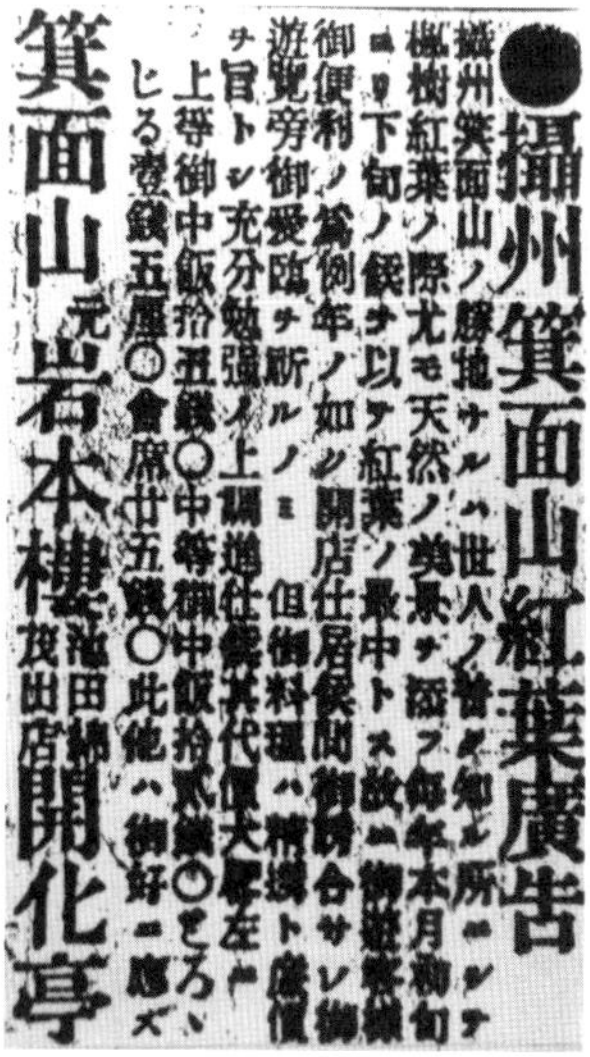
●攝州箕面山紅葉廣告
攝州箕面山ノ勝地ナルハ世人ノ皆ク知ル所ニシテ楓樹紅葉ノ際尤モ天然ノ美景ヲ添フ毎年本月初旬ヨリ下旬ノ候ヲ以テ紅葉ノ最中トス故ニ御遊覧諸君御便利ノ爲例年ノ如ク開店仕居候間御誘合サレ御遊覧旁御愛臨ヲ祈ルノミ 但御料理ハ精撰ト廉價ヲ旨トシ充分勉強ノ上調進仕候其代價大略左ニ
上等御中飯拾五錢○中等御中飯拾貳錢○そろ、ヒる壹錢五厘○會席廿五錢○此他ハ御好ニ應ズ
箕面山 元岩本樓 池田綿茂出店 開化亭

◎『大阪朝日新聞』明治22年11月9日

岩本樓は、広告の文中、「毎年本月初旬ヨリ下旬ノ候ヲ以テ紅葉ノ最中」「例年ノ如ク開店」とあるから、紅葉の季節に限って開店していたことがうかがわれる。そういえば、前年の広告②でも「本年ハ」とあった。毎年そうしていたのであろう。ただ、最後の行において「元岩本樓」と、「元」の字を挿入しており、名前を今後は「開化樓」と変えることも明示している。

《ここまで見てきたところの感想》

新聞広告の掲載を求めた景勝地とか保養地というものの実態は、基本的に俗っぽい人物の行動に支えられていたことを確認せざるをえない。先に見た宝塚温泉しかり、いままた箕面の観楓しかり。実際は大阪北新地などの影響線拡大として理解することも可能なのではなかろうかと思う。大衆的な保養という観点から見た場合、この時期の保養へのいざないは歴史の中でどう位置づけられるのか、改めて評価しなおすべきことかと思う。

(d) 避暑地としての有馬温泉

有馬温泉へのアクセスは、第1章―2―(a)で具体的に記されているように、とくに大阪側からの道は未開発であった。これが、ここにきて県道として生瀬―有馬間の人力車道が開通した。多くの浴客を受け入れる有馬温泉としてもこれに期待する所は大きかったにちがいない。

一方、それに合わせるように、東京の人で有馬での避暑を兼ねた夏期講習会を企画する者が現れてきた。有馬温泉は、教養伝達の場所と位置付けられたのである。ちなみに、明治20年代の初め、有馬温泉は宝塚温泉のように何度も新聞広告を打って浴客を増やそうとはしていない。そこに老舗温泉地としての矜持もあったのかもしれない。しかし、新しい浴客像の形成に道を開くこの企画をどう理解しようとしたのだろうか。温泉側の対応はわかりにくいが、新聞はここに新しい可能性を見出そうとしたことは間違いない。この企画に注目をし、記事にもしている。

ここでは、これら2点の動きについて、それぞれ検討を加えていきたい。

①生瀬村―有馬の三等県道の開通（記事その1）

◎『朝日新聞』明治21年6月9日

●有馬への新道　当地より有馬温泉に往く道路は是迄甚不便なりしが、今度生瀬《なませ》駅を経て有馬に通ずる三等県道の更生工事竣工し、大に平坦の路盤となり、自由に人力車の通行し得るに至り、即ち神崎停車場《ステーション》より凡六里半、西宮停車場より凡五里半にて大抵三時間以内、車賃凡卅八銭以下にて有馬に達するを得べしといふ

改修された道とは　この記事で紹介された道というのは、おそらく現在では途中蓬莱峡・船坂を通り宝塚―有馬を結ぶ定期バス路線となっている道だと思われる。それは、次の②で描かれる山間の風景がいまも基本的に変わらないことからも判断される。
人力車道は、明治10年前後のころから各地で改修・新造されており、この期に至っても営々と継続され、たと

え山間部においても開発されていっていたことがわかる。人力車は六里半、五里半の道を3時間以内で走るということであるから、駕籠とは比べられないにしても、やはり車を曳く人の重労働がそれを可能にしていたともいえる。人力車は彼らの能力と苦闘によって通常歩く人の2倍前後の速度を維持していくこととなる。

②県道更生、有馬温泉への来客を乞う広告

◎『朝日新聞』明治21年6月10日

●摂津国有馬温泉

当温泉場ノ義、御蔭ニヨリ日増ニ繁栄奉謝候、然ルニ当場ニ通ズル県道数線アレドモ、其車ノ通ズルモノハ兵神ヨリ来ル所ノ一線ヲ除ノ外之レ無クニ付キ、従来浴客諸君ニ与ヘタル不便実ニ少ナカラザリシ所、今回京阪及兵神ヨリ生瀬駅ヲ経テ通ズル三等県道更生工事竣工セリ、其路盤平坦ニシテ其路線真直ナリ、故ニ人力車ノ通行自由ニシテ且里程大ニ短縮シ、神崎ステーションヨリ凡六里半、西宮同凡五里半ナリ、此両所ヨリ三時間以内、車賃凡三十八銭以下ヲ以テ当場ニ達スルコトヲ得、而シテ今回改修路線ハ宇転川（今ハ字太多田川ト書ス）越ト称シ、頗ル絶景、怪岩奇石所々ニ屹立シ、雅木老樹所々ニ散立セリ、山ハ山骨ヲ露シ、刀シテ削リ鑿モテウガテルガ如シ、水ハ渓間ヲ流レ清フシテ雪ノ如シ、頼支峰翁曾テ此所ヲ通過シ詩作アリ、其詩ニ曰（乱山中蹙一渓開、石路碕嶇〔キク。けわしい〕沙峰頽、嶇叶転川奇絶所、所《ママ》、千尋翠砕破雲来、石壁衝天雲気愁、危峰欲墜潤流稠、恨無奇気擒奇景、呼起当年抑々州）実ニ天然ノ勝区殊域ト謂ツベシ、希クハ湖江ノ諸君、陸続腕車ヲ飛シ来ツテ浴セラレンコトヲ敬白

温泉の楽しみと教養　この文章をすらすら読んで、はじめてこの広告の意味が分かり、その効果が表れるとし

たら、いったいこの広告の目的はどこまで果たされたのか。どれほどの人が、この文章に付き合ったのだろう。有馬温泉に通じる新しい道が、如何に便利かを語るだけでなく、その道中如何に見るべき景観があるのかをこのような形で表現したのである。有馬温泉の教養、畏るべし、というほかない。

蓬莱峡の詩作をものした頼支峰は、頼山陽の次男。安政の大獄で犠牲となった三樹三郎の弟で、この当時まだ健在であった。この漢詩を鑑賞し、楽しむ人を受け入れる。有馬温泉のありようは、宝塚温泉とは、その奥行きにおいて大きな隔たりがあったことを思わざるを得ない。

③生瀬村―有馬の三等県道の開通（記事その2）

◎『東雲新聞』明治21年6月13日

●有馬街道　摂州有馬の温泉ハ従来道路の不便なりし処、本日の本紙広告にも見ゆる如く、今度兵神及び京浜地方より生瀬駅を経て同地に達する三等県道落成し、里程大いに減少し、神崎停車場より六里半、西の宮より五里半位となりたるのみか、道路も頗る平坦にして三十七八銭の車賃を払へバ三時間にハ必ず同所へ着し得らるゝ様なりたるよし

《この記事の着眼点》

これは、①と中身もほぼ同一である。別々の新聞が同じ報道を行い、そのことによって県道改修が広く歓迎されたとみなしていいとなるだろう。なお、蛇足ながら、①と③、たぶん、取材はそれぞれ別々に行われたと思う。それがこのように同じ記事となるところに、一面では新聞の取材の確かさ、またもう一面では、担当する役所の新聞記者へのブリーフィングの画一化を見ることもできるのかもしれない。

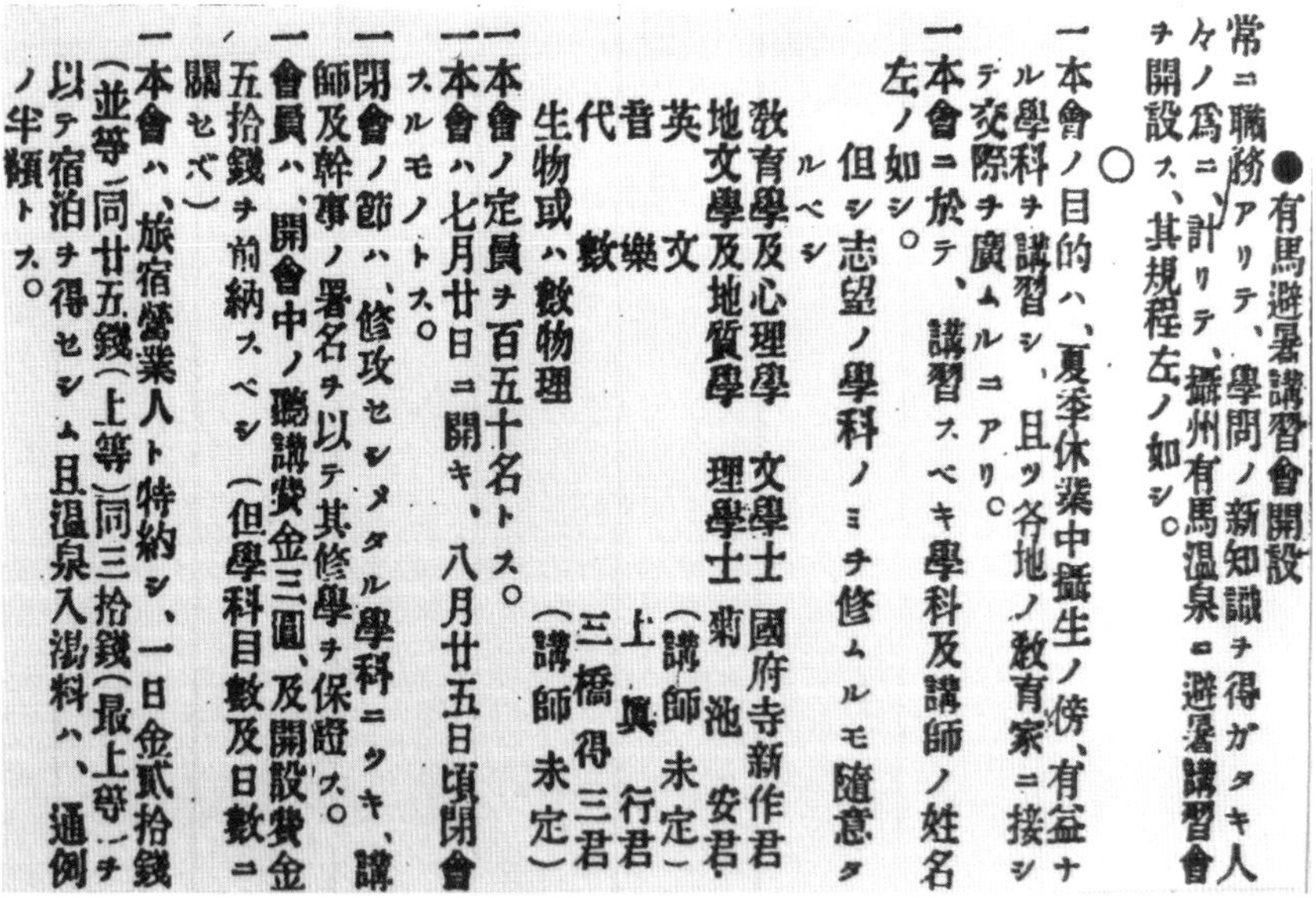

●有馬避暑講習會開設

常ニ職務アリテ、學問ノ新知識ヲ得ガタキ人々ノ爲ニ、計リテ、攝州有馬温泉ニ避暑講習會ヲ開設ス、其規程左ノ如シ。

○

一本會ノ目的ハ、夏季休業中書生ノ傍、有益ナル學科ヲ講習シ、且ツ各地ノ教育家ニ接シテ交際ヲ廣ムルニアリ。

一本會ニ於テ、講習スベキ學科及講師ノ姓名左ノ如シ。

但シ志望ノ學科ノミヲ修ムルモ随意タルベシ

教育學及心理學	文學士　國府寺新作君
地文學及地質學	理學士　菊池安君
英文	（講師未定）
音樂	上眞行君
代數	三橋得三君
生物或ハ數物理	（講師未定）

一本會ノ定員ヲ百五十名トス。

一本會ハ七月廿日ニ開キ、八月廿五日頃閉會スルモノトス。

一閉會ノ節ハ、修攻セシメタル學科ニツキ、講師及幹事ノ署名ヲ以テ其修學ヲ保證ス。

一會員ハ、開會中ノ聽講費金三圓、及開設費金五拾錢ヲ前納スベシ（但學科目數及日數ニ關セズ）

一本會ハ、旅宿營業人ト特約シ、一日金貳拾錢（並等）同廿五錢（上等）同三拾錢（最上等）ヲ以テ宿泊ヲ得セシム且温泉入湯料ハ、通例ノ半額トス。

④ 有馬避暑講習会開設の案内

◎『朝日新聞』明治21年6月21日

有馬避暑講習会。この企画を立案し、実施した中心人物は、東京在住村尾□太郎。彼は、どこからこの発想を得たのか。なぜそれを東京からはるかに離れた兵庫県有馬温泉で実施したのか。今日のいわゆる教養講座的な催しの始まりに属するものと言っていい。聴講する者のなかには、山形県や島根県の者もいたという（⑤）。もちろん、聴講するためには3週間以上にわたって自由な日程を取ることができ、相当な費用を負担する条件を持っていなければ事実上不可能となるものであった。

新聞は、久し振りに良い企画として好意的に扱っている。しかし、この催しは、聴講者がなかなか定員に達しなかったからか、結局1週間遅れて実施された。また翌年は実施されることがなかった。次ページの広告はこのページの写真の続き。また⑤は、これに関する記事である。

⑤ 避暑講習会の開始

◎『朝日新聞』明治21年7月4日

●有馬の避暑講習会　兼て風説《うはさ》のありし東京開発社の村尾□《はつ》太郎氏が発起せし有馬温泉に於ける避暑講習会は弥々《いよいよ》八月二日より始る事とし、其講師の担当は教育及び心理学に文学士国府寺《こふじ》新作氏、地質及地文学に理学士菊池安氏、生物学又は代数学に兵庫県尋常師範学校教頭三橋得三氏、音学に東京音楽校教諭上真行氏、英文及英語に佐藤顕理《ヘンリー》（重道）氏等にして、頗る完全なる仕組なれば続々入会を申込むものありて、其中には山形・島根地方の人もある由、夫《か》の苦熱の余り、義皇以上の人たらんと欲する者とは同日の談《はなし》にあらず、好き考案と謂うふべし

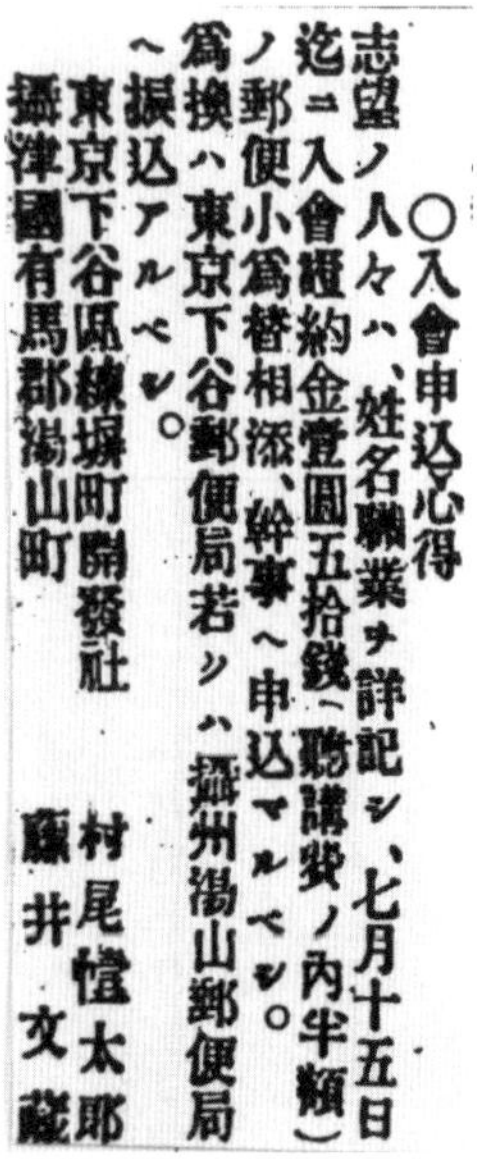
○入會申込心得
志望ノ人々ハ、姓名職業ヲ詳記シ、七月十五日迄ニ入會證約金壹圓五拾錢（聽講料ノ内半額）ノ郵便小爲替相添、幹事ヘ申込マルベシ。爲換ハ東京下谷郵便局若シハ攝州湯山郵便局ヘ振込アルベシ。
東京下谷區練塀町開發社　村尾愷太郎
攝津國有馬郡湯山町　藤井文蔵

《この記事の着眼点》

文中義皇とあるのは、中国古代の伝説上の皇帝伏羲《ふっき》のこと。はじめて民に漁猟・牧畜を教え、八卦を描き、文字をつくったという。この暑さで義皇以上の人物になる夢を抱くということは、常軌を外れた人物という意味になるか。それはさておき、夏期講習会の企画者が東京の人物、受講者は全国に求めていることに注目しておきたい。

⑥ 避暑講習会開催期間の変更

◎『朝日新聞』明治21年7月4日

避暑講習会は開催日程を延期している。文面上は兵庫県と愛媛県地方会員の便宜を図ってとあるが、あるいは

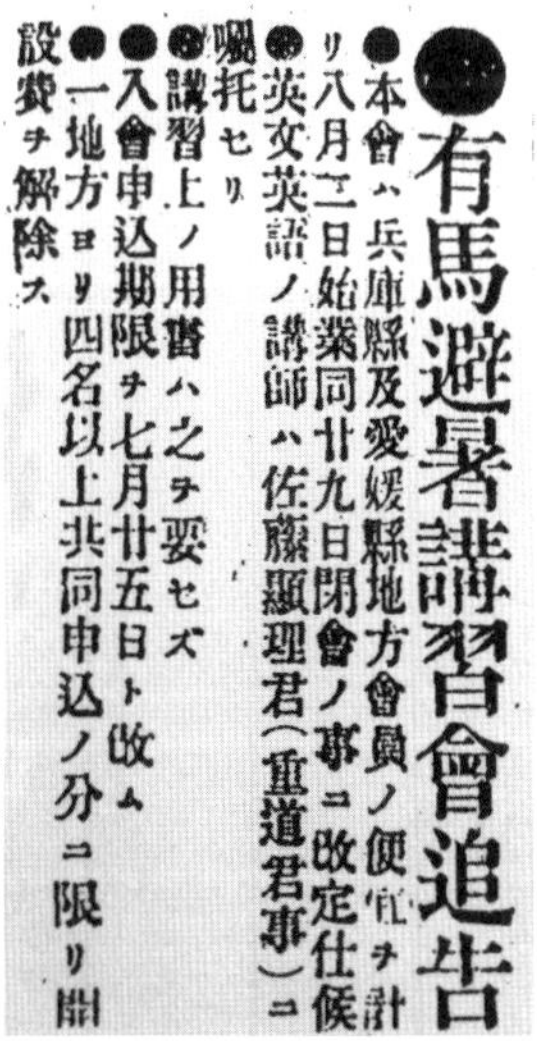
●有馬避暑講習會追告
●本會ハ兵庫縣及愛媛縣地方會員ノ便宜ヲ計リ八月二日始業同廿九日閉會ノ事ニ改定仕候
●英文英語ノ講師ハ佐藤顯理君（重道君事）ニ囑托セリ
●講習上ノ用書ハ之ヲ要セズ
●入會申込期限ヲ七月廿五日ト改ム
●一地方ヨリ四名以上共同申込ノ分ニ限リ開設費ヲ解除ス

なにか不都合が生じたものかもしれない。初めての試みは失敗がつきものだが、失敗と言っていいのかどうかについては、判断する材料がない。ただし、次の年に開かれた記録がないことは、確認しておきたい。

（e）妙見山参詣への誘い

以下は、妙見山への参拝を促す新聞広告2件である。ここでは保養と俗化の要素は後掲に退き、信仰が前面に出てくることを確認することができる。

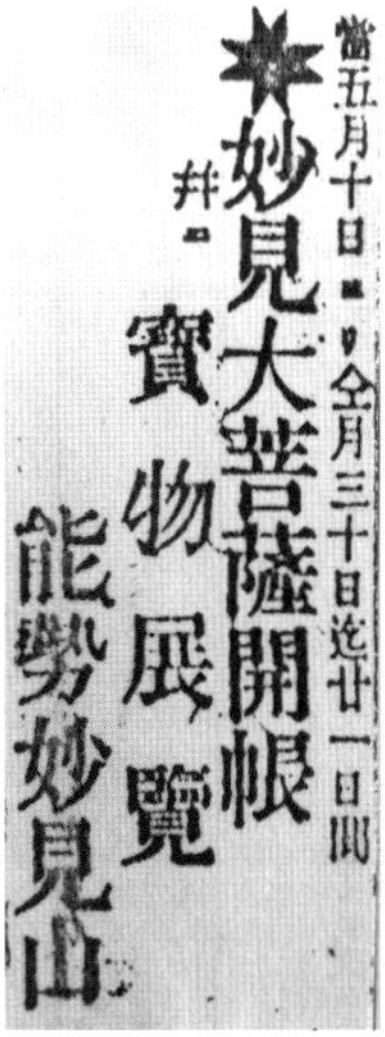
當五月十日ヨリ仝月三十日迄廿一日間
妙見大菩薩開帳
幷ニ寶物展覧
能勢妙見山

① 妙見大菩薩開帳の広告　◎『大阪朝日新聞』明治22年5月7日

中央最上位の星のようなマークは能勢家の家紋。能勢妙見は能勢家を奉じる姿勢を変えていないことが確認できる。次の②のマークも同じ。

このころ、能勢妙見山へはなかなか体力を伴う行脚を必要とした。今の能勢電車やケーブルカーなどはもちろん影もないし、人力車の通る道もどこまでできていたのか。参拝する人は、ふもとまでは、駕籠や人力車を利用できても、標高660メートルある山頂までは自分の足で上る以外になかった。その妙見山が21日の間、いつもは拝むこともできなかった妙見大菩薩を開帳するというのである。大勢の信者が苦労を厭わず登山したのであろう。それだけ、信仰の力が強かったことがうかがわれる。

② 妙見大士御開帳の日延べ

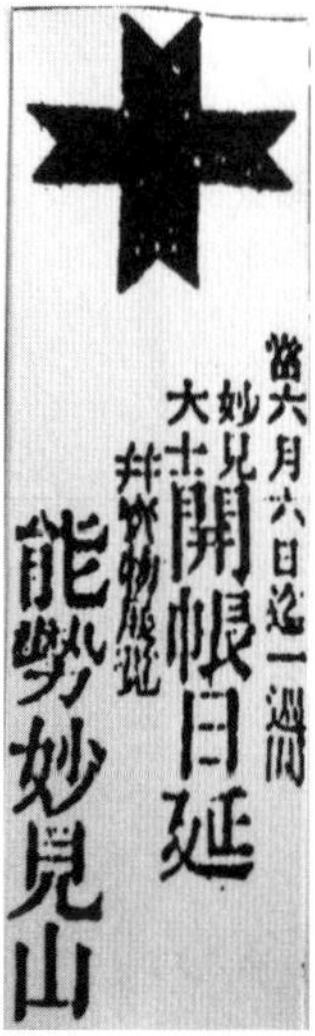

◎『大阪朝日新聞』明治22年5月31日

妙見菩薩、妙見大士の御開帳はあと7日間延長するとの広告。それだけ信者を集めたということか。

妙見山にとって信者は経営の基盤。その信者は、新聞読者のごとく、広く各地に広がっていた。もちろん、講のような組織を利用する手もあったが、連絡は新聞広告が有効と判断したのだろう。人阪の新聞を読む信者の間を新聞広告が結んでいく構造が見えてくるようである。広告では、改めて信者の登山を促している。

ところで、信者もおなかは減ってくる。のども乾く。そのような時の求めに応じる施設はどう準備されていたのか。新聞広告の中には何も書かれていない。改めて調査をする必要はあるだろう。

第5章

地域に基盤を持つ公的職業政治家の出現

《本章の課題と論点》

最初に、「地域に基盤を持つ公的職業政治家」の出現について少し説明しておきたい。まず「公的職業政治家」というのは、読んで字のごとく、公的に認められて政治を自らの生業とする政治家という意味である。国政的なその成立は、明治22年大日本帝国憲法の発布と翌年に準備された帝国議会衆議院の開設と重なり、国家と国民によって支えられていた。

衆議院議員は、職業的な政治家として国家から俸給をもらった。しかし、それは国民によって公選され、国民の意を代弁する者として、まさに国民的立場に立ったその活動の対価という意味を持っていた。議員の議会における発言は、官による規制を受けることはなかった。

一方、議員は地域的に区画された選挙区ごとに選ばれた。彼らは、投票する人びとあるいはその背後に広がる多くの人びとの意向を無視することはできなかった。

彼らは衆議院議員として、大きくは直接国家的なテーマを論じた。しかし、彼らは地域に起きている諸問題についても、その要求を実現しようとした。実際、地域的な課題への取り組みが政治家への道のきっかけとなった人物は多かった。もちろん、地方や地域的課題というのは、その地域の利害のみを優先する排他的なものではなく、国政上にも意義を持ち、全国的なつながりを持つ存在として位置づけられるものでなければならなかった。

同時代の新聞は、このような活動家や議員らの動向を詳細に記した。新聞には、地方課題といいながら、そこには国政上にも通じる重要な視点が見え隠れしていたことの予感があったのかもしれない。それは、事実上国民主権の立場に立つ、あるいはそれをめざす取材でもあったと言っていい。

北摂地域に限れば、この時期注目された課題には地価引下の請願運動があり、水害後の復興課題などがあった。活動家らは、こうした課題を国政上の課題でもあるとして取り上げ、その解決に向けて努力するなかから、志や手法を同じくする者を相互に発見し、一つの党派を形作っていった。ただ、実際の場面では、しばしば地域的利害にこだわり、地方的権力そして、その背後にある国家的権力とつながる傾向もあり、全国的視点を重視する民権派的政治グループと対抗することも多かった。

本章では、北摂を中心に展開したこうした動きの実態を、記事を見ながら追っていくこととしたい。そこでは、地域的課題をテーマとする活動家の意見を知り、その課題をめぐってさまざまな対応を見せる政治的党派やグループの形成・展開も探って見ることとなるだろう。もちろん、その過程で政治的活動家の地域的偏在という事実も見られることとなる。

それから、もうひとつ、北摂における政治家を語るとき気付く大事な事実は、被差別地域出身の人物が有力者としてその中に存在していたことである。その名は森秀次。彼は、政治活動においても出自を根拠として差別を受け続けた。しかし、それに屈せず多くの公共的課題に取り組み、府会議員にもなり、また明治36年には被差別地域出身者としては全国で最初の代議士にもなった。彼はその出自を隠していない。彼のさまざまな行動、彼への差別的な対応、そして彼の出自を知った上で彼を支えていった政治的な仲間の行動をどう理解すればいいのか。そこには、まちがいなく日本近代社会の本質が見えているものと思う。ただし、新聞はそのありようを追求した記事をほとんど作成しなかった。これについては、本文中で改めて考えていくこととしたい。

本章は、右のような問題意識に従い、具体的には、「1、地域的活動の始まり」、「2、地価引下の請願運動と能勢・豊島両郡の分裂」、「3、選挙と活動グループ」の三つに分けて、その展開を見ていくことにする。

ただし、多数の記事のうち、煩雑を避けるためにも、いくつかは掲載を省略することとした。省略する記事の目安は、①全体の流れを理解するうえでそれほどの重要性をもたないと考えられる出来事の記述、②重要だが、同一事件に関わって二社以上の新聞に記事が掲載されているとき、相互に比較して記事内容が薄いものを省略することとした。

なお、周知のこととは思うが、政治的な動きというものは、様々なことが有機的に関係し、相互に影響を及ぼし合っている。本章では、それを一定の視点に基いて整理したものであって、総合的理解という点では不十分なものを残している。たとえば、本章の1は第3章－2－（a）－⑤にもつながっている。簡単に切り離して単独で理解することはできない。相互に読み比べられることを希望する。

1　地域的活動の始まり

「地域に基盤を持つ公的職業政治家」はどのような階層から、またどのようにして生み出されてきたか。近世の学塾とは違い、学制に基く公的な学校教育では政治家になることの意義やその方法を教えていない。それは自己みずからの体験を踏まえ、自己みずからの思いをもってつかみとられたものである。本節では、これらを理解する基礎的作業として、各地に自発的につくられた友誼的団体でもある地域の倶楽部をまず検討し、続いて、もっと目的が限定的となる政談演説会の姿を実際に即して確認していくこととしたい。

(a)　能勢郡・尼崎で学習組織の創設

①能勢郡に岐尼荘倶楽部を設立

◎『東雲新聞』明治21年10月2日

●岐尼荘倶楽部　府下摂津国能勢郡ハその地管下の極北に在りて、彼我の交通も盛んならず、見聞《みきき》も亦狭きが故に、実業の事に、教育の事に始終他郡に後れを取るの傾きあり、土地の有志者ハ先年来一方《ひとかた》ならず之を憂ひ、鼓舞奨励至らざる処なかりしにぞ、近頃ハ人心も少しく引立ちたるを以て、今度仝郡今西村に岐尼荘《きねしょう》倶楽部と云ふを設け、昨日その開館式を行ひたるよし、仝倶楽部にハ多くの新聞雑誌を備へ置きて会員の閲覧に供し、且つ時々会員の集会を催ほし、演説又ハ談話などして、益《ますま》す人心を励まし、地方の幸福を謀るとのこと

土地の有志者　岐尼荘《きねしょう》倶楽部の創設を物語る史料としては、おそらくこの記事が最初のものであろう。岐尼荘は能勢郡西部に属する岐尼神社を中心に広がる盆地にあって、今西村はその中心地、小さな町場を形成していた。ここに能勢郡一帯を対象にした倶楽部の施設をつくり、新聞・雑誌を置いて会員の知識を広げ、集会・演説・談話もできるようにするという計画である。

岐尼荘の有志らは明治20年ごろから大都市でいくつもつくられた種々の政治的倶楽部の経験を能勢郡に持ち込んだのである。それは、明治10年代前半日本の各地にみられたいわゆる学習結社の姿を引き継ぐものでもあった。

倶楽部の創設を可能にしたもの　ちなみに、大阪では、クラブの存在自体は明治11年にできた大阪クラブをはじめ、友誼的なものがいろいろと出現していた。そのうちで政治活動の意味合いが強い組織は、明治17年5月17日『日本立憲政党新聞』が提唱した「大阪倶楽部」などから始まり、20年ごろ以降「北浜倶楽部」「南倶楽部」「西倶楽部」「北倶楽部」など急速に増えていた（『明治前期大阪編年史綱文録』から検索）。能勢郡の有志も、京都や大阪など大都市に出入りする機会が増え、そこで政治活動をする人びととのつながりが強まっていたのであろう、倶楽部の存在やその有益性もそこで知っていったと思われる。能勢と大阪とのつながりは、第1章—4—（a）で見た道路の改修あるいは新設、そして人力車や荷車の普及などによって加速されたものであった。

大阪府の最北部、山に囲まれた能勢郡にも新しい時代が到来していたのである。僻陬と言われる地域の人間も、その悪条件に負けず、全国に範をとって自己の啓発、開明化を進め、彼らに伍していきたいという人間としての願望を強く持つに至ったのである。岐尼荘倶楽部は、その気持ちと、それを支える時代の条件が相俟ってつくりあげられた近代的かつ地域的な自己啓発組織であった。

北摂地域における、このような自己啓発的な組織の誕生は、すでに第3章—2—（a）—⑤で川辺郡山下町での懇親会開催とか茶話会の開催のように、明治20年前後のころになって生み出されてきていた。しかし、岐尼荘倶楽部はもっと自律的で、活発な活動家（有志）によって支えられていた。岐尼荘倶楽部は、明治21年秋以降大阪府で活発となる地価引下請願運動に関わって、22年2月には中心人物名とともに改めて本章2―（b）―④において登場してくる。

能勢郡有益会との関係　なお、新聞記事としては未発見であるが、能勢郡には、この倶楽部との関連の深さを考えさせられる能勢郡有益会の存在がある（『豊能町史』本文編499ページ、同史料編735ページ）。能勢郡有益会の規則書第3条には「本会ハ本郡同志相会シ、政治思想ヲ発育シ及ヒ教育ノ拡張ヲ量リ、併テ本郡内有益事業ヲ振起スルヲ以テ目的トス」と記され、同時に「政治上ニ係ル目的ハ大阪月曜会ノ旨意ニ依ルモノトス」とも書かれていた。大阪月曜会の創設は明治22年6月30日のことであったから、おそらく、それ以降の規約であろう。岐尼荘倶楽部とこの有志会との関係はいまのところわからないが、その人脈と思想的なつながりには深いものがあったと考えるべきである。岐尼荘倶楽部は能勢郡の政治家や政治思想の淵源となった可能性が高い。

②活況を呈し始めた尼ケ崎の人びと

●尼ケ崎の近況　摂州尼ケ崎地方にハ従来政治上の事に就き奔走尽力する者ハ少なかりしが、近頃に至り自然時勢の変遷に伴れ、多少政治思想を喚起し来りたる者の如く、一般の状況ハ大に前日と其の面目を改めたり、中にも同地の有志者矢嶋潤一氏其の他数名の人々ハ学術演説研究会と云ふを設立し、来る九日を期して第一回の演説会を開く筈なりと、又同旧藩士等の組織に係る尼ケ崎倶楽部と称するハ専ら政治上の団結を計る目的にて毎月一回づゝ、定期政談演説会を催ほす由にて、本月ハ来る十四五日頃当地の菊池侃二、善積順蔵の二氏及び本社の栗原亮一、江口三省等を招きて開会せんと目下計画中の由なり、又同地の中馬譲吉外数氏ハ今回尼ケ崎

『東雲新聞』明治22年2月6日

衛生会なる者を設け、毎月一回づゝ公衆を集め、衛生上に関する演説会を催ほす都合なりと同地よりの特報に見ゆ

城下町だった尼崎と大阪苦楽部の思い　尼崎は江戸時代城下町であった。しかし、維新後の姿はどうであったのだろうか。新聞で報じられることも多くはなかった。この記事は、そんな尼崎の姿を描いている。文中紹介されている矢嶋潤一とか旧士族を中心とした尼ケ崎倶楽部の名前は、『尼崎地域史辞典』に出てこない。また、中馬譲吉の名前も出てこないが、記事では、尼ケ崎衛生会の動きの中で紹介されており、その意味で大きな存在であった中馬病院との関わりも調べなければならないと思う。

記事はいろいろな動きを紹介しながら、基本的には政治思想が育ち始めていると断じている。ただし、その意味は、旧民権派なかでも『東雲新聞』に拠った人びと（大阪苦楽部）の議論に与する人が出現しはじめているということで理解しなければならない。『東雲新聞』の記事は、そのような人々と同社の記者とが連携を強めていることを示唆しながら、その動きを言祝いでいる。ちなみに、ここに書き上げられた栗原亮一とか江口三省などは、その代表的な論客として当時よく知られた人びとであり、『東雲新聞』は旧民権派の大きな根城の一つであった。なかでもその主筆中江兆民はその言動に人気があり、この新聞の中心として政府批判の論陣を張っていた。記事を読むに際しては、もちろん、これらを考慮しなければならない。しかし、これもまた地域住民が政治に関与していく一つの道筋を示すものでもあったことを確認しておくべきであろう。

③豊島・能勢両郡に和順会、島上・島下郡に興順会

◎『朝日新聞』明治21年10月5日

●和順会と興順会　府下豊島・能勢両郡内の有志者は今回和順会なるものを興したるが、島上・島下両郡内にも亦興順会なるものを興さんとするの計画ある由にて、孰《いづ》れも其目的は部内人民の徳義を勧誘する事に在りて、嚮《さき》に興したる西成郡の興徳会、東成・住吉両郡の□徳会抔と同一のものなりと云ふ

官製的な倶楽部か　この記事に言う和順会と興順会、両者ともによく似た性格の組織と思われるが、その実態をうかがわせる記述は、「部内人民の徳義を勧誘する」といった以外にない。しかも、同じ郡内ながら興順会は、①に見た岐尼荘倶楽部の設立からほとんど日を置いていない。

そこで、こころみに、記事中にある「西成郡の興徳会」、「東成・住吉両郡の□徳会」について『明治前期大阪編年史綱文録』から検索してみた。すると、前者については、明治21年11月1日の条に「西成郡内の戸長・府会議員・村会議員中の有志、梅田停車場の東側に会堂を設立し、興徳会と称し、倶楽部の如きものとする」と記され、22年5月中には「西成郡興徳会が南条文学博士を招いて会合を開く」と出てくる。また、後者については、明治21年9月1日の条に「白石東成住吉郡長、両郡内の戸長二十六名を幹事とする進徳会を組織する」との記事が掲載されている。

つまり、和順会も興順会も、このころ西成郡や東成・住吉郡長を中心につくられはじめた半官製的な組織と同じような組織であったというべきであろう。それを感じた反官的姿勢の強い『東雲新聞』は記事にせず、『朝日新聞』は、創設の事実のみを掲載して終わりにした。

この時期、民党的な国民の自発的組織の結成に対抗して、官側も民を集めた組織を作ろうとしていたと考えたい。まさに、議会開設を前に、民を確保することが官の立場を強化するものとされる時代を迎えていたのである。

さて、これらの組織の中核部分は戸長など、官の指示・監督の履行を義務付けられる人々であった。彼らは、

官の組織と権威に依拠し、どのような主張で民の心をつかもうとしていたのであろうか。南条文学博士の講演というのは、博士という権威を前面に押し立て、政治から離れたところに存在する高邁な話題をねらったものだったのかもしれない。

(b) 各地で政談演説会の開催

政談演説会は、世の中の仕組みを理解し、改善するため、政治に期待する民の心をつかみ、自派に勢いをつけるうえで大きな役割を果たした催しであった。北摂地域では早くは明治12年4月29日に『大阪日報』が報じた山本村での有志の「演舌会」が知られている(第1章−4−(b)−①)。しかし、このときの演舌会は、そのテーマが必ずしも政治課題に集約されるものではなく、また、その後もあまり続かなかったように見える。

こうして明治20年の声を聞くころになったのである。この時期になって、北摂各地で政治的党派の活動が活発になり、彼らによって当面の政治目標を論じる政談演説会が広く催されるようになってくる。本項ではそれらの姿を知る一例として、明治22年2月上旬大阪月曜会に近い政治的有志が豊島郡岡町と池田、能勢郡稲地、そして川辺郡伊丹で催した演説会の記事を見ていくこととする。その直接のねらいや全体の政治的背景を理解するためには、本章−3に掲載された新聞の記述を参考にすべきものと思う。

①岡町と池田で政談演説会と懇親会

◎『東雲新聞』明治22年2月23日

●演説会と懇親会の景況　一昨二十一日午前十時より摂津国豊島郡岡町村の岡町小学校に於て開きたる政

談演説会の出席弁士ハ、当地の菊池侃二、田口謙吉、伊藤徳三の三氏にして、兼〔予カ〕ては北村佐吉、山下重威の両氏も出席の筈なりし処、事故ありて欠席せし由なるが、聴衆ハ四百余名ありて中々盛会なりしと云ふ、又同日午後七時より豊島郡池田字西の口の芝居小屋に於て開きたる政談演説会ハ出席弁士右三氏の外に森秀二、垂水熊次郎の二氏も加ハり、聴衆ハ無慮一千五百余名の多きに及びたりと、当日ハ右終りて同地の松前楼に於て懇親会を開きしに、来会者百余名あり、田中徳次、垂水熊次郎、森秀二、大村某、田口、菊地〔池カ〕、伊藤、中野彦太郎氏等の演説・祝詞などあり、中々の盛会にて、全く解散せしハ廿二日の午前二時なりしと云ふ

演説会の盛況ぶり　ここに挙げられている「出席弁士ハ、当地の菊池侃二、田口謙吉、伊藤徳三の三氏」（岡町での演説会）とか、「森秀二、垂水熊次郎」（池田で合流）、あるいは出席する予定が出席できなかった「北村佐吉、山下重威」といった人びとは、大きくは自由党の流れに属する政治家として数えられる。名前の上に「当地の」とあるのは、「大阪の」との意味で、この人たちは、日頃は大阪で活動をしている人物であることを指す。なかでも、菊池侃二は、大阪府議会議長、衆議院議員などを歴任、山下重威は第3代大阪市長に就任するなど、その存在感には大きいものがあった。彼らと地元の政治家（たとえば森秀二・垂水熊次郎）が今回の演説会を主宰したことが描かれている。おそらく右に書かれた地元政治家の活動支援が大きな目的であったのだろう。集まったその人数は、岡町・池田でそれぞれ「無慮」（およそ）四百余名とか千五百余名などと書かれており、相当割り引くべきであるが、少ない数でなかったことは明瞭であった。

大阪月曜会系の活動と『東雲新聞』の扱い　ただし、ここに記載された人物たち、広くは民党的立場をとっていたといっても『東雲新聞』同人らとは意見が合わなかったようであった。『東雲新聞』の記事の書きようも、

一応の事実は書いていても、なんとなく心がこもっていない。その第一は、各演説者の話の内容紹介がないことである。それもそのはず、「中々盛会なりしと云ふ」と書かれているように、伝聞を記しただけで、演説会場には足を運んでいない。演説会の効果は、この演説内容が伴ってはじめて大きくなるものであるにもかかわらず、『東雲新聞』はそれを省略しているのである。

それからもう一つ。第3章―2―（a）（b）で、この少し以前のころから積極的に行政に協力した人物として名前が掲載された豊島禄平・清滝徳平・福田熊吉らの名前が出ていないことも注目される。彼らは、自由派・月曜会系のメンバーが主宰するこの演説会に対しては一線を画していたのかもしれない。

さて、以上に関する検討はしばらくおき、ここでは、この会を主宰した人びとは、翌日能勢郡に移動し、さらに演説会を実施したことについての記事がある。

②能勢郡で政談演説会

◎『東雲新聞』明治22年2月23日

●演説会　昨二十二日にハ午後七時より摂津国能勢郡稲地村に於て政談演説会の催ほしありしよし、出席弁士ハ菊池侃二、田口謙吉、伊藤徳三の三氏にして、発起人ハ仝郡大里村の府会議員寺倉隼之助氏なりと云ふ

実は予定記事　この記事は、伝聞に基くもの、しかも事実上予定記事であることに注意しておきたい。記者は演説会場に足を運んでいないし、おそらくは会場付近にも行っていない。このことは記事中に演説会の様子、演説内容などが何ら記されていないことだけでも推測できる。また、実際の状況を考えてもそれは無理だったと思われる。すなわち、池田での21日夜の催しを取材した後、翌日には夕方までに能勢郡の会場に駆けつけ、夜の演

説会を取材し、そのあと、人力車でも本社のある大阪まで10時間はかかりそうな遠距離をとって返し、記事の原稿を作成して入稿する。それを23日付の新聞に掲載すること。これらは時間的にもとうてい不可能であったと言わねばならない。

ということで、この記事からは、能勢郡内で池田に引き続く政談演説会が22日午後7時から予定されていたこと、そこには、演説会の前日21日には池田で深夜まで懇親会を行っていた弁士たちが駆け付けるはずであるということがわかるだけである。じつは、このグループの運動について、保安条例で東京を追われ、大阪で『東雲新聞』を創刊し、自由主義を唱えていた大阪苦楽部系の民権派政治家たちは冷めた目で見ていたのである。しかも、彼らは、本章の3―(a)で見るように、この演説会の直前に実施された大阪府会議員選挙において競合関係に立ち、その当選をめぐって厳しい対立を経験していた。催しを報じた『東雲新聞』は、前回の岡町・池田と同様、一歩引いた報道を行ったのも理由があったと言わねばならない。ただし、ここでは弁士名の記述が念入りに行われていることには注意しておきたい。「菊池侃二、田口謙吉、伊藤徳三の三氏にして、発起人ハ全郡大里村の府会議員寺倉隼之助氏なり」との記述は、前日の記事中にあった「「森秀二、垂水熊次郎」(池田で合流)」との記事と合わせてみたとき、大阪―池田―能勢郡を結ぶ一つの政治家グループの存在が示されることとなっているようである。『東雲新聞』はそれを確認したかったのかもしれない。

じつは、このグループこそ次の2で検討する地価引下請願運動をこの時期に推進していた人びとであったのである。ただし、この時期地価引下の請願運動をすすめていた有志達は、その代表として選ばれた豊島郡の森秀次を排斥しようとする能勢郡側のやり方をめぐって相互に深刻な対立状態に陥っていた。能勢郡での政談演説会には、豊島郡の森の名前も、垂水の名前も出てきていないことに注意しておきたい。

タフであった政治家たち　ただ、こうした記述ではあっても、この時期、大雑把に言って自由民権論を唱えた人びと（その中には弁護士・議員そして新聞記者などもいた）は、恐ろしくタフであったという事実だけは浮かび上がってくる。その熱情とタフネスさが運動を支え、人の輪を広げていった原動力であったのかもしれない。

町場と演説会　ところで、少し話題を変え、このような演説会や懇親会はどうやって開けたのかという問題について考えてみたい。ここで見た演説会についていえば、池田では芝居小屋が使われ、料亭が利用されている。つまり、この時期町場を形成しているところには、そうした施設があったのである。これが催しの実施を支えていたことを見ておきたい。逆に、それができるのが町と言えたのかもしれない。この点、そうした施設に乏しい岡町では小学校が使われたと①では記載されている。

はたして、公立の学校施設は民間の政治活動に利用できたのだろうか。次の③では、この問題について豊島能勢郡役所が新聞に「正誤」を要請していることが注目される。

③ 豊島能勢郡役所、公立小学校での演説会は記事の誤りと通知

◎『東雲新聞』明治22年2月26日

●正誤　左の通り正誤文の掲載を求められしに付、その全文を掲げて茲に正誤す

本年二月廿三日東雲新聞第三百三十二号雑報欄内演説会と懇親会の景況と題する項中、岡町小学校に於て云々とあるも、当部内小学校に於て政談演説会を開きたること無之候に付、此の全文を掲け御取消相成度、此段御照会に及候也

明治廿二年二月廿三日

豊島能勢郡役所

東雲新聞社御中

貴社新聞第三百三十二号雑報欄内に岡町小学校に於て政談演説会を開きたり云々とあり、曾て小学校を政談演

説会に貸したること無之、右ハ旧学校にて当時同町内北の坊万助の貸家なり、依之全文を掲げ速やかに正誤有之度候也

大阪府豊島郡岡町村外四ヶ村戸長役場

明治廿二年二月廿三日

大阪東雲新聞社御中

《この記事の着眼点》

指摘された記事の誤り　これは、行政による民党派の活動に対する妨害の一種であったと見るべきか、たまたま使用の申し込みがなかったという事実の指摘だけにとどまるものだったと見るべきか、この文章からはわからない。ただ、小学校での演説会開催を記事にした『東雲新聞』が誤っていたことは明瞭となる。実際に取材を行っていなかったから間違ったものとも思われる。なお、古い時期の学校が、この時期には個人の借家になっていたことも何かしら興味を惹かれる。

④伊丹で政談演説会（1）

◎『東雲新聞』明治22年5月4日

●伊丹の政談演説　摂州伊丹の旭座にて今明両日とも昼夜開会の政談演説ハ、同地の有志鹿嶋清氏が会主となり、其弁士ハ中嶋直義（政党の競争ハ国家の宝、選挙の注意、日本魂を失ふ勿れ　以上三題）、下条直五郎（法律と輿論と効力の比較、政費節減の策、衆議院の議員ハ在野人士を撰ぶに如かず、大同団結　以上四題）、菅野道親（壮士憤らずんバ蒼生を奈《いか》ん、義気の効用、立憲政体の正解、政党論、政体論　以上五題）、秋山太郎（火

なきの烟）等の諸氏なりと云ふ

⑤伊丹で政談演説会（2）

◎『東雲新聞』明治22年5月7日

●伊丹の演説会　摂州伊丹町の劇場《しばい》なる旭座に於て一昨日午後四時より政談演説会を催ほしたり、当地よりハ北川貞彦、竹中鶴次郎、日野国明の三氏及び本社の江口三省が弁士として出会せしに、同日ハ折悪しく雨天なりしにも拘ハらず聴衆凡そ七百余名あり、解散せしハ午後八時過ぎなりしとぞ、又同地の有志者井上仁三郎氏に招かれて去る四日同地にて演説せし当地の壮士菅野氏等ハ五日にも演説する筈なりし所、右北川氏等の演説ありしに付、五日にハ開会せず謙譲して帰阪したりと

『東雲新聞』系の弁士演説会　④の演説会と⑤の演説会は、ともに『東雲新聞』系の弁士が登場する。④で紹介されている中嶋直義・下条直五郎・菅野道親は当時浪人・壮士として名を馳せていた人びとであった。なかでも中嶋・菅野はその他の壮士とともに東京で開かれる大同派大会に参加するためにとして3日以降上京することが各紙に報じられたところである。4日・5日の伊丹旭座での演説会は実際の旅行開始に先立って出演したものであろう。ひょっとしたら、旅費を稼ぐことを考えていたものかもしれない。演題は、来るべき衆議院議員総選挙を意識しているが、いずれも壮大で、天下・国家を論じ、地域の課題からは離れたものであって、血気だけが取り柄といった、このグループの特徴をよく示していた。

ただし、中嶋・下条・菅野らを招いた演説会の主催者については④では「同地の有志鹿嶋清」とあり、⑤では「同地の有志井上仁三郎」と食い違いがある。ただ、いずれにしても、5月5日に同じグループの演説会と重なっ

てしまった結果は、壮士中心の弁士が遠慮し、恐らくは先に予約していたのであろう、練達の弁士に譲るという形で折り合いをつけている。この時期の政談演説会というものが、どんなふうにして実施されたのか、その実情をはしなくも露呈したものかもしれない。

地域の人びとの心にひびく　いずれにしても、伊丹では、地元の政治家はあまり姿を見せていない。大阪での活動家が、伊丹での運動の活発化を狙い、そろって出かけたという性格が強かったように見受けられる。しかし、このように地元とのつながりは薄いようであっても、伊丹での演説会には多くの人が集まっている。とすれば、そこにはやはり、町民の心に訴えるなにものかがあったのであろう。政談演説会は、地域の人びとの心に訴え、行動に誘う大きな呼び水として、各地で企画されていったことは間違いない。

なお、この時期の政談演説会については、選挙との関わりが大きかったことを確認しておきたい。撰挙は政治的グループにとっても、また個々の政治家にとってもきわめて重要な位置づけが与えられていたのである。とりわけ、5月初旬の伊丹での演説会実施の背景には、その直前に隣接する大阪府の能勢・豊島・島上・島下の4郡で展開していた大阪月曜会系の運動の存在が影響していたものかもしれない。同じ摂津国の動静は、府県がわかれていても気になるものであったのだろう。

2　地価引下の請願運動と能勢・豊島両郡の分裂

地租負担感の実際　「地租」・「地価」は、明治ひとけた代の終わりごろ地租改正によって公定された。農地や家屋敷地の所有者は、毎年の収穫高、および収穫物の販売価格に関わりなく、当初は公定された地価の3%、明治9年分以降は2・5%を貨幣に換えて、地租として国家に納入する義務を負った。地租は表向きいつも同じ数字を示すが、実際の負担率は、毎年の生産高と販売価格の変化によって相対的に変化した。すなわち、実際の作物の生産高が大きく、販売価格が高くなれば、相対的に税負担は軽くなるし、反対に小さくかつ低くなれば、それは重いものとなる。明治10年代後半期、デフレーションの進行する時期には作物の販売価格が大きく下落したから税負担は重く、支払いに窮して土地を手放す農家が各地で続出するようになった。

こうしたなか、地租改正時に全体的に他地域と比べて高地価に設定された地域では、さらに負担感が大きく、地価そのものの再査定・値下げを国に求めるようになった。この運動は、地租軽減が全国的で一律の負担減を求めるのに対し、特定地域の税負担の軽減を求めるところに大きな特徴を持っていた。大阪府もそうした高地価に査定された地域として、その引き下げを願う人々が動き始めたのである。

本節では、まず、大阪府内の豊島・能勢両郡内の地主あるいは政治家等の動きを、新聞記事を通して追う。続いて、両郡の有力者たちがこの運動の中で対立を重ねていった過程、およびその解消過程を確認するとともに、その背景を考察していく。最後に、地価引下運動と地方行政機関との関係について確認することとしたい。これらの理解においては、とくに、記事から省略された事実に目を向けていくことが求められているように思われる。なお、地価引下請願運動については『東雲新聞』も熱心に記事を作っているが、そこに拠った大阪苦楽部系の政治家は最後まで運動に手を付けなかった。このことの持つ意味についても考察しておきたい。

(a) 地価引下請願の実施へ

① 豊島・能勢両郡有志総代、郡内の実情を訴える

◎『朝日新聞』明治21年11月2日

●正誤　左の照会ありしに就き、全文を斯《ここ》に載す

貴社新聞第二千八百九十九号（十月十四日発刊）に於て地租軽減に付ての懇親会なる冒頭の記事中、能勢豊島両郡は僻陬の地にて、常に他人との交通すること稀なるのみならず、農業の外松蕈又は池田炭等の産物ありて一家の経済を助け居れば、農に従事せずとも随分生活方の立つに付、人心自から穏なり云々と記載之あり、右は全く両郡の事情を知らざる者の言にして、事実大に反対せり、成る程能勢郡の如きは山間の地には相違なきも、決して人物に乏しからず、又松蕈・池田炭等僅少の産物はあれども、是亦決して両郡中の経済に影響を及ぼす程の価値なきのみならず、両郡人民は年々諸税の負担に苦み、中等以下の人民に至りては、其負担に堪へざるより所有財産の公売処分を受くる者歳々数十を以て算ふるに至れり、故に地価引下げ及び減税の請願云々に付ては予て志士の間に於て相計画し、数々相集合して協議し居れども、強て必要もなき多数の人民を集め、囂々《ごうごう》会議を開くが如き事をなさゞるのみ」右の通の事実なるに依り、此全文を掲げて正誤あらんことを切に冀《き》望す

明治二十一年十月二十九日

豊島能勢両郡有志総代
垂水熊次郎　井関喜兵衛
森　秀次　森本　元良
寺倉隼之助

地価引き下げの正当性　記事は、『朝日新聞』明治21年10月14日の記事中に書かれた能勢・豊島両郡の状況についての反論である。「正誤」という形で、こちらが真実であるから、これをもって認識を改めてほしいとの申し入れとなっている。

記事中に指摘された反論事項は大きく3点にわたっている。第1点目は、能勢郡の地は山間の地であっても人物に乏しくはないとの認識である。この点、本章の1－(a)－①「岐尼荘倶楽部」の記事および解説をお読みいただきたい。また、理路整然と書かれたこの「正誤」の文を読むべきであろう。能勢郡にも人材はいるとする能勢・豊島両郡内に住む人々の自負心には根拠があったことが確認できる。

第2は、マツタケとか池田炭の経済的な位置づけである。「正誤」では、これらの価値は、郡全体の中ではそれほどの比重を持つものでないことが述べられている。実際、池田炭の主要な産地は、能勢郡では吉川村が知られているが、基本的には川辺郡で、黒川村・一庫村・国崎村など、さらにその西の各地域に広がっていた。たしかに、こうした事実に照らすと、この「正誤」の主張は事実に即していたと言える。

最後に、第3の論点は、人民が負っている税の重さ、苦しさの指摘である。「正誤」では、中等以下の人民がその負担に堪え得ず、財産の公売処分に遭っていること、その数、年々数十に上ることを挙げている。ここでは、明治10年代半ばの時期、能勢郡内で商業に従事する人々の実情をまげて不当な営業税徴収を進めようとした郡役所吏員の行動を暴露した第2章―1―①の記事が思い浮かんでくる。「正誤」は、こうした事情を書きあげて、地価引下（修正）が必要なことを訴えたのである。文責者として文章の最後に列記した5人の名前は、おそらく垂水・井関・森の3人が豊島郡在住、森本・寺倉が能勢郡在住であろう。右のうち、垂水・森・森本・寺倉の4人の在住地については次の②③および（b）―④の記述によってまちがいないと断言できる。これらの人々を中心に、両郡で地価引下を願う請願書を作成しようという運動が報道されるのは、この記事掲載のわずかに14日後のことであった。

②豊島・能勢両郡の請願委員決まる

◎『東雲新聞』明治21年11月16日

●両郡の請願委員　日外《いつぞや》も記せし如く、府下能勢、豊島の両郡にてハ減租の儀を請願する為め、先き頃より有志の人々が頻りに奔走中なりしが、協議も既に全く纏まり、請願の準備も亦大抵出来たれバ、去る十三日にハ岡町村の法林舎に於て請願委員を選挙せしよし、而して豊島郡の委員にハ垂水熊次郎、森秀次の二氏、能勢郡の委員にハ寺倉隼之助氏が当選し、三氏とも之を承諾したりと云ふ

《この記事の着眼点》

請願委員は3人　いよいよ減租のための請願書作成に向かって、豊島郡・能勢郡の有志が動き始めたことが記事となった。彼らは、それぞれの地元の有志にも働きかけ、明治21年11月13日には岡町村法林舎に集合し、請願委員として豊島郡の垂水・森、能勢郡の寺倉を選出し、選ばれた3人もまた就任を承諾したと報じている。ここで出てくる請願委員を選出した「有志」というのがいかなる人びとであったのか、人数はどれほどであったのか、

新聞は、名前はおろか何も示唆していない。おそらくは、有力な地主とか活動的な人びとであったと思うが、推測以上の者ではない。なお、会場となった岡町法林舎については不詳だが、心に掛けておきたい。

しかし、それらのことはともあれ、このあと運動は急ピッチで動いていく。

③ 地価減額請願のための資料調査へ

◎『朝日新聞』明治21年11月29日

●地租減額請願の事　度々記載を経たる夫《か》の摂津国能勢・豊島二郡の地租減額計画は、愈請願すべきに決定せしを以て、請願趣意の資料となるべきものゝ調査委員を、二郡の一戸長役場部内より一名づゝ選出する事と已に定め、請願委員は能勢より一名、豊島より二名を撰出する事とし、能勢にては府会議員寺倉隼之介氏、豊島にてハ府会議員垂水熊二郎、豪農森秀次の二氏が其撰に当りて、夫々之を諾し、三委員に渡置くべき委任状へ二郡人民調印する事、及此人民は請願に係る費用負担の約を立てたりといへり、又右請願の事の地価減額に在るは今さら此《ここ》にいふまでもなけれども、二郡に於いては目下他の一事を共に請願せんかとの相談もありて、其《そ》は地租改正以前は二郡とも融通地と称せし無税のものを有し、水旱の災害に罹りて田畑不作なる時は此地に由りて不作を補給し来りしかども、其融通地は地租改正の際皆有税地となりしに就き、之を元の通に引直されたしとの事なるが、未だ何れとも定まらず、且二郡は右に記述せる如く、此度地価減額の請願をなすに就きては、他の東成・西成・住吉・島上・島下の五郡にも、愈之を共にすべきや否の相談をなし居る趣なり

運動は地域の総意　請願委員は勝手に動いているのではなく、郡内有志との連携が緊密に保たれていることが行間から読み取れる。すなわち、請願委員が請願書を書くに当たって、各地の資料を踏まえようとしていること、

その資料を各戸長役場単位で整理する係を設置していることの二点である。ちなみに、そうした係を担当する役員は、各戸長役場単位ということであるから、おそらく各郡10～20人前後はいたと考えられる。そもそも、請願委任状には何人の名前が記されることとなっていたのか。すくなくとも、10人や20人に止まるものではなかっただろう。請願委員はこれらの人々の希望を代表しなければならなかったのである。運動はまさしく地域の総意といった形をとっていく。

「融通地の復活」は却下　請願事項の選定は、こうした作業においてもっとも根幹をなす作業であった。地価の引き下げは基本的要求として問題なく確認されたが、あわせて、江戸時代以来地租改正まで存続していた「融通地」の引き直しを入れるかどうかも問題とされていたことが確認できる。ちなみに、この融通地復活の要求は能勢・豊島両郡のみで問題とされ、大阪府内の他の摂津地域の郡では問題となっていない（『豊能町史』通史編、449ページ）。また新聞記事にもこの後は出てこない。おそらく議論の末消えていったのだと思う。地租改正以前存在した融通地は、過去において村による共同所有であったにちがいない。そのような土地を無税地もしくは村の共有地に戻してくれと言っても、地租改正によって私有地を確定して地租を取ろうという国の基本的な考え方を踏まえれば、不可能だとの返事しか考えられないことに気付いた結果であろう。

大阪府内摂津7郡の足並み　なお、最後2行の記述（「他の東成・西成・住吉・島上・島下の五郡にも、愈之を共にすべきや否の相談をなし居る」）は、この地価引下請願を旧摂津国各郡に広げ、共同で行動しようとする提案であり、このあと問題となる能勢郡と豊島郡の対立を考えるうえでも押さえておきたい事実である。

（b）2郡の分裂と回復へ

①2郡、それぞれ独立して請願へ

◎『大阪朝日新聞』明治22年1月29日

●二郡の減租請願　夫《か》の能勢・豊島二郡に於ける地租減額の請願は、二郡団結の力に頼りて共に為さんとの事に決し、上京委員をさへ已に能勢の府会議員寺尾〔倉カ〕隼之助幷に豊島の同議員垂水熊治郎、森秀次の三氏と定めしに、其後或情実に由り二郡夫々独立して請願する事と更に決したりとぞ、就きては豊島の委員は近々発程するの予考にて、昨日垂水、森両氏とも大阪府庁に来りて、知事に右に関する面談をなさんと請ひし処、猶出勤無かりしに就き、直ちに今井書記官に面談し、頓《やが》て退庁したりと聞く

「或情実」により　記事では、いつのことか明示はしていないが、この日より以前に「其後或情実に由り二郡夫々独立して請願する事と更に決したりとぞ」と記していることに注目してほしい。能勢郡側と豊島郡側では、明治21年11月29日から22年1月28日までの間において、それぞれ独立して請願運動を進めることを決めたというのである。ただし、その日はわからず、またその理由も「或情実」というだけで、具体的には明かされていない。

しかし、個々に運動を進めることが決まったので、豊島郡側ではこのように大阪府庁に来て知事との打ち合わせを行おうとしたのである。この前後、請願委員が府庁を訪問するといった記事はいくつか継続して掲載されている（『東雲新聞』明治22年1月23日、同27日、同29日）。しかし、このような穏やかな分離状態は2月10日豊能教育支会の席で豊島郡側委員17人の全員辞職という深刻な状況に結びついていくこととなった。さらに、この辞職と前後して豊島郡側の聯合町村会議員も、13名の議員がすべて辞職願を郡長に提出するにいたったのである。1－（b）－①②で見た2月21日、22日の演説会の出席者名もこのことを反映していたことを思い出していただきたい。『東雲新聞』明治22年2月13日付と『大阪朝日新聞』2月14日付はかなりの興奮とともに長い記事を書

いて、このことをそれぞれ報じている。ただし、この後岐尼荘《きねしょう》倶楽部から提出される「正誤」の記事（④）との関係もあるので、つぎの②では、右のうち『大阪朝日新聞』は割愛し、『東雲新聞』の記事を掲げておく。

②能勢郡・豊島郡の対立が深刻化

◎『東雲新聞』明治22年2月13日

●将に分離せんとす　府下豊嶋郡と能勢郡とハ予《かね》てより其郡役所を同一にし、その経済をも同一に為し居る処、豊嶋郡の人民ハ今度断然能勢郡と分離せんと、目下何れも激昂し居るとのこと、而して、従来右二郡の間ハ至りて円滑に和親を為し居りたるにも拘ハらず、今俄《には》かに分離せんとの議論起りし原因を聞くに、豊嶋郡の有志者ハ過日地価引下の請願を為さんことを発議せし際、能勢郡の人民をも誘導せしに、能勢の方にても大に之を賛成しかバ、豊嶋の方よりハ其の上京委員を豊島より二名、能勢より一名づゝ撰挙して、其の相談を遂ぐる為、各村より一名づゝ総代を撰ぶ可しとの事を申し込みしに、能勢の方にてハ三十日も経れど何たる沙汰をも為さず、豊島の方よりハ何故なるかと照会せしに、能勢の方にてハ料《はか》らずも、我が郡ハ適宜に一郡にて此の請願をなす可し、彼れ是れ構ハれ給ひそとの答へを為せしとのことにて、豊島の人民らハ何れも大いに憤ほり、然らバ何故今までに其の答へを為さゞりしか、我郡より照会するまで何たる事をも言ハずして、今日に至り斯る冷淡なる答へをなすとハ如何にも不都合なる仕方なり、元来能勢の戸数ハ三千六百二戸にして、豊島の方ハ七千五百八十二戸もあり、殆ど能勢に倍し居れり、随つて豊嶋の方ハ経済も亦甚ハだ大なり、言ハゞ能勢ハ豊島の為めに今日まで少なからざる恩恵を受け居りしのみか、聯合会の議員の如きも両郡仝じく十三名づゝを置き、能勢に対してハ大に遠慮をなし居たる位なるに、斯かる事ハ思ハずして、斯くの如き答へをなすとハ如何にも悪むべきの至りなれバとの事より起り、断然両郡の分離をなさんと唱へ出せし者なりと、左れバ、引続き豊嶋の聯合会議員ハ続々辞職し、今日の所にてハ僅々二三名よりか残り居らざるよし、又、能勢と豊嶋の二郡ハ私立大阪教育豊能支会と云ふを設け居り、去る十日両郡の会員は能勢郡刀根山村の御坊に於て教育会を開きしに、全会の席に於ても何か双方の間に議論の起りし由にて、豊嶋の会員垂水熊二郎氏を始め、十七名の会員ハ一仝辞職し、仝日直ちに仝村の梅林庵に集会し、豊島ハ豊島のみにて教育会を設くることを相談せしに、何れもその説に仝意したるを以て、来る十七日豊嶋の岡町村に於て第一着の教育会を開くとのこと、右の如く豊島の人民ハ能勢に対して非常に憤り居るを以て仮令《たとい》郡長が中裁《(ママ)》に立入るも、之を承諾せずして、大阪府まで申し出で、分離の意を貫く精心《(ママ)》なりとぞ、尤も能勢の聯合会議員の数を減ずる時ハ或ひハ調停の出来んも計り難しとのこと

豊島郡側が憤る　長い記事で、取材された人物の興奮した様子がよく伝わってくる。記者もまた、それをそのまま伝えている。客観的報道というよりも、豊島郡在住のある有力者の主張をそのまま代弁した記事といった感がする。出来得れば、能勢郡側の主張を確認し、周辺取材も重ねた上、問題の所在点を明瞭にするような記事にすべきではなかったかと思う。ただ、この記事を通して伝わってくるのは、地価引下請願の運動をきっかけに豊島・能勢両郡の協調が突如として崩れたこと、その影響は両郡の聯合町村会および教育支会のありようにも及んでいること、最悪の場合両郡をまとめて統治している郡役所の分割にも及びかねないということである。同じ事実を『大阪朝日新聞』は翌日に伝えている（掲載略）が、すこし冷静な感のする記事となっている。

すでに出された請願書　ところで、『能勢町史』には明治22年2月2日、能勢郡では郡内36ヶ村の人民総代と連合役場戸長の連名・連印で大蔵大臣松方正義に宛て請願書を提出していたことが記されている（同町史第3巻）。つまり、豊島郡が待っている間に単独で請願書を作成し提出していたのであって、これでは豊島郡側の希望を入

れるわけにはいかなかったという以外にない。『東雲新聞』も、また、ここでは掲載を略したが『朝日新聞』もこの事実は報じていない。すなわち、豊島郡側はその事情を知らないまま、能勢郡側から記事記載の如き返事を受けたのである。

請願書は提出済みという能勢郡側の事情は、この後能勢郡内で取材した『東雲新聞』2月16日で明らかにされ、あわせて能勢郡側の弁明も伝えられた。つぎの記事をご覧いただきたい。

③能勢郡側の説明と対応

◎『東雲新聞』明治22年2月16日

●能勢・豊嶋の両郡分離事件　府下能勢郡〔豊嶋郡カ〕の人民らハ、曩《さ》きに地価引下請願事件に就き能勢郡の人民を誘導せしに、能勢郡の人民らも大に之れを喜びて、共に請願せん事を約束せしにも拘ハらず、其の後能勢の人民等は一郡にて請願することに決し、且つ豊嶋より先きに抜駆けを為し、請願に及びたるにぞ、豊嶋郡の人民等ハ非常に立腹し、将来ハ能勢と分離して郡役所なども能勢ハ断然能勢丈けにて設立せしむ可しとの事に一致したるよしハ、既に前号の本紙に掲載せしが、今又能勢郡の人民より聞く処に拠れバ、成程能勢ハ地価引下に就てハ豊嶋の為めに誘導を受けしにハ相違なけれど、能勢の方にも亦一の理由ありて、豊嶋と一緒に請願を為さゞりし者なりとのこと、而して其の理由と云ふハ、第一、此の誘導者の一人なる森秀二氏を人民総代となすこと、第二、能勢ハ至りて貧郡なれバ、成るべく金員の支出なきことを主要とする等の事情あり、然るに、豊嶋と共に此の請願を為す時ハ、其の相談毎に五里もある山中を越へて豊嶋まで出掛けざる可らず、左れバ随て余計の費用を要するハ当然のことなり、以上二ヶの理由よりして全く分離せし迄にて、別に深き理由のあるに非ず、然るを豊嶋の方にてハ非常に立腹し、其の郡役所及び経済等を別にせんなど騒ぐとハ余り小量

なる者共かなと、何れも笑ひ居るとのこと

能勢郡が分離した本当の理由

2郡が分離して行動することの理由について、能勢郡側の有志に取材した結果をまとめた記事である。取材に応じたのが一人だったのか、複数人だったのか、はっきりと描かれてはいないが、能勢郡内ではおそらくほぼ共通した認識であったものと思われる。最後に記された「何れも笑ひ居るとのこと」との一文が、その状況を示している。ここで、『東雲新聞』は能勢郡側の「抜け駆け」について、先の記事で述べたと記しているが、これは、②の記事で「我が郡ハ適宜に一郡にて此の請願をなす可し、彼れ是れ構ハれ給ひそとの答へを為せし」との記載をさすのであろうか。しかし、これは両郡約束通りのことで、豊島郡側が怒る理由はよくわからない。あるいは、新聞はこのように記しているが、実際は2月2日の単独申請の事実が伝えられたのかもしれない。また、豊島・能勢両郡は、運動は個別にするが政府への請願書は両郡共同で提出する約束だったのかもしれない。とすれば「抜け駆け」と怒った理由もわかる。

さて、それはともかく、2郡別々に運動をしていきたいという理由について、第2に挙げられた金員の節約という側面について少しだけ疑問点をコメントしておきたい。すなわち、2郡での共同行動には移動のための費用が必要なことは当初からわかっていたはずだという点である。それをここにきて持ち出すのはなぜか。第1の理由を軽く見せるための口実以外の何ものでもないと考えるべきであろう。すなわち、本当の理由は、「第一」として挙げられた森秀次を人民総代として認められないという一点である。森秀次のことをこれまであまり知らなかった能勢郡の有力者たちは、提案を受けた当初においてはすぐに賛成したのであるが、彼の出自を知るに及んで拒否感を抱くに至ったのであろう。地価引下を最初に提起した人物の一人が能勢郡側から忌避された森秀次であったことは「此の誘導者の一人なる森秀二氏」との発言で明らかである。森秀次と連名での請願書を出さないというところで、豊島郡側との齟齬が表面化したのかもしれない。言うまでもなくそうした判断の背景には、特定の地域や人々を江戸時代身分的に差別してはばからなかった歴史の伝統や、社会の秩序意識がこれで崩壊に向かうのではないかといった恐れの意識や拒絶感が頭をもたげてきた結果であったと思う。

排除に法的根拠はないが　記者に話をした人物の心の底にある、そうした身分差別の行為を当然視する意識は、明治4年の穢多非人等の称廃止の太政官布告後、法的には正当性の根拠を失っていても、社会の習俗や多くの人の心の中に脈々と生きていたのである。記者に話をした人物は、それを何の問題もないこととして正当化するために、すこし後の箇所で「別に深き理由のあるに非ず」との文言を追加したと見るべきであろう。地価引下の請願運動をきっかけとする能勢・豊島両郡分裂事件は、じつは森秀次差別排斥事件であったのである。この記事は、はしなくもそれを示したというべきである。しかし、すぐにそのことは公的には語られることなく、問題にする人もなく伏せられ、未解決のまま、やがて両郡は協調融和に向かって動き始めていく。

森秀次に対する差別については、彼自身が語った「余が経歴」（大和同志会編『明治之光』第一号、大正元年10月）を参照してほしい。ただし、この地価引下請願運動における差別と排斥事件については語られていない。なお、北崎豊二「政治家・森秀次について」『大阪の部落史通信』31号、2003年1月を参照のこと。『新修池田市史』第3巻第1章第4節にも記述がある。

④岐尼荘倶楽部理事による能勢郡側の弁明

◎『東雲新聞』明治22年2月19日

●正誤　左の通り正誤文の掲載を求められしに付き、その全文を掲げて茲に正誤す

貴社新聞二月十三日発兌第三百二十三号雑報欄内、将ニ分離セントスト題スル項中、府下豊嶋郡ト能勢郡ト

ハ予テヨリ其郡役所ヲ同一ニシ、其経済ヲモ同一ニナシ居ル所、豊嶋郡ノ人民ハ今度断然能勢郡ト分離セント目下何レモ激昂シ居ルトノ事　中略　元来能勢ノ戸数ハ三千六百六戸ニシテ、豊嶋ノ方ハ七千五百八十二戸モアリ、殆ト能勢ニ倍シ居レリ、随テ、豊嶋ノ方ハ経済モ亦甚大ナリ、言ハヾ能勢ハ豊嶋ノ為ニ少ナカラザル恩恵ヲ受ケシノミカ、聯合会議員ノ如キモ両郡内同ジク十三名ヅヽヲ置キ、能勢ニ対シテハ大ニ遠慮ヲナシ居タル位ナリ云々（下略）

右掲載ノ事項中、相違ノ点少カラズ、即チ、豊嶋ハ経済大ナルガ故ニ、能勢ハ豊嶋ノ為ニ少カラズ恩恵ヲ受ケタリト云ガ如ク記載アレ共、彼ノ両郡経済ヲ共ニスル連帯支弁ノ如キモ、両郡ノ地価ト戸数トヲ標準トシテ割附スルモノナレバ、彼豊嶋ヨリ曾テ一文半銭ノ恩恵ヲ受ケタルコトナシ、実ニ虚妄ノ甚シキモノニ付、速ニ此全文ヲ掲ゲ正誤相成度、此段及御照会候也

明治廿二年二月十五日

能勢郡岐尼荘倶楽部

理事　森本　玄良

同　大植佐次郎

同　中西隼之助

東雲新聞社御中

論点のはぐらかし　この「正誤」を書いたのは、文末に記した3人の岐尼荘《きねしょう》倶楽部理事である。この岐尼荘倶楽部は明治21年11月ごろ能勢郡有志によって設立されたもので、郡内有志の自己啓発を図る組織であった（本章―1―（a）―①）。それから4か月、この倶楽部の活動はきっちりと続いていたのである。

ここに署名している3人のうち森本・中西は、地価引下が必要なことを熱心に説いた文章に署名した能勢・豊島両郡有志5人のうちの1人である。このような人々の反論文であることを、まずは見ておきたい。

さて、この反論文であるが、ここには郡経済の実情に関する主張だけが展開され、両郡で約束した役員の選出を能勢郡側が一方的に実行せず、共同行動を破ったことも、また③で指摘された森秀次のことも一言も述べられていない。もちろん、彼らがこれらの問題を理解していなかったはずはない。要するに、論点を能勢郡の経済事情と、その中における人民の努力に移すという、はぐらかしをやっているのである。考えてみれば、この論点のはぐらかしこそ、当時における差別の実態を問題化させないようにするための方法であったかと思う。この反論文を書いたのは、思想的に不用意な人ではなく、様々な書物や新聞を読み、知識を蓄積していった人々であったことを、ここでは見ておかねばならない。

タブーとすること　ところで、実は豊島郡側でも森秀次への差別の存在を表向きには問題としていないことに気が付く。ちょっと深読みしすぎるのかもしれないが、豊島郡側でも、この問題をタブーとし、表に出さないことによって森秀次の政治的権威と活動を受け入れていたにもかかわらず、それを能勢郡側が配慮せずに持ち出したことに実は立腹の本音があったのではなかっただろうかということである。2郡の分離論を提案したのも、またこの問題を表に持ち出させないための予防策ではなかっただろうか。差別をめぐる状況は、明治4年の太政官布告以後、それが当然とされた江戸時代とは異なる段階に入っていたことを考えなければならない。差別の継続的な存在を隠し、問題の不在を繕い、かえって差別を陰に回って押し付ける時代に移り変わっていたと見るべきであろう。

⑤ 2郡の官民、協調と融和の復活へ

◎『大阪朝日新聞』明治22年3月6日

●官民懇親会　地価引下請願の件に付き、能勢郡の者は豊島郡に先立ちて出願せしを以て、能勢郡〔豊島郡カ〕の者は之に不満を抱き、予て一致結合して事をなさんとせしに、約束に背きたる上は今後何事も分離せんと言出し、両郡の間に不和を生じ、遂に郡衙をも分離せんとの説をなし居る者さへある由は、過日の紙上に記載せしが、斯くては将来両郡の不得策なれば、何事も矢張り団結してなすべしとの趣意を以て一昨々日午後二時より池田村陽春庵にて両郡官民の懇親会を開きし処、当日出席せしは同郡長、池田警察署長、戸長、府会議員、其他の人々を合せて凡そ六七十名なりしといふ

問題にさわらずに　2月13日、激烈な表現で能勢郡の行為をなじった豊島郡、また後日それを子どもじみていると批判した能勢郡の人びとであったが、ひと月も経たないうちに和解に向かって動き出している。仲介役の名はわからないが、官が一枚かんだことは、この記事の最後の方で出席者の役職名が、「当日出席せしは同郡長、池田警察署長、戸長、府会議員、其他の人々」と記載されていることから明らかである。出席した人数が60～70人ということであるから、役職にはついていないが、かなりの有力者が参加したことも考えられる。なお、この会合に先立つ2月上旬には府会議員選挙をめぐり、地価引下請願運動をリードした活動家グループ（のちの月曜会につながる）と大阪苦楽府＝池田同志会のグループとの対立が先鋭化し始めていた（このあとの3を参照）。能勢郡の有志も豊島郡の有志もともに大阪苦楽府を警戒する点では共通しており、いつまでもにらみ合ってはいられなかったのかもしれない。

和解のための会場で、いったいどのような話がなされたのであろうか。新聞は何も報じていない。おそらく、

森秀次への差別・排斥の問題は棚上げとし、ひたすら両郡団結の必要性と利点が語り合われたのであろう。あるいは、大阪苦楽府への批判的な認識が話し合われたのかも知れない。

（c）行政との関係

地価引下請願運動は、初めから官の協力を求めるものであり、最後までその性格が強かった。ここでは、この面に関する4点の新聞記事を掲載しておく。

①地価引下請願文を府書記官の閲覧に

◎『東雲新聞』明治22年2月13日

●地価引下請願事件　府下豊嶋郡の人民総代垂水熊二郎、森秀二の二氏は予てより地価引下の請願書を起草中なりし処、既に全く出来上りしを以て、右二氏ハ昨日大阪府へ出頭し、今井書記官の閲覧に供せしよし、又仝書記官の閲覧終りし上ハ直ちに各地主の調印を取り、内務大臣へ郵送する手筈なりとのこと

官の助言を求める　この記事は、能勢・豊島両郡の対立がピークに達したときのものであるが、豊島郡側の人民代表が地主の調印を取る前に府書記官の閲覧を乞うていることが注目される。おそらく、文中官にとって容認できない文言などの存在をあらかじめ検閲してもらおうという判断から行った行為と思われるが、やりすぎると、民の意見の可否を官に尋ねるという弱い姿勢にまで陥る可能性を有していたことを指摘せざるを得ない。

②知事に請願文の送達を依頼

◎『東雲新聞』明治22年3月9日

●地価引下請願事件　前号の紙上に記載せし府下豊嶋郡の地価引下請願事件ハ已に一昨日を以て其の願書への調印済となりしより、昨日垂水熊二郎、森秀二の両氏が之れを携へて当大阪府庁へ出頭し、建野知事に面会して内務省へ送達の義を請求せしと云ふ

建野郷三知事は転任　この記事に書かれた行動は3月7日のことである。その数日前の3月3日には能勢・豊島両郡の協調融和を復活させようと官民での集会が開かれていた。しかし、7日の段階では、まだ二郡共同というまでには至らず、豊島郡だけでの申し入れになったようである。おそらく、知事には東京出張の命がこの時期下っており、それに合わせて請願書の持参を依頼しようとしたものであろう。ただし、建野郷三知事には3月16日元老院議官への転任が公示された。代表らの請願書はどう扱われたのか、顛末は報じられていない。なお、後任知事には内務省土木局長だった西村捨三が任命された。

③新知事に改めて面会

◎『大阪毎日新聞』明治22年4月10日

●知事へ面陳　府下豊島郡の有志者垂水、森の両氏は夫の地価軽減の事件に関し、昨日当府庁へ出頭の上、西村知事へ面会せられ、地価軽減請願の始末を述べられしよし、其理由の概略は、当府下摂河泉三ヶ国の如きは元と地価の等級を六十余等に分かたれたる中にて最高の等級に当てられしことなるが、其原因は、当地も右地価の等級を定められたる当時は兎角船便宜しからず、夫れが為め諸国より米穀を積み入るゝことも自由なら

ずして、重もに同地産の米穀を用ゐたるゆえ、従って其価格も他国よりは一石に付き二三円方も高直なりしより、農家に於ては収益の多かりしに依りしものなるが、方今に至りては、当地も海陸の便利大に開け、米穀の輸入も自由なるを以て、同国産の米穀も亦往年の比にあらず、就きては、農家にありても、他国とは収益上別に異なる処なきに及びしに付き、其筋に於ては既に察せらるゝ処ありしより、昨年地価百分の五を軽減せられしが、目下の情状にては、尚ほ他に比して高きに失するの感なきにあらざるがゆゑに、斯くは又々軽減の義を請願せんとするにありとぞ

新知事に改めて説明　前任の建野郷三知事は、いよいよ内務省に文書を持参し政府と交渉してくれると思っていたところ、突然の交代となり、かわって西村捨三の任命となった。そこで、総代らは、再度説明に上がらなければならなかったのである。ここでは、地価軽減を請願する理由をもう一度説明していることが目につく。

◎『東雲新聞』明治22年6月1日

④能勢郡ほか3郡で請願

●地価引下請願事件　府下能勢、豊嶋、島上、嶋下郡の有志者ハ今度西村知事の上京するを幸ひの事、地価引下げを其の筋へ具伸せらるゝ様依頼せん為め、昨日奇二治郎兵衛氏外数名を総代とし、大阪府へ出張せしめ、地価引下に関する書類を知事へ差出さしめたりとぞ

4郡の協調が実現　知事が代わると一からやり直しという点は、③で確認済みであったが、今回は、能勢と豊島が一緒、というだけでなく島上・島下も一緒の請願書を出している。この間、次の節で確認するように衆議院

議員選挙にむけて右4郡の協調が成立していた。やはり、各郡個々に差し出すよりは一緒に出すと与える印象が違うことに気が付いたものであろうと思う。

地価軽減は、このとき認められ、政府は8月田畑地価特別修正法を制定、全国的に修正を実施することとなった。それは、大阪に関しては月曜会グループの勝利であったと言ってもいい。しかし、全国的には、民権派の長年にわたる地租軽減の要求を政府がかわす手段ともされたことを見ておくことも必要なのではなかろうか。

3　選挙と政治グループ

党派の分立　大阪府では、明治21年秋ごろからいくつかの政治的党派あるいはグループが、全国的なそれらと連携しつつ出現し、互いに勢力の拡大を図ってしのぎを削りはじめていた。

まず、保安条例で東京を追われ、大阪で『東雲新聞』を創刊し、自由主義を唱えていた大阪苦楽府系の民権派政治家たちの活動があった。彼らは自由と民権を旗印に政府批判を重ね、先鋭的な姿勢を維持し、意気軒昂であった。なかでも、浪人とか壮士とか自称する若者グループを抱え、強いキャンペーン力を発揮していた。彼らの活動は、『東雲新聞』は言うまでもなく、いろいろな新聞紙上で大きく取り上げられていく。

第二のグループは、明治22年6月「独立党」と称された人びとが大阪に創立した月曜会グループである。彼らも大阪苦楽府と同様、自由党と協力して、政府の進めた条約改正に反対する集会を大阪に開くなど、広く全国を見渡した運動を展開した。

大阪苦楽府のグループと月曜会のグループは、全国的な運動では協力する立場をとり、一致して行動した。しかし、大阪府内では、この2派は、国政への対応姿勢、地域課題の位置づけなどにおいて肌合いが違っていたのか、互いに批判し、また競合した。

最後に、目立ってはいないが、政府に親近感を抱き、協力しようとしていた人びとも少なからず存在していた。ただし、この人々の政治的な動静は表に出ることが少なく、いずれの新聞にもほとんどでてこないことに注意しておきたい。

大阪府内の政治勢力は、官憲に親近感を持つ者を含め、当初は混沌たる中にあったというべきである。大阪の北部地域に当たる島上・島下・能勢・豊島の4郡においても、大阪市中を中心とするこの状況の影響下で様々な動きがみられることとなっていくのである。

注目しておくべき事実は、本章の1で見た政談演説会、2で見た地価引下請願運動、これらも、ともにそれらの勢力争いと深く関係しつつ展開したものであったことである。しかも、これら各勢力の競争は、折しも実施された明治22年2月大阪府会議員の増員に対応する選挙、それに引き続いて展開された衆議院議員総選挙（明治23年7月1日実施）、そして明治22年の水害からの復興をめざす政策のありようを糾す活動の中でさらに増幅され、先鋭化していく。

とくに、2で見た地価引下請願運動は、一見郡民総意のような外観を呈していたが、そこに出てくる有志の人名を、本節にこのあと掲載される記事と合わせ見たとき、それは大阪苦楽府の活動家が参加していない運動であったことに気が付く。請願運動に携わった2郡活動家の激しい対立によって、能勢郡と豊島郡の分離にまで進むかと思われながら、実は、その主体はすべて「月曜会」に近い人々であったのである。これを逆に言えば、同じ月曜会の系列に属しながらも、内部は結構複雑であったことも考慮しておかねばならないということである。もちろん、その和解が案外早く成し遂げられたことは、対立した両者がもう一方の勢力である大阪苦楽府系の存在を常に意識していたという事実がその背景にあったことも間違いなかろう。さきに記述した2では十分に述べられなかったが、ここで改めて指摘しておく。

本節では、こうした政治的勢力の伸張とか、離合集散の状況が顕著に表れる選挙活動に焦点を当て、見ていくこととしたい。とくに、（d）では、疑惑を招いた水害対策への批判から「北摂同志苦楽府」といったように初めて「北摂」の名称を付けた政治グループの結成へと進んでいったことも見ておきたい。

大阪の新聞は、大阪市中の動きとともに、北摂地域の動向も熱心に追跡している。それらの記事のありようを通して、都会を離れた地域でも公的職業政治家がしのぎを削った状況を復元できたらと期待するところである。

（a）大阪府会議員選挙

①府会議員選挙で大阪市中からの輸入候補金丸鉄が当選票を獲得

◎『大阪毎日新聞』明治22年2月7日

●豊島郡府会議員選挙の結果　前号の本紙欄外に記したる如く、一昨日池田なる郡役所内の議事堂に於て開きし同郡府会議員増選の分に係る選挙会は午前十時を以て投票を締め切り、楠村同郡長及び同郡各村の選挙人総代等立会の上、先づ投票を調査せしに、芝原村外五ヶ村の投票は未だ着し居らざるに依り、楠村同郡長は立会せる各選挙人総代に向ひ、右各村の投票は既に締め切り時間に後れたるものなれば、良しや此の後に到着するも固より棄却たるべしとの旨を述べられし処、同郡選出府会議員垂水熊次郎氏は、只今郡長の陳述は至当の事なれども、其まゝ棄却するは選挙人の不幸も甚だしかるべければ、開票中に到着したる時は之れを採用する事にしては如何との発言に、一統の賛成を得て之に決し、是に於て喫飯をなし、軈《やが》て開票せんとする折から、右芝原村外五ヶ村の選挙人総代は其投票を携へて来場せり、依りて之れを採用し、其開票に着手せしは同十一時二十分なりしが、同郡内にて選挙権を有するものは一千六百十一名、投票の現数は一千五百九十九票、内七十六票は不規則の為めに棄却し、差引き一千五百二十三票に対し、西区江戸堀北通り二丁目廿六番地住金丸鉄氏は四百八十二点にて当選し、次点者は同郡古江村森秀二氏三百九十五点、同熊野田村石丸周次氏百六十二点にして、午後二時二十分に及び、全く結了を告げたり

開票場の実際　これは大阪府会議員の増員に伴う選挙で、豊島郡内でひとりを選出しようというものであった。記事は、その開票がどのように行われたかをリアルに描き出している。もちろん、選挙は現在のように公的に立候補し、選挙管理委員会がその人物を公示して、その人物について選挙人が選挙会場で投票するという形ではなく、投票資格を持つ選挙人が心に浮かぶ人名を思い思いに投票用紙に書き込むという形であった。そこで、自派の押す人物の当選を願うグループでは、候補者の名前を選挙人に記載してもらうために、あらかじめ候補者名を選挙人に示し、投票を依頼したものであった。

このとき、豊島郡では有力な候補が二人、競い合っていた。ひとりが金丸鉄、もうひとりが森秀次（新聞では秀二となっている）であった。このあと紹介する③の記事からは、大阪市中に住居を有する金丸鉄を推したのは大阪苦楽府、森秀次を推したのはのちに月曜会に結集する人びとであったらしいことがわかってくる。投票場への到着が遅れた芝原村外五ヶ村の投票無効を主張した楠村（多信）豊島郡長は、後者寄りに位置していたことが、この記事での発言や、③での対応からうかがわれる。逆に、そう考えたときに、彼の強圧的な言動の目的も見えてくる。ただし、この郡長の発言を押さえた府会議員垂水熊次郎もほぼ同じグループに属する人物である。垂水の方が落ち着き、常識的な判断力を保持していたのかもしれない。ともかく、開票場は、相当緊迫した状況であったことがうかがわれる。記者も、またそれを身近に感じつつ取材していたのである。

史料記載の正確さを考える　なお、森秀次は、後年この選挙のことに触れた発言を残している（「余が経歴」『明治之光』創刊号、大正元年）。すなわち、「再び次回に立つたが、此の時我が郡へは大阪市内から金丸と云ふ弁護士を輸入して僕に対抗した。然し、此時の結果は私が十票の得票で矢張落選した」と述べている。森がこの発言で指摘している「次回」の選挙とは、まさにこのときの府会議員選挙であった。それは、金丸の名前と森の落選という事実の指摘でまず確定的である。しかし、このときの得票数10票というのはどう考えても少なすぎるのではないか。ちなみに、明治9年における豊島郡人口は30、331人である。この数字に基けば、投票数等新聞記事に記載されたそれぞれ482、395の数字は納得できるものであろう。では、もしこの10票というのが「得票差」を意味するものであったとすればどうなのか。これに関しては、後掲の③で金丸鉄の得票数の数え直しをしている文章があるが、それでも得票差は10票差となるのは難しく、やはり数字は到底合わない。つまり、「十票」というのは間違いと考えざるを得ない。

考えてみれば、森の発言は、このときの選挙から20年以上経過したのちの記憶に基くものであったことを考慮しなければならない。また、それほどよく準備していたものとも思われない。その結果、おそらく間違ったものであろう。しかし、間違いはまちがいとして、やはり確認しておくこととしたい。

②能勢郡での選挙では寺倉隼之助が当選

◎『大阪毎日新聞』明治22年2月9日

●能勢郡議員の当選　昨日府下池田なる豊島能勢両郡役所に於て能勢郡府会議員改選の分に係る選挙会を開き、同日午前十時を以て投票を締め切り、楠村同郡長及び同郡各村選挙人総代等立会の上、直ちに開票に着手し、正午十二時三十分に至りて決了を告げしが、選挙権を有するもの、数は九百二十三名にして、投票の現数は九百零四票、内五票は不規則の為めに棄却し、差引八百九十九票に対し、大里村寺倉隼之助氏（再選）六百五十三点を以て当選したり、又其次点者は倉垣村西田□太郎氏五十一点、下田尻村能多卓爾氏四十三点なりしとぞ

あっさりと当選確定　豊島郡より少し日を置き、2月8日に実施された能勢郡の開票も、豊島郡と同じ池田にある郡役所内で実施された。いずれも、仕切っていたのは楠村郡長である。しかし、能勢郡については緊迫する場面はなかったようで、順調に現職である寺倉隼之助が得票を重ねて、あっさりと当選を確定した。寺倉は岐尼荘倶楽部、また月曜会系に属す人物であった。能勢郡では月曜会系の政治勢力の力が圧倒していたことが示された。

③豊島能勢郡長、選挙に対し再調査の措置

◎『大阪朝日新聞』明治22年2月9日

●議員選挙後の紛議　　豊島郡の府会議員増員に対する撰挙会は、已に記載せし如く、去五日在池田郡役所に於て開き、高点者は金丸鉄氏、次点者は森秀次氏にて、郡長は夫々点数を立会人に示し、無事に散会したる事なるに、如何なる都合にや、其翌日の夜に至り、同郡役所にては、郡内各村の戸長に村民の印鑑簿を携へ出頭すべき旨を達したるに因り、一昨日各村の戸長は郡役所に出頭したる処、同郡役所に於ては、金丸鉄氏に係る投票の印影を一々印鑑簿に引合せ、選挙者の中已に家督相続せしものにして、尚父の印影を其儘用ひ居る分などは無効のものとして其投票を棄却し、遂に一昨日中に同氏に係る投票四百八十三票中四五十票を棄却せしとの事を池田同志会長田中正康氏、及び同会員小西庄太郎・北村吉右衛門・乾芳松等の諸士が聞込みて大に郡長の処置に不満を抱き、一旦会場に於て立会人に公示したるものなるに、密に斯る調査を為すが如きは其意を解し難き次第なれば、同郡長に向て之が理由を質さんとて、即ち此事を当地の代言人竹中鶴次郎氏に委任したるを以て、竹中氏は昨日同郡役所へ出張したる由、果たして如何なる結果を見る事にや、又右の同志会員は、此際池田に政談演説会を開く計画をなし、東雲新聞記者栗原亮一、吉田魁光の両氏へ出演を請ひしと云ふ

池田同志会の追及　府会議員選挙開票後における楠村郡長の奇怪な行動と、それを問題とする池田同志会メンバーによる追及が描かれている。池田同志会メンバーが頼ったのが大阪市中の代言人（弁護士）竹中鶴次郎と『東雲新聞』に拠る大阪苦楽府系の政治家たちであったことに興味がひかれる。ちなみに、代言人竹中鶴次郎は、1―(b)―⑤と3―(c)―②で出てきた人物で、彼もまた大阪苦楽府に近い存在であった。池田同志会は、このような勢力と気脈を通じていたのであり、そのグループであった金丸鉄を支援していたことが、この事件を通して見えてくるのである。要するに、金丸鉄は森秀次と対抗するために大阪市中に住みながら豊島郡の選挙に出馬したもので、森秀次が言う「輸入候補」というのも理解できるだろう。逆に言えば、森は月曜会系の候補として大阪苦楽府系の候補金丸鉄と府会議員の椅子を競ったということになる。

池田同志会は、開票直後の郡長によるこの事件をきっかけに、池田で『東雲新聞』の支援を受けて政談演説会を企画することとなった。月曜会系の組織と大阪苦楽府＝池田同志会との関係には互いに相いれない深刻な対立が加速するようになっていくのである。

④ 楠村郡長の敗北

◎『東雲新聞』明治22年2月14日

●紛議落着す　府下豊島郡にてハ府会議員撰挙の投票に不正の投票ありしとかにて、過日来郡長楠村多信氏と人民との間に何か紛議の起り居りしが、右は漸く一昨十二日に至り全たく落着せしにぞ、郡長ハ同日当選者金丸鉄氏へ当選状を交付したりと云ふ

選挙への介入　郡長の横槍的行為が成果なく終わったのは、2月12日のことであった。結局金丸鉄の当選を動

かすことはできなかったということである。記事によれば、金丸鉄に投票した人物の印鑑調べは7日から12日まで6日間も継続していたことになる。この間、楠村郡長がどんな点を取り上げ、その票を無効にしようとしたのか。③の記述はその一部を紹介しているが、全貌はわからない。要は、その是非も含めてだが、公職の選挙における当落の基準が不明瞭ななか、郡長のような選挙介入が他の地域でも行われていたことを推測することができるということかもしれない。多くの弁護士の批判をものともせずに、そうした横槍が入れられていたのであろう。たしかに大阪苦楽府系の人々が郡長の行為を取り上げ、演説会を開いて世論に訴えようとしたのも理解できることであった。

(b) 衆議院議員選挙に向けて

① 衆議院議員候補者の選定で島上・島下・能勢・豊島4郡有志が懇親会を計画（1）

◎『大阪朝日新聞』明治22年4月10日

●衆議院議員候補者の選定　に就き府下第五選挙区なる島上・島下・能勢・豊島四郡の府会議員・旧戸長其他の有志者等は一致聯合して共に事を図らんとの協議をなしたる処、何れも同意を表し、先づ四郡有志者の懇親会を開きて熟議をなす事となりしに依り、豊島郡の有志者中にて諸事を周旋し、近日開会する都合にて目下其場所の撰択中なりと、又右の有志者中には其候補者を他に求めんとするものと、土着の人を出さんとするものとの二派あれども、目下のところにては土着の人を出さんとするものゝ方多き模様なりと云ふ

早くも候補者の選定へ　この記事の要点は、会合の場所・月日は不詳ながら、島上・島下・能勢・豊島4郡の

府会議員・旧戸長など有志者が来るべき衆議院議員総選挙において一致聯合していこうとの確認をしたこと、その結果、豊島郡有志者の周旋で懇親会を4郡内のどこかで開き、衆議院議員の候補者を話し合いで決定しようというものである。集会した人々の間では、候補者は地元の人間から探すか、他の地域から探すかという二派があったことも紹介されている。

この懇親会を開いたのはどのような勢力なのであろうか。府会議員・旧戸長など有志者と書かれているところから、月曜会系のようにも見えるが、果たしてそうなのか。記事の文面からだけでは断定し難い。ただ、それにしても選挙前まだ1年以上ある時、すでに候補について準備しようという動きが出ているのであって、選挙の重要性が認識され、活動がはやくも熟達した域に到達していたことが示されていると言えよう。

② 衆議院議員候補者の選定で島上・島下・能勢・豊島4郡有志が懇親会を計画（2）

◎『東雲新聞』明治22年4月10日

●四郡有志者の会合　府下能勢郡の有志者寺倉隼之助、森本元良、豊島郡の有志者垂水熊二郎、森秀二、島上郡の有志者高木半、島下郡の有志者西尾与右衛門、中野広太郎等の諸氏を始め、十七名の人々ハ衆議院の議員選挙方に付、去る五日茨木郡役所に集会し、土着の人を撰出するか、将《はたま》た他の地方の人を撰出するかとの事を相談せしに、能勢郡の有志者ハ我が四郡より衆議院の議員に撰出す可き適当なる人物なければバ、他の郡区より相当なる人を雇ひ入れ之を撰出するに如かずと云ひ、豊嶋、嶋上、島下郡の有志者ハ能勢郡の説に反し、国会は才学智識の共進会に非ざればバ、別に他の地方より才学智識に富みたる人を雇ひ入れて之れを撰出するの必要なきのみか、反つて土地の景況を熟知せる土着の人を撰出するこそ至当なれと主張せし由なるが、同日の所にてハ各有志の大会を開き、之れが協議を遂ぐるよし

月曜会系の選挙運動　この記事は①と内容的に重複するところが多い。おそらく、同一の会合を報じた記事と見ていい。このことを念頭において、ここに記載の人名を見たとき、衆議院議員候補推薦の予選を行おうという、この懇親会は月曜会系の人々によって準備されようとしているものであることが明らかとなる。そのことを相談した4郡有志の懇談会は、17人集まり、4月5日島下郡茨木の郡役所で開かれたことも明らかにされている。『東雲新聞』は『大阪朝日新聞』が書かなかった情報をきちんと入手しているのであって、その取材力も侮れないことを示している。ひょっとしたら、記事を書いた『東雲新聞』は、この人名や会合場所を明記することで、月曜会系の人々が官との協調のもと運動を進めていると示唆しようとしているのかもしれない。もちろん、「4郡一致」といっても、実際のところでは、月曜会系の人びとが共同するということであり、その建前を大事にするのなら、大阪苦楽府系の人々の存在をどう扱うのか、大きな課題を抱えていたともいえるものであった。しかし、むしろそれは大阪苦楽府系の人びとの出方によるものでもあったというべきかもしれない。

③　4郡有志の会合延期

◎『東雲新聞』明治22年4月26日

●四郡の集会　　府下能勢、豊嶋、嶋上、島下郡の有志者ハ四郡より選出する衆議院の議員を予選する為め、昨日午後豊島郡池田町に集会する筈なりし処、能勢、島上、嶋下の三郡に於て何か差支へのありし由にて、来月五日まで延バせしとのこと、又同会の幹事にハ楠村多信氏外三名が選挙されしとのこと

④　4郡有志の会合はさらに延期し、箕面山で（1）

●四郡有志者の集会　府下能勢、豊嶋、嶋上、島下四郡の有志者ハ、今度衆議院の議員候補者を定る為め、明五日を期し池田町の大広寺に集会を催ほす筈なりしところ、都合に依り箕面山に於て開会する事となりたるよし

◎『東雲新聞』明治22年5月4日

⑤ 4郡有志の会合はさらに延期し、箕面山で（2）

●四郡の懇親会　能勢、豊島、島上下四郡の有志者の大懇親会ハ愈《いよいよ》来る十五日箕面山に之を開き、会するもの凡《およそ》二百五十余名に及ぶ予期にて、該四郡即ち府下第五衆議院議員選挙区に於ける同候補者をも同会にて予選し置く都合なりといへり

◎『大阪朝日新聞』明治22年5月7日

延期を重ね多数の集会　衆議院議員大阪第五選挙区の候補予選のための懇親会は当初4月5日を予定していたものが、15日に引き延ばし、多数の有志を集める情勢になったことが示されている。箕面のどこで250人もの人を受け入れる懇親会場を探したのか。事務を担当した豊島郡有志も大変だったと思う。ただ、この勢いには大きいものがあったと言わざるを得ない。問題は、大阪苦楽府系の人々であろう。彼らの対応策は、この間新聞には一切掲載されていない。あるいは、様子を見ていただけなのかもしれない。つぎの、池田同志会の記事は、そうした時期における大阪苦楽府系の人々の動きを知るという意味で重要である。

⑥ 池田同志会の対応

◎『東雲新聞』明治22年5月30日

●四郡の団結　府下豊島郡池田地方の人々ハ同志会と云ふを組織せしかど、会員の内にハ種々の事情もありて兎角不振の有様なりしにぞ、同会の重もなる人々ハ大に之を憂ひ、明年ハ国会の開設もある事なるを以て、同地方よりも十分なる議員を選出して活発なる運動をなさんと、一旦同会を解散し、今度更に能勢、嶋下、嶋上、豊嶋四郡の資産家のみにて団結を為し、一の倶楽部を設立して、同郡内より自由主義の国会議員を撰挙せんと種々奔走し居ると云ふ

組織の立て直しを模索　池田同志会が大阪苦楽府系の政治グループであったことは、(a)―③で明らかになっているが、5月上旬までの動きにおいて月曜会系のグループに先を越され、大きく差をつけられたことは明らかな事実となったようである。このなかで、池田同志会の立て直しを図ろうとした動きがこの記事の中に示されたと言っていい。その方策は会員の範囲を能勢・豊島・島上・島下4郡に広げ、かつ資産家のみの団結を計ることに置かれ、来るべき総選挙に対処しようということであった。まさに、総選挙に焦点を絞った組織替えを考えたわけである。これがうまくいったかどうか、8月水害後の復興政策の中でこの組織の活動が示されることとなる。次に項を改めて確認していきたい。

(c) 明治22年水害と追及する人びと

明治22年8月は近畿地方の各地で大雨となり、洪水の被害を受けたところも少なくなかった。なかでも奈良県十津川村を襲った洪水被害は激烈で、ついに一村的な規模で北海道分村を決意するに至る。

北摂でも、そうしたなか各地で様々な被害をこうむり、その対応をめぐる地域紛争も少なくなかった。そのなかで行政の対応も改めて議論されることとなったのである。ここでは、最初に武庫川流域の宝塚温泉と有馬温泉の出水状況に関する新聞記事を確認し、続いて川辺郡の新村小田村における紛争および大阪府豊島郡の新町池田町での紛争を見ていくこととする。新しい行政町村のありようが厳しく問われていることを確認していきたい。

① 宝塚温泉・有馬温泉の出水状況

◎『大阪毎日新聞』明治22年8月23日

●宝塚・有馬の出水　昨夜宝塚より帰りし人の噺に、去十九日午前より暴風雨にて同午後は武庫川の水量常水より九尺余を増し、夜に入るも尚止まる〔ら〕ず、益々漲溢を極め、温泉場は一面の水となり、今にも浴室を流失せんとする有様となりたれば、通宵鐘太鼓を打鳴し、家財道具の取片付を為せしも、上流なる生瀬橋（延長八十間余）の堕落せし位にて事済みしと、又有馬も近年稀なる暴雨にて鼓ヶ滝末流の川抔も両岸を荒し、新開街道も生瀬奥凡十五六丁程道路決潰、通行を絶つ等にて、浴客の滞積を告げ、廿日・廿一日は一千三四百名に上り、土地の人々には膽を冷せし中にも不時の利益を得しに喜びしとぞ

危なく被害を免れる　武庫川流域を襲った暴風雨の様子を、宝塚から帰阪した浴客から、また有馬温泉については通報者不詳ながら、これまた伝聞をもとに記事化している。いずれも大きな被害が出ているが、決定的な被害には見舞われなかったようである（ただし、宝塚温泉は、泉源が川面に近く、『宝塚市史』第3巻 253ページによれば、明治31年11月の大雨で浴場は流失してしまった）。記事中宝塚の状況描写には手に汗握るところがある。夜中中鐘と太鼓を打ち続け、危険を知らせ続けたのであるが、旅舎にいてそれを聞いていた浴客も、従業

員も生きた心地がしなかったに違いない。

②川辺郡小田村内旧6か村、水害の原因を追及

◎『東雲新聞』明治22年9月4日

●水害地の争論　兵庫県川辺郡小田村内字次屋、浜、西川、常光寺、長洲、金楽寺の六箇村より小田村内字神崎村々民並に川辺郡書記石川善哉に対する水害争論一件につき、此程右六ヶ村の総代人西川村の高橋幸次郎(県会議員)、林亀太郎、次屋村の小寺千代三、橋本仁之介、同松太郎、浜村の上村次郎兵衛、常光寺村の小寺丑松、村上市太郎、長洲村の浜名伝平、浜口新助、吉田徳松、金楽寺村の田中次郎兵衛、小林種吉氏等より当地の代言人寺田寛、竹中鶴次郎の両氏へ談判一切終局に至るまでの委任を為し、示談の模様に依りてハ直に訟訴を提起し、飽くまで其権利を伸張せられん事を託したるに、右両氏ハ異議なく之を受任せしが、不幸にも寺田寛氏ハ母堂の疾患に昼夜看待する際なりしゆへ、竹中鶴次郎氏一人のみ直ちに該水害地なる小田村に出張し談判に取懸りたる事なるが、今其顛末を詳報せんに、元来本件の起りハ去る八月廿、廿一両日降雨の為め小田村内字高田村の堤防ハ遂に少しく決潰して今や白波滔々溢れ込まんずる状態《ありさま》なりしを、幸にして同日の十二時頃に到り防ぎ止むるを得たれども、其れが為め神崎村ハ溢水の浸入して同村の青渺々たる無涯の稲田ハ忽ち変じて一面の泥湖となりたり、然るに此神崎村と次屋、西川両村との界に当たる県道に重要なる水除《みずよけ》と称ふる水閘在りて、此水閘につき神崎村より次屋村へ地代をも払ひ居りて、数年来紛議のありしものなるを、神崎村にてハ関係の村々へ沙汰もなく紊《みだ》りに此水閘を決潰せんと、業に已に着手したりしを次屋村にて聞込み、是《こ》ハ捨置き難き一大事なりと怒りを発し、其場に駆付け、既に一場の大争闘とも為らんずる勢威なりしも、折から警察官吏と同郡書記石川善哉が出張して懇々説諭を加へ神崎村の不都合を責め、決潰したる部分を原状に復さ

しめ、其日ハ無事に済みたり、然るに同郡書記ハ何故か前日の取扱にも似ず、翌廿二日に到り自ら来りて前日の箇所を再び決潰したるが為め、右の六箇村ハ忽ち非常なる水害を被むり、頗る損害を受たるに在り、偖《さて》も竹中氏ハ右六箇村の総代と倶《とも》に川辺郡役所に出頭し、同郡長に対して水害を被むりたる実況を説き、且つ石川郡書記が頗る所置の不親切なるを論難したる所、折柄内海県知事の水害実況視察の為め来合せ居られし故、同郡長ハ折悪しとや思ハれけん、明日午前八時小田村内下阪部の村役場に石川郡書記を出張せしめ、精細の質問を受け答弁を為さしむべしとの言なるより、当日ハ其儘にて引取り、翌日約束の期限にハ竹中氏と六箇村の総代十二三名が該役場へ出懸け、石川郡書記の来るを待てども〳〵音沙汰なく、漸く午後四時に到りて出で来りたるゆへ、竹中氏より決潰の質問を起し懸けたりしに、同郡書記ハ本日ハ他に巡回せざるべからざる事ゆへ、談判あらハ郡長若しくハ村長に為し呉るべし、自分は談判ハ為し難しと意外の答を為したるゆへ、竹中氏ハ同郡書記に対し、本日貴下の臨席ハ偶然の事に非ず、郡長より既に昨日足下を出張せしめ吾々が質問に答しめんと約されたるにあらずやと種々談判の歩を進めたる末、同郡書記ハ一個人の資格を以て竹中氏一人に答弁を為すべしと答へ、終に該事件に対する問答を始むる事に決したり（以下次号）

紛争当事者の作った記事　この記事は、『東雲新聞』の同人とも言うべき記者であり、代言人でもあった竹中鶴次郎と寺田寛の両人の活躍話とも言うべきものである。記述は細部に入り、詳細である。ただし、逆に記者としての立場よりも当事者としての主張が前面に立っている。この記事に対応する記録が出てくれば評価も定まるものと思うが、他にあまり知られていないようで、そううまくいくかどうか。ともあれ、この文を読んでの感想を述べておくことにしたい。

問題の背景に大雨があったこと、その時の対応として水閘の操作が大きかったことは大前提として確認できる。

問題は、川辺郡役所書記石川善哉の水閘操作に関する事実の確定ができるかどうかである。もし、被害を被った旧六箇村側が非難するように、操作に関わる郡書記の判断が8月21日と22日とで異なっていたとすれば、その変更を生み出した背景は何か、あるいはそこに何があったのかの解明がもっとも大事な論点になるといえよう。

紛争の主体は明治22年町村制に基いて成立した小田村を構成する旧村（大字）である。新村になっても水利や水害に関する権限は実質的に旧村に残っていたのである。一方、水閘の操作を行う実質的な権限を郡書記が握っていたことは、この記事を読めば理解できる。それだけ、郡役所（具体的には郡長―郡書記）の行動が持つ意味は旧村住民にとって甚大であったともいえるのであって、おそらく、そのことは日頃から当事者間ではよく理解されていたところでもあったと思う。もちろん、その判断が軽々しいものでないことも当事者間ではよく理解されていたところであろう。それが、大事な洪水の局面で誤ったのではないかというのが被害を受けた側の村々の主張であった。

旧村の側からは当然責任を明確にさせようとなることである。その認識のもと二人の代言人に交渉を依頼しているのである。一方、郡長も郡書記も20日、21日の自己の行動の当否に関する評価の重要性は理解しており、発言には慎重さが見られることに注目しておきたい。大事なところはここの点について、被害を受けた村々とその代言人側が、相当厳しい姿勢を取っていることであろう。すなわち、指導を受けるべき住民がかえって行政の仕事を監視するという姿勢の存在。ここに、この時期の地方自治制の本旨が、単なる条文の解釈を超えて存在していることを改めて確認できるのではなかろうか。

③池田町で水害復旧の伐木をめぐり紛糾

◎『東雲新聞』明治22年11月19日

●池田町の紛議　豊島郡池田町にてハ本年八月頃の暴風雨の為め、各所の堤防が非常の水害を蒙りたるを以て、町会議員等の決議に依り兼ねて同町の共有財産と為《なし》ある七町五反歩余の山林中に在る樹木を伐《き》りて他に之を売却し、其の金員を以て破損せし堤防を修繕せんと、当府庁へ願ひ済みの上直ちに伐木に着手したるに、如何なる都合ありてか、同町長及び常設委員ハ右の売却方に関し町会議員等に一応の相談もなく三四名の擅断《せんだん》を以て窃かに同地の材木商なる太田佐平氏に売渡しの約束を為し置き、後ち数日を経て議員等に向け、望みの者あれバ現場に於て売却するに付き検査す可しとの旨を通知し来りたるに依り、同議員の人びとハ直ちに材木置場に至り、見るに其の材木にハ既に材木商の黒印を押し、下手の方の分ハ悉く筏に組み立てありたるにぞ、右議員の人々ハ茲に始めて疑団を起し、町長又ハ常設委員に向ひ其の処分の不当を詰問に及び、彼れ此れ論判の末、遂に彼の材木商太田氏より謝罪状を取り、一先ず事済みとなりしかバ、引続き売却方に付き議員中より互選を以て竹田芳松、藤井清助の二氏を委員に撰定して売渡しを為さしめたるに、最初町長等の太田氏と約束したりし時の代金は三百円なりしも、今度右両氏は三百四十円の代金を以て同氏に売渡す事となり、且つ其の買請人なる太田氏より両氏に対し謝儀として十円の金子を贈り来せしに依り、二氏ハ直ちに此の金員の処分方に関して町会議員に協議に及びたるに、議員中にハ種々の議論起り、或ハ共有物の売却方に対し其の買請人より謝金を送り越すなどハ要するに最初の約束上に於て何か為にする所ありたるならんと云ひ、遂に右議員の内にて七名の人びとハ大に此の事件に付き憤懣の色を起し、苟くも町内人民の信認を得て此の議場に立ち、一般の利害得失のある所に依り公明の事件を議定すべきの職掌に居りながら誰人の罪にせよ斯る曖昧事件を惹起すに至りたるハ畢竟我々の不注意なるに依れるを以て断然議員たるの職を辞せん者と、町長に宛て何れも辞表を差出したれど町長に於てハ容易に其の辞職を許さゞるより、昨今右議員と町長との間に於て彼れ此れ談判中なりと云ふ。

行政に対する住民の監視権を問題とする　ここでも、行政の権限行使についての住民（その代表としての議員）の監視権が明瞭に出現していることが確認できる。ただし、行政を批判する中心人物は、この時期から活動を強めてきていた地方政治家であり、町長派と違うグループに所属する者たちであった。池田では、この時期、衆議院議員選挙を初めさまざまなレベルでの政治活動を通し、いくつかの政治グループが町内に形成されるまでに活動家がふえてきていた。記事を掲載している『東雲新聞』は町長批判派を支援するために記事を書いたと言ってもいい。それらの記事は事実を客観的に探り、真実を求めるというよりも、自派の主張に有利となる事実を強調するものであったようにみえる。

（d）池田町政批判から北摂同志苦楽府の結成へ

明治22年4月から5月にかけては月曜会グループの衆議院議員総選挙に向けての運動が中心であったが、11月の声を聞いて、洪水の復興工事が行政の課題になると、それを梃子に大阪苦楽府関係の政治グループによる巻き返しが進んでいく。その中で「北摂」という言葉が使われるようになっていくことも、「北摂」概念の形成史を理解するうえでは興味ある事実である。

①池田町政批判で政談演説会を予告

◎『東雲新聞』、明治22年11月27日

●池田町の政談演説会　本月十九日、同廿三日の紙上に於て掲けたる同町長に関する紛議事件ハ遂に之を公衆の輿論に愬《うつた》ふるに決し、大阪苦楽府員の日野国明、竹中鶴次郎、岸伸吉の三氏を招聘して政談演説会を催す筈なるが、右ハ愈々本日午後より開く事に決し、同地の有志者古川伊三郎、原角太郎、塩川達三郎、沢井伊一郎、田中正康、松井孝三郎の諸氏も出席して各々意見を演《のぶ》る由なり

池田同志会のメンバーが町政のあり方を住民に問う　この記事については、（c）－③を見ていただかなければならない。そこでは、洪水からの復興のための町有林伐採において町執行部のやりかたに不審な廉を見出した町民が事実を糾すために町長と交渉を始めたが、埒が明かないとの状況を報じていた。①はそれを受けて問題の所在を公衆に訴えるため演説会を開こうという内容の記事である。演説会開催をリードしたのは大阪苦楽府のメンバーであった。またそれを依頼した池田地方の有志の名前も6人掲載されている。その中には旧池田同志会会長田中正康の名がある。すなわち、この政談演説会は同会の流れを継いだメンバーによって計画されたものであったといえる。

②池田の演説会の模様と有志の懇親会

◎『東雲新聞』明治22年11月30日

●池田町の政談演説会と懇親会　去る廿七日午後六時より予期の如く同町字西の口戎座に於て、同町長岡野〔崎か〕経充、常設委員福田熊吉、永田定次郎、久保太平氏等が所為の曲直につき、輿論に愬《うつた》ふる為め、同地有力者の発起にて、大阪苦楽府員なる日野、竹中、岸等の三氏を招聘して催したる政談演説会ハ、開会前より聴衆場に満ち、古川伊三郎氏（同町有志者）開会の趣旨を演《の》べ、次で第一席塩川達三郎氏（同）目下の急務、第二席竹中鶴次郎氏（大阪苦楽府員）軽信の弊、第三席日野国明氏（同）議会及び議員と人民、第四席岸伸吉

氏（本社員）職務とハん何ぞや、第五席日野国明氏（大阪苦楽府員）奇怪の現象等の題にて演べたりしが、聴衆無慮千五百有余名、満場立錐の余地無きまでに充満し居たるに係らず、沈黙耳を傾けて静聴し居り、要点の局に至るごとに拍手喝采の声四隣を驚かすバかりにて頗る感動したる状況なりし、其他同地方の有志にて田中、原、松井の三氏も出席する筈なりしが、田中氏ハ差支ありて欠席し、原、松井氏の演題ハ不認可なりしゆゑ、是にて無事散会となり、直に同地の開花楼に於て有志懇親会を開きたるに、来会者ハ小沢左金吾、松井孝次郎、丸屋亀太郎、岸上善五郎、武田芳松、清瀧徳兵衛、北村吉三郎、豊島禄平、藤本栄吉、塩川達三郎、原角太郎、稲田賀太郎、古川伊三郎、田中正康、北村吉右衛門、乾治平、同芳治、伊丹六郎、小西治兵衛、野入伊三郎、野原種次郎、塩川栄太郎、藤井清助、西田恒太郎、北村幸三郎、山川四郎作、沢田伊一郎等の廿六氏にて、席定るや、田中正康氏ハ有志者総代にて大阪苦楽府員に謝辞の席上演説をなし、次で日野、竹中、岸の諸氏交々《こもごも》立て之に答辞を演べ、終るや田中氏ハ来会者総員に団体組織の事を図りしに、忽ち満場一致にて自由主義の苦楽府を設立して、大阪苦楽府と気脈を通じ、運動をなす事に議決し、互に胸襟を開き、和気藹々、歓を尽して散会したりしハ午後十二時過なりしと云ふ、因に記す、今回の事に就きてハ塩川、原、古川、田中、北村、乾、西田の七氏が最も尽力したる由なり、又彼の材木商沢田伊一郎氏ハ町長、常設委員等より材木売買一件に付き依頼せられたる顛末を公衆に自白する事になり居たるも、止を得ざる事にて出演せざりしとぞ

住民の支持を得た池田同志会　池田町西の口戎座で行われた町政の在り方をめぐる演説会は大きな反響を呼び、盛会のうちに終了したようである。町内あるいは近郊の人びとが大勢集まったことは、演説会後の有志懇親会における具体的人名の列記のうちに見て取ることができる。懇親会に参加した人物の中には清滝徳兵衛とか豊島禄平のように、従来町政に食い込んでいた人もその姿を見せている。彼らを含めて懇親会の席上では池田同志会の

代表田中正康の提言で大阪苦楽府と気脈を通じて運動を為す団体をこの地域につくることが満場一致で決まったことは、大阪苦楽府系の政治グループにとって大きな成果であったと言えるであろう。

なお、この記事は誰に向かって書いているかを改めて確認しておきたい。記事中「同町」とか「同地」とかの表記が散見されるが、まさに『東雲新聞』の主たる読者であった大阪市民に向かって池田での成功を語っていることは間違いない。新聞は池田のできごとを取り上げ、その町政を批判する大きな催しに関与したが、真の狙いは、これを自派の勢力増大に結び付けることに置いていたことが、ここにきて明瞭となってきたのである。このあと紹介する③・⑥・⑦・⑧の各記事は、この催しをきっかけとして結成された北摂同志苦楽府の活動を物語る記録となっている。

③池田に北摂同志苦楽府を創設

◎『東雲新聞』明治22年12月3日

●池田町に自由主義の団体を組織す　同地方人士等が自由主義の団体を組織せんと決議せし由ハ、予て前号の紙上に掲げたりしが、右ハ愈々去る一日午後六時より田中正康氏の宅に集会を催せしに、相会する有志者五十余名にて主義、団体名称、運動方法等を議せしが、満場一致を以て純乎たる自由主義を執り、団体ハ北摂同志苦楽府と称し、大阪苦楽府と相提携して運動を為す事に議決し、直に幹事五名を撰挙せしに田中正康、岸上善五郎、乾治平、西田恒太郎、間奈子義三郎の五氏之に当撰したりと云ふ

「北摂」の文字が登場　ここに北摂同志苦楽府が成立した。この年5月に池田同志会を改組するとの方針を立てていたものが、ここに実現したと言っていい。おそらく熱心な活動家と池田方面での資産家として知られた人

物が選ばれたものと思われる。それは、来るべき衆議院議員総選挙をにらんだ体制でもあったに違いない。

なお、この会の名称の中に「北摂」の言葉が使われていることに注意しておきたい。おそらく、歴史上初めて使われた用語かもしれない。それは、大阪府西成郡・東成郡そして住吉郡を一つとした第4選挙区で選挙戦を戦い、中江兆民を当選させた南摂同志会（『新修大阪市史』第5巻591ページ）に対応する呼び名でもあったと思われる。もちろん、その当否は別としても、言葉としての「北摂」の使用としては歴史上最初のことと思われる。

④『東雲新聞』、池田町長派の演説会計画を揶揄

◎『東雲新聞』明治22年12月3日

●弁護演説とハ真乎《か》　去る廿九日の夜の事とか、池田町の町長及び同臭味の人々六七名ハ同町西の口松前楼に於て密会し、去日大阪苦楽府員日野、竹中、岸の三氏が演説に対し、来る七日頃《ご》ろ、月曜会員を招聘して弁護演説会を催す事に議決し、其旨を同会へ照会せし趣なるが、聞く所に拠れバ、今回共有林木売払件につき不都合なる事をなしたる同町長岡野〔崎〕経充氏ハ月曜会員なる由にて、既に先頃月曜会員の三両氏が同地に政談演説会を開きし際にも頗る周旋尽力し、部下の町吏に嘱して木戸口に切符の請取方等をなさしめ、且つ其節出席の月曜会員にハ定めし識らざりし事なるべきも、苟も町長の所為に非難を容るゝ人々ハ一切傍聴を禁ずる抔、殊の外骨折を為したる由ゆへ、今回は定めし小御用演説なるへし抔、言囃し居れど、斯《こ》ハ恐らく口善悪《くちさが》なき童《わらんべ》の批評なるべし、真逆《まさか》月曜会員諸氏ハ仮令《たとえ》同会員中なりとて、非を遂げ、過《あやまち》を飾らんとする如き者の提灯持ハ為すべしとも思ハれざるなり、又同地人民は係《かか》る風説を聞知し、益々激昂し、右町長党の演説後大阪苦楽府員を招聘し、飽まで公明正大なる手段を以て曲直を公議輿論に愬《うった》ふる事に決心したりと

行政に根を張る月曜会　『東雲新聞』＝大阪苦楽府側の勢いに乗った批評である。町長が月曜会員であると暴露しているが、そういえば豊島能勢郡長も月曜会員であったことが書かれていた。月曜会は行政の要所にポストを有する人物に広く影響力を及ぼしていたと言わねばならない。また、「先頃月曜会員の三両氏が同地に政談演説会を開きし際」とあることから見て、記事にならなかった演説会もいろいろあったことも考慮しておかねばならない。池田では、結構、熱心に政治活動が展開していたことがうかがわれるのである。

⑤伊丹町の円友苦楽府が解散

◎『東雲新聞』明治22年12月3日

●円友苦楽府　府下武庫郡伊丹町に本年五月を以て設立せし円友苦楽府ハ政社の組織なりしも、集会条例の下に立ちて実際の運動をなし難きより、遂に去る三十日に解散したる由なり

伊丹は大阪府？　伊丹で大阪苦楽府会員が5月上旬に演説会を催したとの新聞記事は、すでに紹介したところであるが（1―(b)―④・⑤）、そのときあるいはその直後にこの政社を起ち上げていたものかもしれない。しかし、その政社は行き詰まっていたのである。地元での活動家が育っていなかったのであろうか。なお、右の記事では、伊丹町が「本府（大阪府）」と誤記されている。大阪苦楽部のメンバーが摂津の地域について地理的感覚に乏しかったからかもしれない。全国的な政治の在り方に付いては議論できても地域的課題に対する関心の乏しさが露呈しているといわれてもしかたがあるまい。

⑥ **北摂同志苦楽府員15人、大阪の大会出席へ**

◎『東雲新聞』明治22年12月13日

●北摂同志苦楽府員の出席　予て大阪苦楽府と気脈を相通ずる府下摂州北部の同会より来る十七日の大会へ同会員中の田中正康、藤井清助、沢田伊一郎、岸上善五郎、北村吉右衛門、北村幸三郎、塩川達三郎、古川伊三郎、間奈子儀三郎、西田恒太郎、円尾亀太郎、松井幸次郎、乾義次、原角太郎、野原種次郎の諸氏が出席すべく旨事務所へ申込みたる由

北摂同志苦楽府員はどの会合へ　この記事の内容理解は重要な意味を持っているのであるが、じつはよくわからないところが多い。その第一は北摂同志会メンバーが参加すると記されている「十七日の大会」というものである。条約改正交渉が頓挫し、非条約改正派が団結の解散を行ったなかで、国会開設も近づき、それらの新政派の結成が目ざされ、関係者は大阪に全国各地から続々と集まっていたのである。問題はその新組織が大きくいって自由党再興、愛国公党結成、関西自由党結成の三つに分かれて同じ時期に大会を開いたのである。大阪苦楽府は関西自由党の路線に組していたから、北摂同志苦楽府もそこに参加した可能性が一番高いのであるが、その日は17日ではなく19日のことであった。ただ、いずれにしても北摂同志苦楽府は分裂することなく活動を継続していっている。つぎの⑦・⑧はその様子を今日に伝えている。

⑦ **北摂8郡有志者、憲法発布の日を期して大懇親会を計画**

◎『大阪朝日新聞』明治23年1月18日

●北摂大懇親会　摂津国西成、島上、島下、能勢、豊島、川辺、莵原、武庫の八郡有志者が協議を遂げ、二

月二十一日即ち憲法発布の一周年に当る日を以て北摂大懇親会と云ふを開くことゝし、其席に板垣伯を招きて談話を聞かんと、其意を伯に通ぜしに、伯も之を諾せし由にて、開会の場所は豊島郡池田町の予定なりと云ふ

◎『大阪毎日新聞』明治23年1月27日

⑧摂津八郡大懇親会

●摂津八郡大懇親会　府下摂津八郡の有志者は来二月十一日豊島郡池田町に於て右八郡聯合の大懇親会を開き、当日は目下神戸にある板垣伯を招待し、尚余興には各郡の来会者夫々旗幟を押立て盛に野猪狩を催さんとて、豊島郡選出の府会議員金丸鉄氏等が専ら其準備に奔走中なりといふ

激しさを増す政治活動　池田を中心に広く北摂各郡で展開する政治活動は、互いに肌合いの違う勢力間での対抗となり、激しさを増していく。主な対立の構図は月曜会系と大阪苦楽府系の勢力争いであった。この活動が、今後どのように展開していくか。明治31年自由・進歩両党の合同＝憲政党成立、さらには33年の立憲政友会成立といった流れの中でさらにどう変化していくか。記事を調べ、中央での動きと広い北摂全域での動きとの関係を解明していけたらと思う。ただ残念ながら、今回はここで打ち切りとせざるを得ない。

まとめにかえて　―草創期の新聞と都市および周辺地域の変容―

明治10年から22年までに限定したが、大阪で発行され今も残されている日刊の商業新聞のなかからいわゆる北摂地域に住む人びとの姿を確認し、あわせて新聞の変容を追ってきた。実に興味深い体験であったと思う。本書全体を閉じるにあたって、個々の記事からは読みとりにくいが、全体を通してみれば見えてくる論点をいくつか指摘して、全体のまとめにかえてみたい。

1　都市とは違う地域と人間の発見へ

新聞記事の変化　明治前期大阪で創刊された多くの新聞は、創刊時から商業紙としての性格が強く、読んでみても、読者による購読が経営の基盤であったのではないかと改めて感じる。都市の読者を経営の基盤にしているという意味で、この時期の新聞を「都市新聞」と呼んでもいいのかもしれない。そうした大阪の日刊紙であったが、大都市大阪から遠く離れ、当時「僻地」などとも言われた（第3章2―（a）―①⑤ほか）地域に展開する人びとの姿や動静を記事化することも、時期とともに増えていった。

ただし、明治10年代前半期と10年代末期以降とでは、記事の取り上げ方や人物の描き方に大きな違いがあったことにも気がつく。明治10年代前半期では、たとえば郡の概要を語るとき、土地の一般住民は文明の恩恵に十分浴していないとする。そして、行政担当者の開明的施策がこれを文明化するカギをにぎっているとして、そうした観点から当該郡役所の行政を批評することで記述をまとめていた。そこでは「都会以外の者あるいは国民統治に関与しない者＝愚昧な者」といったような、類型化した人間観が支配していたことは明らかである。また、村と村の水争いといった大きな事件の発生を取り上げても、その経過と激しい紛争振りは描きながら、人びとの行動規範に対する分析や、事件の背景に対する切り込み方は弱いままであった。要するに余所事としての扱いであった。一方、有馬温泉や箕面の観楓に対する記述は精彩を放っていた。その理由は、おそらくそこが都会人にとって意味のある保養地あるいは勝地と認識したからであろう。我がこととして記事に取り組んでいるから、記事が生き生きとしてくる。この点、大阪を離れた地域に住む新聞読者の投稿にときどき貴重な報告が混じっていることも興味深いところである。結局のところ、明治10年代前半には都会の新聞にとって田舎は所詮余所であり、よくわからないままのものであったといわなければならない。

ところが、こうした記事の状況は明治10年代末期になると大きく変ってくる。すなわち、この時期になると、当該地域に生じた産業の進展や、会社創設など特色ある変化に目を向け、また地域からの広告も積極的に受入れるようになってくる。一方、政治的動きに関する記述も具体化し、その政治的グループに対する評価に応じて毀誉褒貶も交えた、具体的で、生き生きとした記述に変ってくるのである。何よりも記事の量が増え、内容も具体化し、もはや住民を一口に「愚昧」とか「愚民」とかいって済ませることはなくなった。北摂各地の特徴もそれぞれ認識され、それらの知識を通して逆に全体像も見えてくるようになる。田舎であっても余所事ではなくなっているのがわかる。

警察と新聞　ところで、こうした記事の中で、この両時期を通して変らず生き生きと描かれていたのは警察の行動である。警察は紛争地に必ず顔を出し、それを収めまた人びとを治めようとした。一方、新聞にも必要な限りで情報を流した。逆に、新聞は明治前半期を通して警察を大事な情報源としたのであって、皮肉な言い方をすれば、それが事件の背後にある問題の本質を解明していく新聞の努力を妨げたのかもしれない。

じつは、警察は明治10年代前半期までにはすでに全国にわたって国民を監視し統治する組織の網を張り巡らしていたのである。警察は要所に事務の拠点をもち、地域の情報にも注意を怠らず、事件が発生し、情報が飛び込むたびに効率よく係官を現地に派遣し、状況を把握するとともに、実力をもって国民を新しい国家の統治理念に順応させる力を発揮し始めていた。本書では、北摂地域とそれに絶大な影響を与え続けた大阪という大都市をまとめて広く見ていったため、従来の自治体史でともすれば見落とされがちとなっていた地域に対する警察の統治的役割と、それを可能とする情報収集の実際についてある程度具体的に論ずることができたと思う。

人間観の変貌　では、新聞が地方を本気で知らねばならないと認識するのはいつごろからか。じつは、この変化の兆候は思いのほか早くから現れていたことが確認できる。すなわち、明治12年8月、妙見山の土地をめぐる野間中村と旧領主であった野間氏の争いを報じる記事である。ここでは紛争の一方の当事者から記事のあり方を問いただす手紙が出され、その手紙を受け取った新聞（『大阪日報』）は、両者からの手紙の文面をそのまま紙面に掲載して双方からの批判をかわした事実を思い返してほしい（第1章1―（b）―③）。このとき、担当の記者は地方に住む人びとの知的な実力を理解し、甘く扱ってはならないことを強く感じたはずである。つぎに、明治10年代後半期にかかるころ、―それは、ちょうど松方デフレーションが農業等で成り立つ都市の周辺地域に深刻な影を落とし始めた時期であったが―、税金の取り立てに対抗する人びとの姿勢を描いたいくつかの記事が注目される。それらは、自己の意思を持つ主体的な人間が農村にも存在することを示すとりあえずのスケッチとなるものであった

明治10年代、新聞は地方の出来事について一面的で類型化された記事を書き続けながらも、都市を離れた地方にも人として向上し、人間らしく生きようとする熱心な動きがあることに気がついていったのである。それは、

新聞にとっても、読者にとっても人間＝主体の発見という重大な意味をもつ変化であった。

2　地方の多面的な変容と新聞への期待

変化のカギは大都市と遠隔地方との交流の増大　明治10年代半ばから始まった松方デフレーションは実に長く国民を苦しめた。しかし、松方デフレーションは、その苦しみとともに都市および農村の姿とそこにくらす人びとの意識を大きく変えていった。北摂各地域の実例を見ると、デフレが終わる明治19年〜20年頃以降、農山村と大都市とのつながりは急速に大きくなっていった。旧来の社会において大きな力を持っていた村的な共同体の力はなおも存在していたが、村に住む人びとの意識の中ではそれとは違う価値基準を求める傾向も増えていた。

デフレ下の変化をまず見ておこう。明治10年西南戦争をきっかけとする好景気は明治14年を境とする紙幣の急速な収縮策強行のなかでデフレーションに転じた。米価を始め物価が急速に下落する中、金額が公定されていた地租の負担が相対的に増大したこととも重なり、将来を見込んで積極投資を行っていた多くの農家が没落していくこととなった。小作に転じる農家が増え、反面では売られた土地の地主（村内・村外を問わず）への集積・集中が急速に進んでいく。村々あるいはそれら村々によって取り巻かれた中心的町場を有する地域との相互の交流は江戸時代からすでにかなり進んでいたのであるが、デフレーションは5年以上にわたって地域も、そこに住む人びとも萎縮させていた。ただ、この間の具体的な様子は、北摂地域についてもまだ必ずしも明瞭にされていない。新聞も記事量が減り、説明には苦慮するところであることを今回痛感したところである。

こうした状況に変化が現れてくるのは、明治10年代末頃以降のことであった。このころから大都市では工業化の波が立ち、まちの姿が変わり始めていた。一方、農村地帯などでも、たとえば北摂地域では各地に農業会社などの新しい産業化への動きが始まり、鉱山業のように従来からの産業活動も息を吹き返していく。地方に住む人びとの中、ある人びとはそれまで知らなかった広い範囲すなわち、ときには外国貿易も含めて産業や商品に興味を示し、それらに関する情報を求めるようにもなっていく。新聞広告の効果が認められ、その需要も急速に増えていった。一方、都会に住み、都会から遠く離れた土地に将来の可能性を見出す人びとも出てくる。武庫郡伊孑志村の武庫川河畔に湧き出す温泉水を発見して、宝塚温泉と名付け、そこに事業を起し、利益を上げようとする大阪の人びとの動きはその典型といってもよい。特徴的なことは、いずれも、大阪や神戸といった大都市と当該地域との関係強化を強く意識するものであったことである。資本主義的な経済活動が軌道に乗り、人びとの意識にも、行動様式にもそうした変化に乗ろうとする意欲が顕著に現れ始めたのである。

国民レベルでの交流の進展　デフレ末期以後、大阪あるいは神戸といった大都市とそれ以外の北摂各地域との間で文化や思想そしてモノの相互交流が加速度をもって進んだことは、社会基盤の面で変化を生み出した。もちろん、地域と地域、人と人との相互交流に関しては、歴史的に見れば、大前提として明治政府成立後における封建的・排他的な領地制廃止、人びとの移動自由化、職業の自由化など、明治初期の政治的な変革が大きなきっかけとなっていたことは間違いない。しかし、人と人との交流の増大はそれで自動的に広がったというのではない。それは、明治10年代に入るころから急速に進んだ道路の改修や新設あるいは人力車や荷車の普及といった交通インフラの整備・利用を基盤としてより大きく実現したものであり、デフレ期の一時的苦境を乗り越えた後にはそれらがその流れをさらに加速させ､新たな段階に入っていったと見るべきであろう。それは､デフレを経験した後､資本主義的経済環境の広がりとともに、人と人との交流がより広い範囲で進んだこと、それも、特定の人びとの間でだけでなく、国民レベルで展開し始めた結果である。新しい経済社会が形成される中、改修された道路の上を走る荷車や人力車、そして馬車鉄道は、まさしくデフレ後変容のスピードを速める地方の象徴であった。道路や鉄路の上には、物や人あるいは金銭が途切れることなく動き、また都市を中心に基盤を構築した新しい思想や文化も急速にその量を増して移動し始めていたことを見落としてはならない。

都会の文明から遠く離れ、伝統的な共同体の枠の中に閉じ込められていた人びとがこうした動きに触れ、そこから世界の広さを感じつつ、世界の構造原理への対応を自ら求めるようになっていくのも自然な動きではなかろうか。そのなかからは、自立すべき個人としての自己のありようを見直し、伝統的な村共同体の枠から離れても、この新しい価値世界の中で自分は何ができるかと模索し始める人も多数出てくるであろう。

地域の変貌と政治活動　ときあたかも、この時期には憲法の制定、国会の開設が見通され、市制町村制の実施など地方行政の整備も進んだ。そのなかで、国と地方の行政に関与しようとする国民の数も意欲の量も明らかに増えていった。川辺郡山下町を中心とする地域有力者の動きに見るように、新しい統治条件の形成に積極的に対応していこうとする動きが各地に見えてきたのである。一方、能勢郡にできた岐尼荘倶楽部のような組織を自発的に作り、それを土台に郡内はもちろん、離れた地域にまで政治的影響力を及ぼす人びとも出てくる。大阪から遠く離れた地域においても演説会の開催とか倶楽部の創設が実現し、地方の変革をリードしようとする動きとなってきたのである。彼らは新聞・雑誌等から新しい知識を得、郡や村の行政組織に食い込むとともに、周辺の郡の有力者と連携を取りながら国政にも乗り出していく。岐尼荘倶楽部のメンバーが大阪月曜会と気脈を通じるようになっていたことはこの時期の人びとの交流がどんな広がりを持つものであったかを如実に物語っている。もちろん、こうした動きは、もはや詳しい説明は略すが、いくつかの政治的グループを生み出し、激しく競い合った豊島郡池田村とその周辺地域についても同様であった。

多様性を持っていた変貌　ただ、この時期、変容のありようは同じ北摂地域といっても地域によって違っていたことも見ておかねばならない。たとえば、当時池田地域と同じように商工業を発展させていた伊丹地方においては、能勢郡とも池田地方とも違う独自の動きを見せている。伊丹町では地域の有力な酒造家であった小西家が自主的な地域開発策を打ち出し、川辺馬車鉄道から摂津鉄道の創設に進んだ。そして舞鶴連絡鉄道計画が大阪等の大都市を拠点に置く有力資本家・起業家によって起こされたときには、それに対抗しようとした。維新期以来の小西家の活動が、地域の人びとに信頼感を与えていたことがここでは大きかったのかもしれない。伊丹地方では、政治方面の活動は指導者の間でそう目につく存在とはならなかったのである。

新聞への期待　明治20年前後、地方の変化は誰の目にも明らかになっていた。しかし、いまみてきたように、地域や人によってその理念や方向性にはそれぞれ違いがあり、一様でなかったことも事実であった。大きな分かれ目は、社会の変化する基本的な方向をどう見るかであり、さらにそれを受入れるか、やり過ごすかの判断にあったようである。もちろん、答え方は様々に分かれた。政府がつくろうとする行政組織とその運営方針に対する考え方も、大きなテーマとなっていた。なかでも、「自由」と「民権」の思想をどうするのか、行政機関に介入すべきかどうか、判断を求められていた。

新聞は、このように変容していく地域を前に、まず都会にとってそれら遠く離れた地域の有する意味を積極的に報せようとした。そうした地域への投資が開く発展の可能性を探る人びとの行動に注目し、その実際上の結果に注目した。宝塚温泉の可能性、川辺馬車鉄道の可能性、植木産業の可能性など、進んで記事化していったのである。一方、大都市から離れた地域も含む大都市周辺地域の人びとから、それぞれ自己の思想を補強してくれる新しい情報の伝達を期待されるようになっていった。それは都市を基盤とする近代文化の地方への伝播を意識するこことでもあった。新聞は都市のみならず、地方を重視するとともに、その両者を結びつける役割を果たし、政治や経済に関する自らの理念を念頭に置きながら、地方が問題とすべきこと、その真の課題と考えることを正確に伝えようとしはじめる。各新聞も読者の数を増やし、それは都市のみにとどまるものではなくなっていた。新聞は生き延びるためにその立ち位置を明確にし、それに対応して、自らを変容させていかねばならなくなっていたのである。

3　思想の変化と新たな問題の出現

伝統的価値観の動揺　ここまで、明治10年前後のころから同20年代初頭のころにかけて、大都市も、また大都市以外に住む人々の考え方にも全般的な変化が生じていたこと、新聞がそこに大きく介在していたことについて述べてきた。ここでは、これにつづけて、地域に住む人びとの思想の変容やそれに基づく行動が逆にその地域にそれまでは存在しなかった新しい問題をもたらし、地域に住む人びとの対立や困惑を促す要因ともなったことを見ていくこととしたい。

明治10年代初頭のころには、大都市を遠く離れた多くの地方で人びとは村的な共同体の利益を念頭において果敢な動きを示していた。彼ら紛争当事者たちにとって何よりも大事な価値は、自分たちの共同体としての江戸時代以来の村の共同利益であった。そして、紛争はその共同利益を守ろうとするところから生じたのであるから、たとえ争いの中で関係者の死亡というショッキングな事件を体験しても、警察の介入を受けても、そのことが彼ら自身の思想構造に大きな変化をもたらすことには繋がらなかった。むしろ、そこでは古い秩序に対する価値意識はそのまま再確認され、温存されていくのが常であった。これは、豊島郡新免村と麻田村の水争いにおいて新免村から助力を指示された被差別地域の人びとが争いに参加させられても、それを不当とする意見も、またそれを糾そうとする動きも、行政にしても、一般の村々にしても、どこからも上がらなかったこと、また新聞でもさらっと書き流すだけで済ましていることのうちに示されていた。「新平民」が本村の指示に従うのは当然という意識が当時広く、いわば普遍的に覆っていたのであろう。警察の取締が予断を持ってその地域の人びとに集中したとしても問題なしと認識されたのかもしれない。それは、江戸時代とさして異なる状況ではなかった。

しかし、そうした伝統的意識に対し、国の存在、国民の利益との調和の下で自己の思いを遂げようとする動きがやがて大きくなってくる。地方自治体としての府県や町村に対する積極的な協力も、また、水論に対する警察権力の介入を容認する意識も、そうした動きの中で強まってくる。水争いも、国家によって新しくつくられつつあった地方の秩序を重視し、大勢の農民らが直接対決すればそれを破壊するとして避けようとした。政治活動も、古い村共同体の利益というよりか近代的な国のあり方や行政のあり方をめぐる論争に向かっていく。また、その際における中心的関心は国民や市町村民として、すなわち、国家の人民として認識される個人の理念や利益に置かれるように変わっていく。

深刻な葛藤　これらは、まさに新しい時代に対応しようとする当事者の自己変革であった。しかし、こうした動きが広まるとともに、伝統的な共同体とそれを基盤に成り立ってきた思想や暮らしの様式がそうした新しい考え方に適合しない事態が生まれてくるのである。新しい時代理念の体現者の行動や言説は、古い思想や社会の理念からするところの反撃を受けるようになってくる。特に、北摂地域では被差別地域から出て、のちに大阪府会議員や衆議院議員にもなった森秀次のような有力な政治家が活動したことは注目に値する。もちろん、当時は他の地域にはなかなか例のない動きであった。森秀次は差別を受けながら、明治20年前後の頃から豊島郡の政治家を代表する大きな存在に成長していく。しかし、彼の動きも、また彼を取り巻く人々の対応も、他郡にまたがって、ともに思想的困惑と深刻な葛藤を引き起こしていった。地価修正あるいは地価引き下げの請願運動においては、彼に対する差別意識が能勢郡と豊島郡の分裂まで引き起こした。

しかし、森秀次の台頭とそれをめぐる地域の人びとのこうした葛藤は、この時代における価値観の変容がもたらした象徴的な出来事であった。これをどう位置づけ、評価していくか。歴史を理解しようとすれば、新しい動きに直面した当時の人々が様々な分野で体験したそうした困惑や葛藤を見つめ、それが語っている深い意味を考察すべきである。価値観の変容は人によって担われ、歴史は人と人、人と組織の理念のぶつかり合いの中につむがれていくとすれば、それは、やはり地域の歴史を知るうえで最も根本的な作業になると考えるからである。ちなみに、このような葛藤や困惑は、当時の新聞が気付かなかったものも含めると、他にも多々あったものと考えなければならない。また、なにも政治に関わっている事例ばかりではないとも考えるべきであろう。伝統社会の中で育ち、そこでの活動を期待されていた人物が悩み抜いた末、何らかの行動に及んだこと、それが生み出した社会的な困惑・葛藤、いずれは、それらの実態を明らかにし、地域の真の歴史を知っていきたいと希望するものである。

4　揺らぐ「北摂」概念

「北摂」とはどこか　最後に、厄介な問題だが、述べておかねばならないテーマをもう一つ。それは「北摂」という地域概念が持つ不安定性、あるいは揺らぎの存在という問題である。もちろん、北摂という言葉は、文字から見て摂津国の北部地域を広く指しているのは明らかである。しかし、具体的に摂津国のどういった地域を当てはめるのか。摂津国は大阪府と兵庫県にまたがって存している。その北部地域とはどこを指すのか。そこには多くの確定しがたい要素が介在している。

まず、摂津国に属していたと言っても、現在では兵庫県内の尼崎市・西宮市あるいは芦屋市などは摂津国の北というよりも西にあるという意識が先行する。どちらかと言えば、「西摂」という表現の方がピタッとくるようである。まして、それらのさらに西に広がる神戸市ともなれば、その地域を北摂と呼ぶ人は存在しないといってもいい。

では、北摂は大阪府のみに止めればいいのだろうか。事実、大阪府内では現在の大阪市域以外で摂津国に所属していた大阪府の地域だけを北摂と呼ぶことも多い。現在の三島町・高槻市・茨木市・摂津市・吹田市・箕面市・池田市・豊中市・豊能町・能勢町などである。たしかに、ここでは大阪市域の北部あるいは北部摂津といった方向感覚的にも合致し、大きな違和感は生じない。しかし、難しいのは、行政的には兵庫県に組み込まれていても北摂と自称する地域も少なくない事実である。とりわけ、猪名川町・川西市をはじめ、部分的には宝塚市さらには伊丹市においてもその傾向は強い。大阪府に限定するという考え方は、こうした地域を視野に入れていないといわざるを得ないのであって、やはり違和感は大きい。

さらに、もうひとつ、しかもさらに困難な問題は同じ摂津国といっても、その東方と西方で、暮らす人びとが共通する地域意識を持っていないということである。たとえば高槻市と神戸市とでは、日常におけるその市民の交流は、高槻市の人がたとえば大阪市に持つ関係、あるいは神戸市の人がその周辺の地域に持つ関係と比較してみたとき、ずいぶん少ないと言わざるを得ないのではなかろうか。

問題の背景には、近代に入って急速に変化する地域間の交流の実態があるのではないかと考える。近代以降、地域間交流が全般的に活発になってきた結果、逆に、共通の地域に暮らしているという意識は、摂津国に限れば、現代では大阪を中心とする経済的・文化的な交流圏と神戸を中心とするそれとに大きく二分され、さらにその両方と結びつく地域も存在することとなった。その結果、全体としての交流は江戸時代などとは比較にならぬほど活発になっていながら、地域意識としてはかえって相互に別地域とする意識が醸成されている。このように、「北摂」という言葉が意味する地域概念は、使う人の問題意識によって中身が相違し、共通の地域意識としては曖昧なものになっているのである。

「北摂」概念の歴史的出現　では、「北摂」という概念はいつ、またどのような認識の下に形成されてきたのか。歴史にさかのぼった解明も必要と思う。私は、明治前期の新聞記事を読みながらこのことをずっと気にしていた。しかし、明治22年末に至るまで、「摂津国」という言葉は頻出しても、「北摂」という言葉が使われることはなかった。ところが、明治22年暮れ頃になって「北摂」の言葉が突然使われ出したのである。すなわち、本書では第5章も終わりに近いところ、『東雲新聞』明治22年12月3日付の記事で「池田町に自由主義の団体を組織す」との見出しの下、「北摂同志倶楽部」の結成が突然伝えられた（第5章−3−（d）−③）。この倶楽部は、同年12月13日にも同紙に登場し、今度は「北摂同志苦楽府」として自由派の全国的な大会に出席すると報じられている。さらに、『大阪朝日新聞』明治23年1月18日付では「北摂大懇親会」を開催するとの報道が行われ、今後も続けてこの名が登場することを予想させている。

このとき、これは国政選挙との関係で出てきた言葉だとはすぐにわかった。ちなみに、第1回衆議院議員総選挙では摂津国東成郡・西成郡そして住吉郡が一つの選挙区とされた。自由派は、その地域を「南摂」と称して同志の結合を図り、同じように、大阪府内でひとつの選挙区とされた島上・島下・能勢・豊島の4郡をまとめて「北摂」と称した。「南摂」の表現は、いつのまにか消滅したが、「北摂」はこののち、現在まで生き続けることとなったのである。

ただし、右の記述のうち、第5章3−（d）−⑦の記事で興味深い点は、大阪府では西成郡も「北摂」の内にあげられ、さらに兵庫県でも川辺郡・菟原郡・武庫郡の郡名もそのうちに入ると記されていることである。すなわち、「北摂」といった地域意識は、あながち当面の選挙区を基盤とする地域規定に限定されていたとばかりはいえないわけで、むしろ、それは、府県を超えた共通の地域認識として、なにほどか意識されていた存在であったことを窺わせている。逆に言えば、「北摂」という言葉が選挙活動の中から生まれてきたとしても、それは、明治20年過ぎに、すでに成立しつつあった共通の地域認識を基盤に生み出されたものであったのかもしれないということである。

大阪・神戸との関係　そうした可能性を支えていた実態は、いずれの地域も大阪という当時別格的な存在であった大都市との関係の中においてまとめられていた一続きの地域であった意識の歴史的再形成のうちに見いだせないだろうか。大阪は、戦国期以来摂津国の要の地位を維持し続けていた大都市であり、それは江戸時代になっても変るものではなかった。「摂津国」は大坂という都市との関係の中で全体として地域的共通性を持つ広がりとして認識されていた。それが近代になると、西の神戸の存在も無視はできなくなってくるのである。もちろん神戸は新興都市であったが、西欧諸国や中国と港を通じて直結した強みを生かし、その存在感は急速に強まっていた。近代になって以降、摂津国のいずれの地域もこの両都市との関わりの中でそれぞれが、改めて地域意識の確立を求めていくのである。

こうした変化の始まりとともに、「北摂」という概念はもっぱら摂津国南部に位置する大阪との関係のうちに作られ、語られ始めるようになったのではなかろうかと推測する。摂津国で神戸の影響をうける地域は広がっていたとはいえ、それは、摂津国全域を意識して語られるほどの力を持っていたとは思われない。これに対し、大阪は維新期における不振の状態を克服し、商工業を中心に急速に成長への歩を進めていった。兵庫県に属していても大阪の影響を受ける地域は、江戸時代とは比較にならぬ規模でさらに広がっていく。たとえば、明治20年代初頭に尼崎～伊丹（のちには池田まで）で計画された川辺馬車鉄道を利用する旅客は、多くが大阪を目指し、舞鶴連絡鉄道も大阪を始発点とする計画が複数存在した。神戸・大阪・京都を結ぶ官有鉄道の完成も、大阪の影響力を広げるのに役立った。摂津国北部や西部の一部は、日々そうした大阪を結節点とする一つの地域として位置付け直され、そのなかで「大都市大阪の核＝大阪四区とその周辺である東成・西成及び住吉の三郡を除く摂津国のうち、大阪の影響を強く受けている地域」＝「北摂」の概念も「大阪」との関係で是とされていったものかもしれない。

問題は、この摂津国各地と、二大都市である神戸・大阪との関係が、明治以降、同じ北摂地域においてそれぞれ強化された結果、それぞれの地域同士の結合とその意識が、経済的にも、文化的にも、あるいはまた行政的にも異なっていくという点にあった。すなわち、菟原郡とその西に位置する八部郡は言うまでもなく、川辺・武庫両郡についてもその南部はやがて大きな存在となる阪神間地区あるいはその外延地域として特徴を形成し、北部は一方に比較的独立性の高かった有馬郡があり、他方には、大阪との関係をいよいよ強めていく川辺郡北部・武庫郡北部、そして大阪府4郡の存在といった分割が進行していたのである。こうして、北摂を一体のものとして評価していけるのかどうか、改めて検討しなければならない状況も、近代の歴史を通じて一貫して存在し続けることとなる。「北摂」という概念は、近代になって形成され始めるが、つねに揺らぎ、不確定な要素を伴っていたと言わざるを得ないのである。

5　余録

以上、思いつくままに記してきた。新聞記事を選び、並べてみて感じることは、やはり、多様な面を持ちつつ確実に変化を遂げていく地域の姿であった。大都市と大都市以外の地域の交流の活発化がそうした変化を支えていたことも見えてきた。それは、大きく見れば、近代的理念の社会的な広がり、国民的な定着に繋がる動きであったとも言える。また、新聞は、その動きを結構力強く支えていたし、またその変化に支えられて自らの変容も重ねていった。一方、「北摂」という地域概念は厄介なテーマであった。本書では、近代の前半期を通して力を回復しつつあった大阪との関係が強まる中、それは、歴史的に形成されてきた概念ではなかろうかとの推測も立ててみた。

いずれにしても、本書においては、明治10年前後から20年代初頭にかけて、大都市を離れた地域とそこに住む人びとの変化、それと大阪という大都市の変化および新聞の変化とを、その相互性、複合性、多面性において表現しようと努めてきた。しかし、本書はそのダイナミズムをどこまで成功的に描けたのであろうかとの疑いは消えない。いまは、ただ、本書を読む方々からの厳しいご批判の数々を待つのみである。

あとがき

本書成立の背景と執筆の経過について簡単に語っておくこととしたい。

実は、筆者にとって、大阪で発行されていた明治20年代初頭のころまでの日刊新聞の調査はすでに終わっていた作業であった。ちょっと説明が必要だが、筆者は、過去大阪市史編纂所から委嘱され、20年以上にわたって『明治前期大阪編年史』の編集作業に従事してきた（大阪市立中央図書館＝大阪市史編纂所のホームページに解題あり）。それは、慶応3年末までを限って刊行されていた『大阪編年史』のあとを継ぐ大きな事業であった。すなわち、慶応4年＝明治元年正月から明治22年暮れまでの現大阪市域に属する地域の出来事や有様を検討することのできる重要な史料を探し出し、年月日順に配列して、同一の出来事に関する史料は寄せ合い、要点を綱文の形に記した上、編纂しようとする企画であった。編年史料の編集作業においては、当時残されており、存在がわかっている限りの記録・資料に目を通していかねばならなかった。その全作業は、まさに膨大といわざるを得ない量であり、かつ、あらゆる分野にわたる広い歴史眼を求められる仕事でもあった。その一部として当該時期大阪で発行されていた新聞記事も筆者は残らず読んでいたのである。

その作業中には当然のことながら、現在の大阪市域からは離れているが、北摂地域に関わる記事も目に入ってきた。当時は、それを現在の市域からは離れているからとして、そのまま見逃していくことをもったいなく思い、必要な方もいるだろうと思ってその都度チェックし、別にとっておいた。平成20年『明治前期大阪編年史』の基礎的部分が終了したとき、その数は3百点に近いものになっていた。

たまたま、昨年春先から流行し始めた新型コロナウイルスの感染対策として昨年春に非常事態宣言が出されたとき、いくつもの講演や会議予定が軒並みキャンセルとなっていった。思いもかけなかったことであるが、筆者は、せっかくできた時間を利用して研究を進めてみたくなり、この新聞資料に取り組んでみようと決意したのである。

結果として著述作業は、既述の論文等もない、全くの書下ろしとなった。取っていた新聞記事を年月日順に並べ、さらに内容を検討し、そこから何が言えるのかを考えながらまとめていく形となった。作業は基本的に順調に進んだが、明治14～15年ごろから始まるデフレーション期の記事は量も少なく、歴史的位置付けには苦慮することとなった。この時期の記事をどう理解するか、考えは二転三転した。しかし、やがて、この時期こそ近代の北摂地域が構造的に変化する重要な時期であったことに気付いていく。すなわち、記事の少ないこの時期にこそ、江戸時代というか、あるいは中世のいつかからというべきか存続してきた古い共同体的な社会構造が、社会の組織者である地位から後退し、新しくつくられていく近代的国家理念とその機構に取って代わられるとともに、人の意識も大きく変わった変革期であったことに気付いたのであった。当時新聞はこのことに自覚的ではなかったが、その記事の少なさの中にこそ大事な徴候が示されていたと言うべきである。もちろん、変化は一挙にではないが、ともかくも「大きく」変ったのである。それは、この時期を前後する時期の記事を何度も読み、検討を重ねる中で確信に変っていった。試みにこのことを中心として本書を編んでみたところ、記述を完結させることができた。筆者にとっては大事な歴史的視点の形成というべき成果であった。今になって振り返れば、困難との格闘は無駄ではなかったと感じるものである。

ところで、本書では、大阪を要に置き、そこを中心に扇型に広がる北摂地域全体を見るという方法に挑み、対象地域を初めからかなり広くとっているように記述しているが、作業の過程をふりかえってみると、それには若干の注釈が必要である。有り体に言えば、もともとは、筆者の個人的関心に従って集めた記事が多く、必ずしも地域を網羅した体系的な収集ではなかったことを告白しておかねばならない。個人的な関心によって集めたため地域によっては見落としもあるかもしれないということである。ただし、結果としては「北摂」という概念について検討するきっかけになったことは間違いない。今後機会を得れば、さらにしっかり検討していきたい。

一方、本書ではもう一つの論点として、当時生れたばかりの日刊紙の、地域を動かす情報メディアとしての在り方を検討することも課題に掲げておいた。新聞を地域の歴史を見るために利用するだけでなく、それ自体を考察の対象にするという課題である。これもまた実際に新聞記事を読み進める中で気付いた視点であり、当初から確固として存在していたとは言えない視点であった。

このように、本書は、その執筆過程で新聞を読み直し、試行錯誤を重ねながら気付いたことを柱としていった論著である。右に見たように、その過程でいろいろ重要な論点に気付いていったことも多々あったが、未だ気付かずにいる論点も少なからず残されているのではと危惧するものでもある。この点、読者の方々のご指摘が得られたらこれに過ぎる喜びはない。一方、明治10年から20年代初頭の北摂地域に関して、本書においてはじめて知られる事実も多く紹介できたことはうれしいことでもあった。一々指摘はしないが、本書を繙く方々にとって今後の調査・研究に生かしていただければと願っている。

本書の出版に際しては、『川西の歴史今昔―猪名川から見た人とくらし』に引き続き神戸新聞総合出版センターの岡容子さんにお世話になった。論点が明瞭にならないままに何度も書き直した原稿をその都度辛抱強く受取り、完成を待っていただいたことには、特に、深く感謝していることを記しておきたい。

２０２１年６月上旬

著者識

◎著者プロフィール

小田 康徳（おだ　やすのり）

1946年香川県生まれ。文学博士。

日本近代における公害問題史の研究に従事するとともに、近代を中心とする紀北および大阪の地域史研究で知られる。

2014年大阪電気通信大学を定年退職し名誉教授。エコミューズ（あおぞら財団付属西淀川 公害と環境資料館）館長、NPO法人「旧真田山陸軍墓地とその保存を考える会」理事長。また池田市史編纂委員会委員長などを兼務。

《おもな著書》

『近代日本の公害問題—史的形成過程の研究』（世界思想社、1983年）

『都市公害の形成—近代大阪の公害問題と生活環境—』（世界思想社、1987年）

『新版 日本近代史の探究』（世界思想社、1993年初版）

『近代和歌山の歴史的研究—中央集権化の地域と人間』（清文堂出版、1999年）

『維新開化と都市大阪』（清文堂出版、2001年）

『陸軍墓地がかたる日本の戦争』（ミネルヴァ書房、2006年、共編著）

『公害・環境問題史を学ぶ人のために』（世界思想社、2008年、編著）

『近代大阪の工業化と都市形成』（明石書店、2011年）

『歴史に灯りを　言ってきたこと、やってきたこと、できなかったこと』（阿吽社、2014年）

『川西の歴史今昔　猪名川から見た人とくらし』（神戸新聞総合出版センター、2018年）

『旧真田山陸軍墓地、墓標との対話』（阿吽社、2019年、編著）

明治《めいじ》の新聞《しんぶん》にみる 北摂《ほくせつ》の歴史《れきし》

2021年9月30日　初版第1刷発行

著　者――小田康徳《おだやすのり》

発行者――金元昌弘

発行所――神戸新聞総合出版センター

〒650-0044　神戸市中央区東川崎町1-5-7
TEL 078-362-7140／FAX 078-361-7552
https://kobe-yomitai.jp/

印刷／神戸新聞総合印刷

ISBN978-4-343-01125-1　C0021